전남대학교 일반대학원 지역개발학과 기획도서 ❶

논문 저자가 공유하는 연구방법론

도시 및 지역개발을 중심으로

Social Research Methodology shared by thesis authors

Focusing on Urban and Regional Development

전남대학교 일반대학원 지역개발학과 기획도서 ❶

논문 저자가 공유하는 연구방법론

도시 및 지역개발을 중심으로

2022년 2월 15일 인쇄
2022년 2월 21일 발행

저자 신우진 · 송용헌 · 장미진 · 모아론
문창용 · 김주진 · 강민수 · 곽민재
발행인 정성택
발행처 전남대학교출판문화원

등록 1981. 5. 21. 제53호
주소 61186 광주광역시 북구 용봉로 77
전화 062-530-0573
팩스 062-530-0579
홈페이지 http://www.cnup.co.kr
이메일 cnup0571@hanmail.net

값 16,000원

ISBN 978-89-6849-856-5 (93320)

* 잘못된 책은 바꿔드립니다.

전남대학교 일반대학원 지역개발학과 기획도서 1

논문 저자가 공유하는 연구방법론

도시 및 지역개발을 중심으로

Social Research Methodology shared by thesis authors

Focusing on Urban and Regional Development

신우진 · 송용헌 · 장미진 · 모아론
문창용 · 김주진 · 강민수 · 곽민재 공저

전남대학교출판문화원

서문

학령인구 감소에 따른 대학교 학부 학생 수의 감소에도 불구하고, 이미 사회에서 활동 중이지만 추가적인 학습의 필요성과 학문적 갈증을 해소하고자 많은 학생들이 대학원 과정으로 모이고 있다. 대학원 생활을 시작하면서 교우간의 네트워크를 강화하고 전문분야의 다양한 수업을 들으면서 점차 학문적인 깊이를 더하게 된다.

대학원은 학부 과정과 달리 연구방법론이 매우 중요하다. 학부 과정은 전문 분야에 대한 다양한 지식을 기초에서부터 심화에 이르기까지 폭 넓게 담아내고 졸업 후 유관 분야로 취업하거나 대학원에 진학하기 위한 과정이라고 볼 수 있다. 반면 대학원은 학부 과정에서 습득한 지식수준의 폭과 깊이를 넘어서 다양한 사례와 현상을 이해하고 본인만의 연구 주제를 좀 더 깊이 있게 연구하여 그 결과를 통해 정책적으로 의미 있는 시사점과 개선방향을 제시하게 된다.

이 시점에서 대학원 신입생들은 고민에 빠지게 된다. 과연 내 연구 주제는 어떻게 선정해야 할까? 주제를 선정한 이후에 내가 그 주제에 맞는 목적을 달성하기 위해서 어떤 분석방법을 통해서 내 주장의 타당성을 제시할까? 다양한 새로운 방법론들이 있는데, 나는 어떤 방법을 사용해야할까? 이러한 물음에 속 시원한 답을 듣기는 쉽지 않다.

이 책은 이러한 고민을 가졌던 일곱 명의 전남대학교 대학원 지역개발학과 졸업생들이 각자의 답을 찾아간 과정을 소개하고자 기획되었다. 저자들도 대학원 재학 시에는 위와 같은 질문을 던지면서 정량적/정성적 분석방법들을 알아가고 분석에 적용해보고 또 다른 방법론을 찾아보고 적용해보는 여러 차례의 시행착오를 거쳤다. 그리고 대학원 졸업논문뿐만 아니라 학회지에 게재하면서 심사위원들의 심사를 통해 논문을 지적받는 과정, 그리고 수정해서 게재하는 과정을 거쳤다. 따라서 저자들은 유사한 과정을 통해 논문을 쓰고자 하는 독자들에게 단순히 분석방법론을 소개하기보다는, 하나의 연구주제에 맞는 결과를 얻어가는 과정에서 시행착오를 조금이라도 줄이는 데 도움이 되지 않을까 하는 기대감을 가지고 각 장을 기술하였다. 본 저서는 총 일곱 개의 방법론을 담고 있는데, 각 장은 연구논문 요약, 자료수집 및 통계분석방법론 설명, 분석결과 설명, 시사점 및 심사의견 답변 등을 순차적으로 기술하였다.

1장에서 송용헌 박사(사랑방미디어)는 박사학위논문인 "주택가격에서 아파트 브랜드가 차지하는 가치비중에 관한 연구"를 수행하면서 회귀분석모형을 사용하였다. 2장에서 장미진(전남대학교 박사과정)은 석사학위논문인 "역외수요가 주택가격에 미치는 영향 분석"을 수행하면서 회귀분석모형의 응용인 이중차이분석을 사용하였다. 3장에서 모아론(전남대학교)은 석사학위논문인 "도시쇠퇴 현상이 보행통행에 미치는 영향 분석"을 수행하면서 위계선형모형(임의절편로짓모형)을 사용하였다. 4장에서 문창용 박사(광주도시재생지원센터)는 박사학위논문인 "도시생활권 산업군집특성이 지역 내 총생산에 미치는 공간적 영향연구"를 수행하면서 공간회귀모형을 사용하였다. 5장에서 김주진(전남도청)은 석사학위논문인 "어촌마을 개발의 영향 인식과 지역애착도가 주민 개발 지지도에 미치는 영향 연구"를 수행하면서 구조방정식 모형을 사용하였다. 6장에서 강민수(소상공인시장진흥공단)는 석사학위논문인 "자영업자 업종별 생존율에 관한 공간적 비교연구"를 수행하면서 생존분석을 사용하였다. 7장에서 곽민재(의성군도시재생지원센터)는 석사학위논문인 “도시 청년정책 거버넌스 활성화를 위한 청년정책 네트워크 분석”을 수행하면서 사회연결망분석을 사용하였다.

본 저서는 전남대학교 일반대학원 지역개발학과에서 집필한 첫 번째 연구방법론 저서로서, 대학원생이 졸업논문을 쓰면서 실제 사용한 회귀분석, 이중차이분석, 위계선형모형, 공간회귀분석, 구조방정식, 생존분석, 사회연결망분석 등 연구논문에서 빈번하게 사용하는 연구방법론들을 다루고 있다. 이 방법론들이 논문을 준비하는 많은 연구자에게 도움이 되기를 기대한다.

전남대학교 대학원 지역개발학과 기획도서 시리즈의 첫 번째 도서가 출판되기까지 도움을 주신 모든 분들에게 감사의 말씀을 전한다.

2022년 2월
집필진 일동

목차

제2장 이중차이분석(DID)

제3장 위계선형모형(임의절편로짓모형)

제4장 공간회귀분석

제5장 구조방정식모형(SEM)

제6장 생존분석

제7장 사회연결망 분석

제1장

다중회귀분석

송용헌
전남대학교 도시·지역개발학 박사
사랑방미디어 이사

본 학위논문은 아파트의 매매가격에 내재되어 있는 여러 가지 특성 중에서 아파트브랜드의 가치를 다중회귀분석을 통해 정확히 추정하여 아파트브랜드가 가격의 결정과 가격의 상승에 어느 정도의 영향을 미치는지를 살펴보는 데 목적을 두고 있다. 이와 관련해 독립변수와 종속변수 자료 구축 방법을 설명한다. 또한 다중회귀분석을 SPSS 통계프로그램을 통해 도출하는 과정을 설명한다. 분석결과를 해석하고, 참고할만한 연구방법 Tip을 설명하면서 마무리하고자 한다.

1-1 학위논문 소개

다중회귀분석은 저자의 박사학위논문 “주택가격에서 아파트 브랜드가 차지하는 가치비중에 관한 연구”를 기반으로 다중회귀분석 사례를 소개하고자 한다.

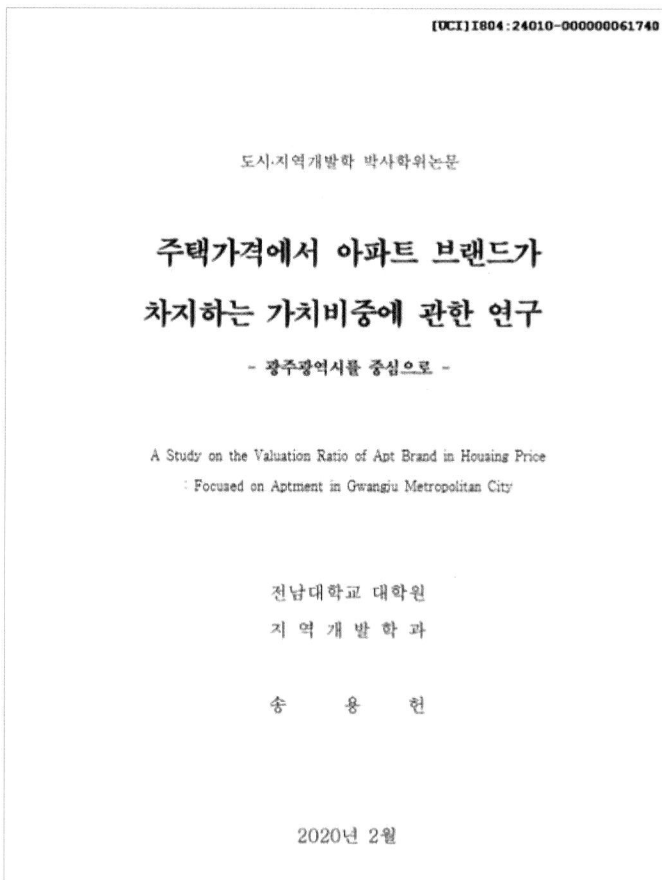
[UCI]I804:24010-000000061740

도시·지역개발학 박사학위논문

주택가격에서 아파트 브랜드가

차지하는 가치비중에 관한 연구

- 광주광역시를 중심으로 -

A Study on the Valuation Ratio of Apt Brand in Housing Price

: Focused on Aptment in Gwangju Metropolitan City

전남대학교 대학원

지 역 개 발 학 과

송 용 헌

2020년 2월

그림 1-1-1. 학위논문 표지(전남대학교 대학원)

먼저, 본 학위논문에 대한 이해가 필요하기에 논문 배경, 목적, 자료, 방법, 결론에 대한 간단한 설명을 하고자 한다.

1. 연구배경

아파트 브랜드는 구매 결정 과정에서 가장 중요하게 생각하는 항목 중 하나이다. 또한 대형 건설사들이 사용하던 '브랜드아파트'는 중견 건설업체까지 도입이 확산되면서 아파트의 브랜드화가 전국적으로 확대되고 있다. 하지만 선행연구자들이 아파트의 가격결정 요인과 아파트 브랜드의 영향력에 관한 연구는 꾸준히 진행해 왔으나, 브랜드 가치비중 변화를 시기별로, 하부시장별로 살펴본 연구는 거의 없었다.

또한 정부의 부동산시장에 대한 정부 규제가 강화되면서, 동일한 생활권 내에서도 특정단지의 아파트가격만 상승하는 현상이 나타나고 있는 가운데, 이와 같은 원인이 브랜드와 어떤 상관성을 가지는지 살펴볼 필요가 있다.

2. 연구목적

본 연구는 아파트의 매매가격에 내재되어 있는 아파트 단지의 특성 중에서 브랜드의 가치를 정량적으로 분석해 아파트 브랜드가 매매가격 결정과 가격의 상승에 어느 정도의 영향을 미치는지를 살펴보는데 목적을 두고 있다. 지자체에서는 저자의 연구결과를 참고하여 아파트 브랜드의 가치가 매매가격에 미치는 영향을 고려하여 건설사의 분양가격을 심의하는 자료로 이용할 수 있을 것이다. 또한 부동산 정책의 패러다임을 양적인 관리에서 벗어나 질적인 관리로 전환하는 데 정책적 시사점을 제공할 것으로 보인다.

3. 연구과정 및 방법

본 연구과정은 선행연구 분석, 자료조사 및 구축, 실증분석, 현장 전문가 검증 등의 순서로 진행하였다. 이중 실증분석은 아파트단지별로 가격 Data를 수집한 후, 통계프로그램인 SPSS 와 엑셀 프로그램을 활용하여 기초분석을 진행하였다. 본격적인 분석에 앞서, 변수들 간의 독립성을 확인하기 위해 상관관계분석을 진행하였고 일부 변수를 제거한 후 분석을 진행하였다.

실증분석은 아파트 매매가격에 영향을 주는 변수들을 독립변수로 하였고 종속변수는 3.3㎡당 매매가격으로 설정하였다. 헤도닉가격함수 모형은 일반적으로 가장 많이 이용하는 선형모형과 준로그모형을 활용하여 실증적으로 분석하였다. 또한 시간 변화에 따른 브랜드 가치비중의 변화를 살펴보기 위해 연도별 매매가격을 활용해 분석을 진행하였다. 실증분석을 통해 도출된 연구결과에 대한 검증은 '정성적인 방법'을 활용하였다. 연구결과에 대한 연구자의 주관적 편향을 줄이기 위해 '전문가 심층인터뷰'를 진행하였고 정책방안에 대해 의견도 청취하였다.

회귀분석 과정을 종합해보면 ① 모형 선택 ② 변수의 선정 ③ 상관분석 및 다중공선성 검증 ④ 회귀계수의 유의성 검증 ⑤ 최적모형 결정과 해석 등의 순서로 진행되었다.

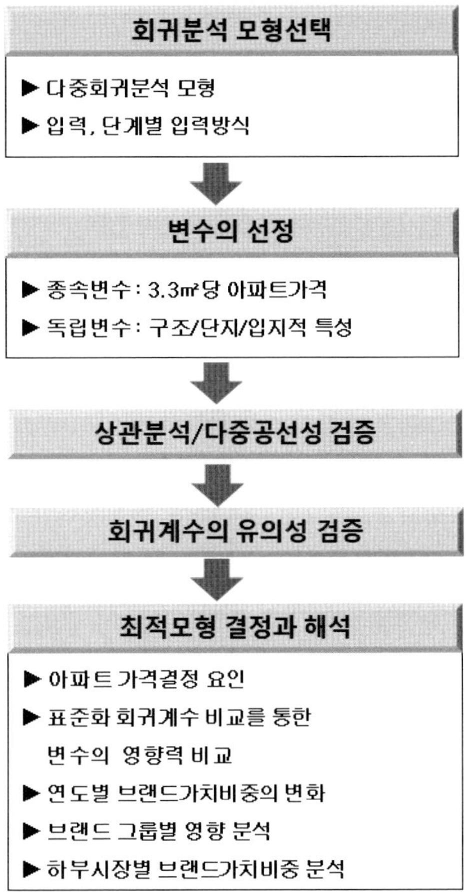

그림 1-1-2. 다중회귀분석 전개도

4. 연구결과

연도별 매매가격 자료를 활용해 분석한 결과, 아파트 매매가격이 아파트브랜드에 의해 큰 영향을 받는다는 것을 확인하였다. 또한 선호도가 높은 브랜드 아파트단지는 브랜드가 없거나 선호도가 낮은 브랜드 아파트단지에 비해 집값이 높게 형성되는 것으로 분석되었다.

이밖에 아파트 매매가격이 높게 상승한 지역에서는 아파트 브랜드가 차지하는 가치의 비중 역시 높게 나타났다. 연구결과를 종합해볼 때 브랜드 아파트를 선택하는 소비자의 행동이 자산가치 상승으로 보상받고 있는 것으로 보인다.

5. 연구 시사점

학문적으로는 아파트 매매가격을 살펴보기 위해 사용되어 온 헤도닉 분석모형에 아파트 시장의 특성을 반영하여 아파트 브랜드의 가치 비중을 파악함으로써 그동안 추정하는 수준에서 머물렀던 아파트 브랜드의 가치를 정량적, 정성적으로 종합 검증했다는 데 의의가 있다. 소비자의 경우, 가격모형결과에 대한 분석내용을 토대로 아파트브랜드 가치에 대한 판단기준을 제시함으로써 합리적인 구매에 도움을 줄 것이다. 주택 공급자인 건설사에게는 현재 보유하고 있는 아파트 브랜드의 가치를 측정해 볼 수 있고, 내부적으로 브랜드 마케팅 전략을 수립하는 데 참고자료로 활용될 수 있을 것이다.

이밖에 지방정부에는 아파트 가격의 안정을 위해서는 브랜드 아파트의 매매가격 현실화를 위한 제도적 보완이 필요하다는 사실을 제시하고 있다. 특히 대형 건설사의 브랜드 아파트 가격이 상승하면 인근에 있는 아파트 가격까지 덩달아 상승할 수 있기 때문에 브랜드 아파트의 분양승인 과정에서 철저한 검토와 관리가 필요하다.

1-2 자료 찾기 따라하기

1. 독립변수

연구에 사용된 독립변수는 공급면적, 전용면적, 방수, 동수, 총층, 출입구조, 욕실수, 노후년수, 총세대수, 학교수, 공원거리, 쇼핑거리, 브랜드, 지역변수 등 총 20개 변수를 분석에 사용하기로 하였다. 연구에 사용된 변수의 특징을 살펴보면, 전용면적이나 공급면적, 세대수, 최고층수, 방수, 욕실수 등은 주택규모를 나타내는 변수이다. 세대당 주차대수는 양호한 주차여건을 나타내는 변수이며, 학교수는 교육환경을 나타내는 변수이다. 공원거리와 쇼핑거리는 주거환경을 나타내는 변수이다.

표 1-2-1. 연구에 사용한 독립변수

구분	변수명	단위	변수설명	자료출처
독립변수	브랜드	더미	브랜드 선호도조사(상위 27곳)[1]	설문조사
	노후년수	년	당해연도 - 준공년도	광주광역시
	공급면적	㎡	전용면적 + 공용면적	광주광역시
	전용면적	㎡	현관안쪽의 실사용면적	광주광역시
	총세대수	세대	아파트단지의 총세대수	광주광역시
	동수	개	아파트단지의 건물수	네이버부동산
	주차대수	대	전체주차면수/총세대수	네이버부동산
	지하주차장	더미	지하주차장 1, 지상 0	사랑방부동산
	총층	층	아파트단지의 최고층수	사랑방부동산
	출입구조	더미	계단식 1, 복도식 0	사랑방부동산

1) 2017-2018년 전국 건설사를 대상으로 진행하는 시공능력평가에서 100위권에 포함되어 있으며, 연구대상지역 소비자 선호도 조사에서 중위값인 2.5(5점 척도 기준)이상을 기록한 업체를 대상으로 함.

구분	변수명	단위	변수설명	자료출처
독립변수	방수	개	세대안의 방의 숫자	사랑방부동산
	욕실수	개	세대안의 욕실의 숫자	사랑방부동산
	학교수	개	반경 500m 초중고수	네이버/구글 Map
	쇼핑거리	m	아파트에서 쇼핑시설까지 거리	네이버/구글 Map
	공원거리	m	아파트단지에서 공원까지 거리	네이버/구글 Map
	학군	더미	교육환경(봉선동 1, 그 외 0)	광주광역시 통계
	지역	더미	(5개) 해당 자치구 1, 그 외 0	광주광역시 통계

노후년수는 아파트 건물의 감가상각에 따른 가격하락과 재개발, 재건축 기대심리에 의한 가격반등, 상승의 비선형관계를 포착하기 위해 투입한 변수이다. 이상과 같은 아파트의 물리적, 환경적 특성을 나타내는 독립변수는 광주광역시 부동산포털인 '사랑방 부동산'에서 제공하는 아파트 단지별 정보를 참고로 구축하였다.

출처: 사랑방부동산(https://home.sarangbang.com)

그림 1-2-1. 사랑방부동산 아파트 단지정보

1) 아파트의 물리적 특성변수

아파트 전용면적이나 공급면적, 세대수, 최고층수, 욕실수, 방수, 등은 아파트의 규모를 나타내는 독립변수로 변수값이 클수록 매매가격 형성에 영향을 끼친다는 사실은 국내 연구에서 보편적으로 관찰되어 왔다. 단지내 주차여건을 나타내는 변수로 '세대당 주차대수'를 변수로 투입하였고, 아파트의 노후화에 따른 감가상각과 재건축 기대효과에 의한 가격반등의 비선형관계를 포착하기 위한 변수로 '노후년수'를 투입하였다. 본 연구의 독립변수로 사용한 아파트의 물리적 특성변수 자료는 다음과 같은 형식으로 작성되었다.

아파트명	노후년도	공급면적	전용면적	총세대수	동수	주차대수
brand	building	sg 1	sg 2	Total	unit	park 1
포스코더샵	14	86	59,89	1140	11	1,21
한국아델리움3차	4	123	84,97	279	6	1,22
성하	38	105	82	70	1	0,79
아남프라자	22	109	82,47	193	1	1,04
아남프라자	22	112	84,66	193	1	1,04

그림 1-2-2. 아파트의 물리적 특성 변수 입력 예시

2) 아파트의 환경적 특성변수

편의시설 특성은 대형마트나 백화점과 같은 쇼핑시설과 공원을 가까운 거리에서 이용할 수 있는 인프라를 설명하는 변수이다.

이를 위해 투입한 변수는 '쇼핑환경'과 '공원접근성'이다. 쇼핑환경은 매장의 면적이 3000 ㎡이상인 대규모 쇼핑시설을 기준으로 하였다. 변수자료는 연구대상지역에 소재한 백화점과 대형마트까지의 지도상

직선거리를 기준으로 하였다. 공원과의 거리는 생활권공원 중 근린공원을 대상으로 하였다. 변수자료는 아파트단지에서 근린공원까지의 지도상 직선거리를 네이버 등 포털사이트를 활용하여 실측하였다.

출처: 네이버 지도(https://map.naver.com)

그림 1-2-3. 네이버부동산 Map 거리재기 툴 활용 예시

자료 찾기를 통해 확보한 아파트 단지의 환경적 특성 데이터는 다음과 같은 형식으로 작성되었다.

B	C	D	E
아파트명	학교수 (반경500m)	쇼핑환경 (대형쇼핑몰)	공원접근성 (도보거리)
		있으면 =1, 없으면=0)	있으면 =1, 없으면=0)
brand	school	shopping	park
금호	3	1	0
금호	3	1	0
금호	3	1	0
금호	3	1	0
금호주상복합	1	1	0
금호주상복합	1	1	0
두산위브	2	1	0
두산위브	2	1	0

그림 1-2-4. 아파트의 환경적 특성 변수 입력 예시

3) 아파트의 지역적 특성 변수

지역적 특수성을 반영하여 변수로 추가한 항목은, 특정 지역의 사교육효과를 설명하는 변수로서 연구대상 지역내 교육특구인 '봉선동'을 학군 변수로 선정하였다.

봉선동은 연구대상 지역에서 입시를 위한 사립학원이 가장 많이 분포되어 있는 법정동이다. 봉선동에는 등록된 학원만 326곳이 운영되고 있다. 또한 5개 자치구를 더미변수로 추가하여 아파트의 지역적인 특성이 매매가격에 어떠한 영향을 미치는지 살펴보고자 했다.

아파트명	구(동구=1,광산구5)	동	지구(봉선동=1, 기타=0)
brand	Gu	Dong	gigu
금호	1	계림동	0
용산그린	2	쌍촌동	0
벽산	3	백운동	0
GS첨단자이1차	4	신용동	0

그림 1-2-5. 아파트의 지역적 특성 변수 입력 예시

4) 브랜드 지수

본 연구의 가장 큰 관심사는 아파트 브랜드가 매매가격에 미치는 영향을 살펴보는 것이다. 선행연구자들은 브랜드 변수와 관련해 직접적인 조사보다는 외부기관의 자료를 인용한 사례가 많았다. 이에 따라 지역적인 특수성이나 시기적 특수성을 반영하지 못한 한계가 있었다. 이에 따라 본 연구에서는 아파트 브랜드가 매매가격에 미치는 영향을 정확히 파악하기 위해, 실제 해당지역에 거주하는 소비자들의 의견을 바탕으로 아파트 브랜드의 가치를 정량화 하고자 하였다.

본 연구에서는 '브랜드 변수' 자료를 확보하기 위하여 연구대상 지역에 실제 거주하는 소비자를 대상으로 '브랜드 선호도'를 조사하였다. 조사대상자는 총 634명으로 20대에서 60대까지 성인을 대상으로 설문조사를 진행하였다. 설문방법은 온라인을 통해 진행하였고 성별, 연령, 직업군을 입력케 하였으며 추가적으로 핸드폰번호를 입력하여 중복응답에 따른 오류를 줄이고자 하였다.

온라인 설문은 연구대상 지역에 있는 아파트단지를 대상으로 하였다. 해당 아파트브랜드를 전혀 선호하지 않으면 1점, 선호하지 않으면 2점, 보통이면 3점, 선호하면 4점, 매우 선호하면 5점 등의 리커드 척

도로 구분하여 제시하였다.

표 1-2-2. 광주 아파트 브랜드 지수 설문 양식

Q. 아파트브랜드에 대한 선호도(평점)을 각각 선택해 주세요					
아파트브랜드	전혀 선호안함	선호 안함	보통	선호	매우 선호
SK VIEW	①	②	③	④	⑤
Xi 자이	①	②	③	④	⑤

표 1-2-3. 광주 아파트 브랜드 지수 조사결과 예시

순위	브랜드(건설사)	통계량	평균	표준편차
1	힐스테이트(현대)	634	3.8	1.275
2	아이파크(현대산업개발)	634	3.76	1.232
3	더샵(포스코)	634	3.75	1.268
4	VIEW(SK)	634	3.56	1.214
5	자이(GS)	634	3.55	1.152
6	e편한세상(대림)	634	3.49	1.144
7	베르디움(호반)	634	3.39	1.108
8	푸르지오(대우)	634	3.27	1.123
9	S-클래스(중흥)	634	3.24	1.078
10	캐슬(롯데)	634	3.2	1.16
11	하늘채(코오롱)	634	3.08	1.141
12	어울림(금호)	634	3.07	1.03
13	휴튼(남양)	634	2.93	1.069
14	아넬리움(한국)	634	2.88	1.11
15	에버빌(현진)	634	2.88	1.146

소비자 설문조사를 통해 확보한 브랜드지수는 다음과 같은 형식으로 자료를 구축하여 분석에 활용하였다.

B	C
아파트명	브랜드 지수
brand	brand
금호	1.7
두산위브	2.8
상무힐스테이트	3.8
중흥S클래스	3.24
SK VIEW	3.56
포스코더샵	3.75
한국아델리움1차	2.88
GS첨단자이2차	3.55

그림 1-2-6. EXCEL에서 브랜드지수 작성 예시

2. 종속변수

본 연구에서는 각 연도별 3.3㎡당 매매가격을 '종속변수'로 설정하였다. 본 연구의 목적이 아파트 브랜드가 매매가격에 어떠한 영향을 미치는지 확인하는 것이므로, 아파트 브랜드의 가격영향력을 '3.3㎡당 매매가격'을 활용해 분석하고자 한 것이다. 아파트 단지별 매매가격을 대상으로 연구한 것은 임대보다 매매에서 아파트 특성에 고려사항이 훨씬 많기 때문이다. 임대와 매매는 구매층이 다르고 주거기간과 투자비용 등 소비자가 고려하는 항목도 다르다는 점도 감안하였다. 아파트 단지별 '3.3㎡당 매매가격'의 데이터는 부동산 플랫폼 기업인

〈사랑방부동산〉의 아파트 시세 데이터를 활용하였다. 해당업체의 데이터를 활용한 이유는, 2000년부터 광주광역시 아파트 단지별 실거래가와 호가 자료를 가장 많이 보유하고 있는 업체이기 때문이다.

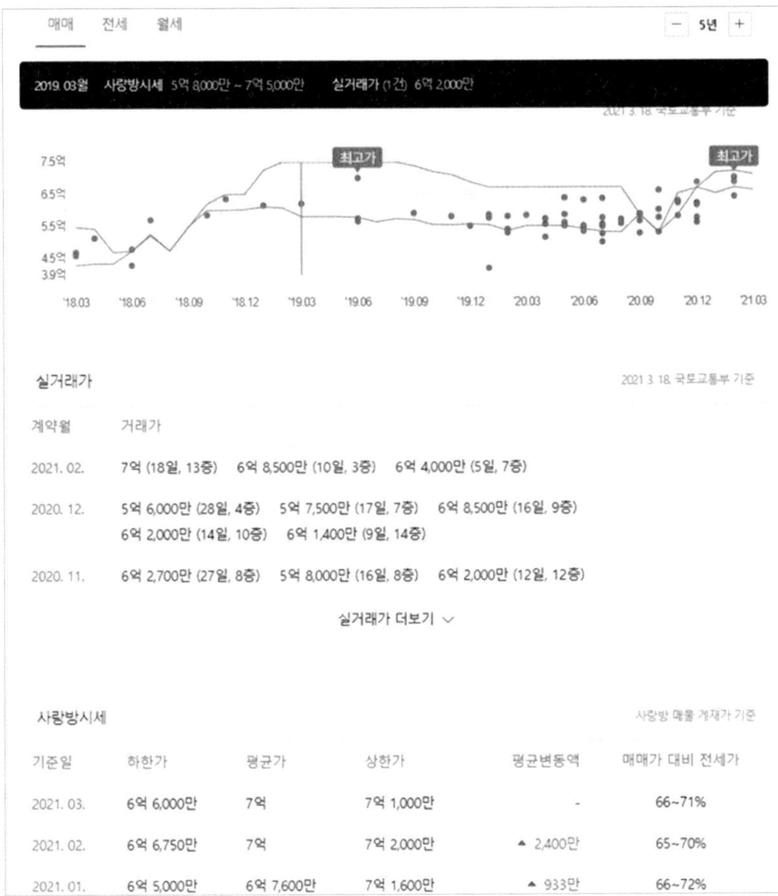

출처: 사랑방부동산(https://home.sarangbang.com)

그림 1-2-7. 사랑방부동산 호가 및 실거래가 시세 예시

다음으로 아파트 가격자료는 매도 호가(offered price)를 사용하였다. 상기 종속변수를 정확히 산출하기 위해서는 실제 거래가 된 매매가격으로 처리하는 것이 가장 바람직할 것이다. 하지만 국토교통부가 제공하는 아파트 실거래가의 경우 연도별 누적데이터가 많지 않기 때문에, 본 연구에서는 매도 호가를 사용해 분석을 진행하였다. 다만 매도인이 부르는 호가는 높고 매수인이 부르는 가격은 낮기 때문에(방경식, 2011) 매도자가 제시한 가격의 상한가와 하한가의 평균값을 데이터화 하였다. 부동산 거래시장에서 사용되는 호가(呼價)는 매매시장에서 매매하고자 하는 부동산의 종목, 가격, 수량 등을 제시하여 구매자를 구하는 수단이다. 따라서 부동산 시장에서 가격표시의 최소단위를 말하는 동시에 시세변동의 측정에 관한 기준역할을 한다.

본 연구의 종속변수로 사용한 아파트 매매가격 자료는 다음과 같은 형식으로 작성되었다.

아파트명	공급면적	전용면적	3.3㎡당 price
			종속변수
brand	sg 1	sg 2	price
두산위브	136	91.79	5,118,658
GS자이1차	162	133	6,023,995
대림e편한세상	194	161.98	6,996,643
쌍용예가	181	153.121	8,504,509
GS상무자이	260	210.84	6,053,327
푸르지오	185	154.83	7,758,802

그림 1-2-8. EXCEL에서 아파트 매매가격 작성 형식

종속변수에 아파트 매매 실거래가격을 활용하고자 한다면, 국토교통부 실거래가 공개시스템(https://rt.molit.go.kr/)을 이용하면 된다. 지자체 및 시군구, 단지별로 검색이 가능하며 전용면적별로 최근 실거래가격 데이터를 확보할 수 있다.

출처: 국토교통부 실거래가 공개시스템(http://rt.molit.go.kr)

그림 1-2-9. 국토교통부 실거래가 공개시스템

또한 한국부동산원에서 전국에 있는 아파트 단지정보와 실거래가격에 대한 통계정보를 상세하게 구축하고 있다. 따라서 한국부동산원이 운영하는 부동산사이트 '부동산테크(www.rtech.or.kr)'의 공개자료실 통계를 다운받아 사용하는 것도 권장한다.

출처: 부동산테크(https://www.rtech.or.kr)

그림 1-2-10. 한국부동산원 부동산테크 자료실

3. 독립변수간 관련성 검증

회귀분석에서는 변수들간의 관련성 정도를 반드시 살펴보아야 한다. 따라서 본 연구에서는 변수간의 상관성을 분석하기 위해 Spss 통계프로그램의 ‘상관관계분석’을 실시하였다. 상관관계란 변수들 간의 관계를 뜻하는 것으로, 두 개 이상의 변수에 있어서 한 변수가 변화함에 따라 다른 변수가 어떻게 변화하는지에 대한 변화의 강도와 방향을 뜻한다. 예컨대 종속변수에 영향을 미치는 한 변수의 값이 증가할 때 다른 변수의 값도 함께 커지는 경향을 보일 때 두 변수간에는 양(+)의 상관관계가 있다고 볼 수 있다. 이와는 반대로 한 변수의 값이 증가할 때 다른 변수의 값이 오히려 감소한다면 두 변수는 음(-)의 상관관계로 볼 수 있다.

구분	브랜드	노후 년수	공급 면적	전용 면적	총세 대수	동수	주차 대수	지하 주차
브랜드	1	-.531**	.309**	.270**	.075**	.203**	.467**	.259**
노후 년수	-.531**	1	-.318**	-.274**	-.104**	-.236**	-.594**	-.584**
공급 면적	.309**	-.318**	1	.987**	-.049**	.085**	.643**	.258**
전용 면적	.270**	-.274**	.987**	1	-.034**	.098**	.637**	.231**
총세 대수	.075**	-.104**	-.049**	-.034**	1	.806**	-.021*	.131**
동수	.203**	-.236**	.085**	.098**	.806**	1	.185**	.120**
주차 대수	.467**	-.594**	.643**	.637**	-.021*	.185**	1	.375**
지하 주차	.259**	-.584**	.258**	.231**	.131**	.120**	.375**	1
총층	.272**	-.472**	.291**	.260**	.352**	.158**	.263**	.539**
출입 구조	.207**	-.287**	.361**	.373**	.039**	.196**	.395**	.119**
방수	.197**	-.164**	.817**	.820**	-.036**	.092**	.448**	.147**
욕실	.326**	-.458**	.690**	.678**	-.003	.122**	.529**	.331**
학교	-.021**	.023**	-.009	-.003	.130**	.061**	.031**	-.002
쇼핑 거리	-.095**	-.049**	-.066**	-.064**	-.072**	-.126**	-.067**	.141**
공원 거리	-.041**	.103**	.003	.000	-.064**	-.081**	-.085**	-.048**
학군	.037**	.023**	.102**	.106**	.032**	.011	.061**	-.038**

** 상관관계가 0.01 수준에서 유의함. * 상관관계가 0.05 수준에서 유의함.

그림 1-2-11. 독립변수간 상관관계분석

회귀분석을 실시하기 전에는 반드시 독립변수들 간의 유의성을 확인해 봐야 한다. 이때 주로 사용되는 통계기법이 상관관계분석이다.

만약 회귀식은 유의성이 있더라도 독립변수들 간의 상관관계가 높게 나타나면 각 독립변수의 유의성이 없게 될 수 있다. 즉 독립변수들 간의 상관관계가 높아서 다른 변수의 효과를 통제하게 되면 특정변수의 효과가 줄어들어 해당변수의 유의성이 상실될 우려가 있다. SPSS 통계프로그램을 활용해 상관관계 분석을 실시한 결과 공급면적과 방수, 전용면적과 방수, 전용면적과 공급면적, 총세대수와 동수 간의 상관관계 계수가 0.8 이상으로 높게 나타났다. 이에 따라 연구의 정확성을 높이기 위해 전용면적과 동수, 방수는 독립변수에서 제외한 후 분석하였다.

1-3 방법론 따라하기

1. 가설설정

가설검증은 입증되지는 않았지만 제한된 증거를 기초로 하여 예측적 해답을 얻을 때 사용하는 방법론이다. 본 논문에서는 아파트 가격 형성요인 중에서 브랜드가 차지하는 비중이 더욱 커지고 있으며, 가격상승 지역과 고가 아파트 지역에서 그 가치비중이 더욱 확대되었을 것으로 보고 다음과 같은 6가지 가설을 설정하여 검증하고자 하였다.

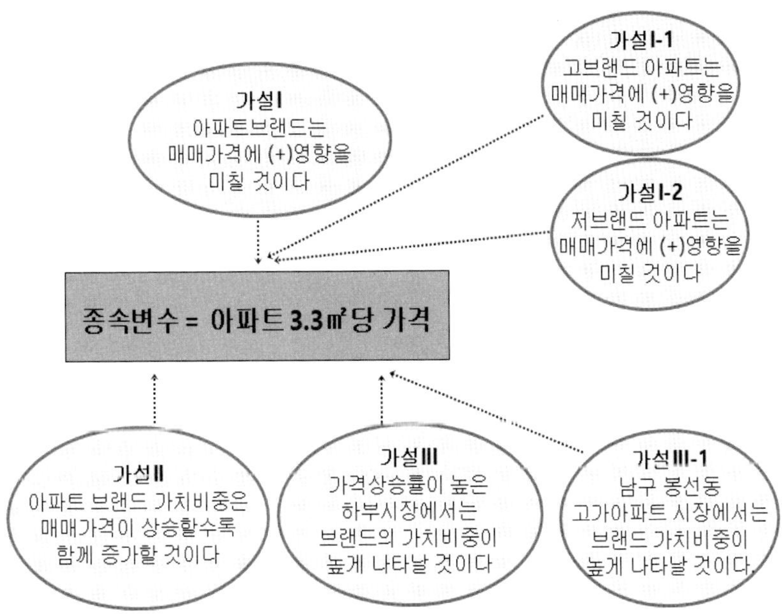

그림 1-3-1. 가설설정 사례

2. 다중회귀분석

회귀분석이란 특정한 변수 값을 다른 변수의 값을 이용해서 예측하거나 제어하고 싶을 때 주로 이용되는 수법이다. 목적변수는 예측하고 싶은 변수이며, 설명변수는 예측에 사용되는 변수이다.

회귀분석은 단순회귀분석과 다중회귀분석으로 나뉘어 사용된다. 단회귀분석은 설명변수가 하나인 경우에 사용되고 다중회귀 분석은 설명변수가 두 개 이상인 경우에 활용된다. 회귀분석에 쓰이는 설명변수는 양적변수를 사용해도 되고 질적변수를 사용해도 된다. 다만 목적변수에 쓰이는 데이터 타입은 양적변수 이어야 한다. 만약 질적변수를 사용할 때는 데이터 값이 '0'이나 '1'만으로 표현되는 더미변수를 도입하여, 질적인 성질을 갖는 데이터를 양적인 변수로 변환해 주어야 한다.

3. SPSS로 다중회귀분석 따라하기

1) 다중회귀분석의 실행

앞에서 작성한 독립변수와 종속변수에 기초하여 SPSS로 분석하였다. 분석과정을 한 단계씩 설명하고자 한다. SPSS 프로그램을 구동한 이후에 [분석] - [회귀분석] - [다중회귀분석] 탭으로 이동하여 분석을 시작할 수 있다.

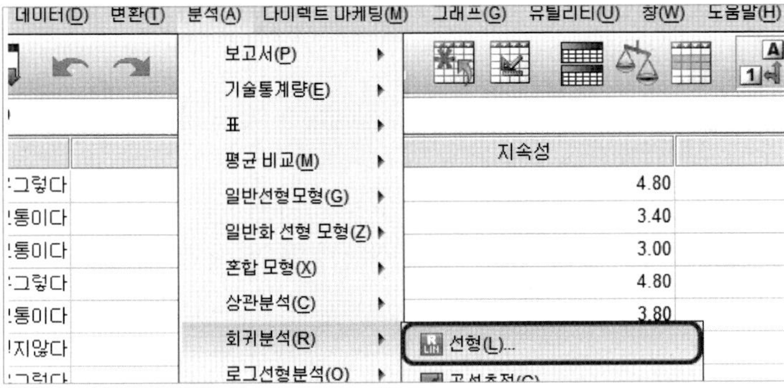

그림 1-3-2. SPSS에서 다중회귀분석 실행하기

이후에 나오는 창에서 다음과 같이 수정한다.

종속변수에는 3.3㎡당 매매가격 데이터를 넣어주고 독립변수에는 브랜드지수, 입주년도, 노후년도 등 변수값의 데이터를 이동하여 넣어준다.

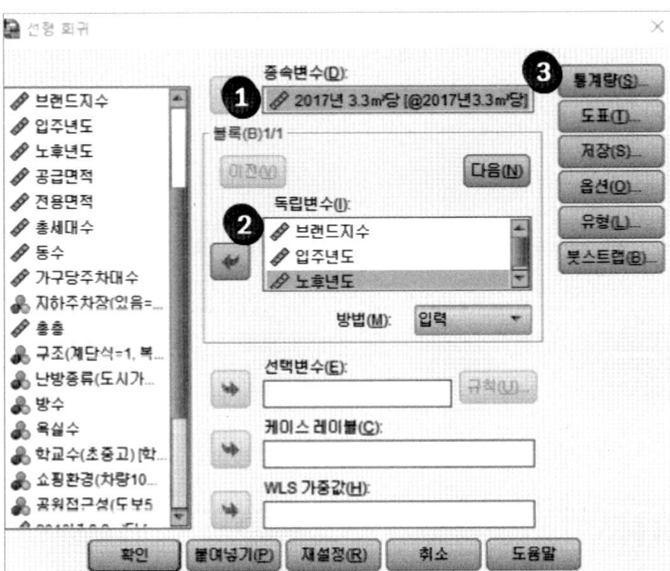

그림 1-3-3. 종속변수 및 독립변수 입력 방법

'통계량' 버튼을 클릭한 이후에 나오는 창에서, 필요한 정보로 '추정값'과 '모형적합' 그리고 '기술통계'를 순차적으로 선택하여 준다.

④ [추정값]: 회귀계수 추정치와 관련 통계량

⑤ [모형적합]: 다중 R, R^2, 수정된 R^2 등

⑥ [기술통계]: 평균, 표준편차, 상관행렬

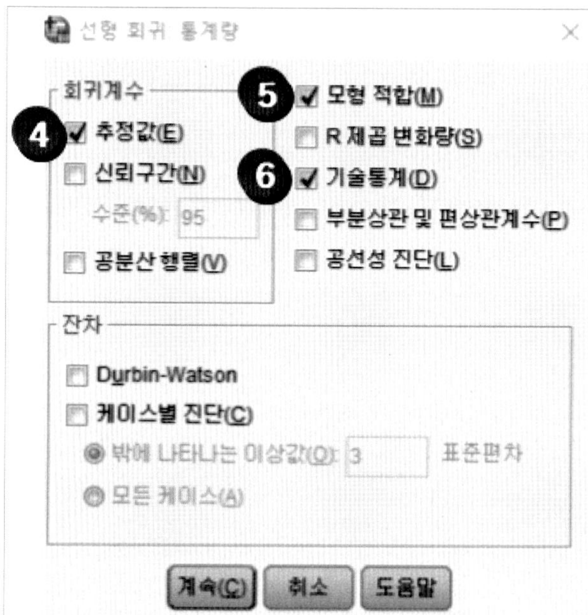

그림 1-3-4. 통계량 지표 설정 방법

2) 분석결과

① [기술통계량] 표에는 각 변수의 평균과 표준편차 그리고 각 변수의 관측치 수 'N'이 나타나 있다.

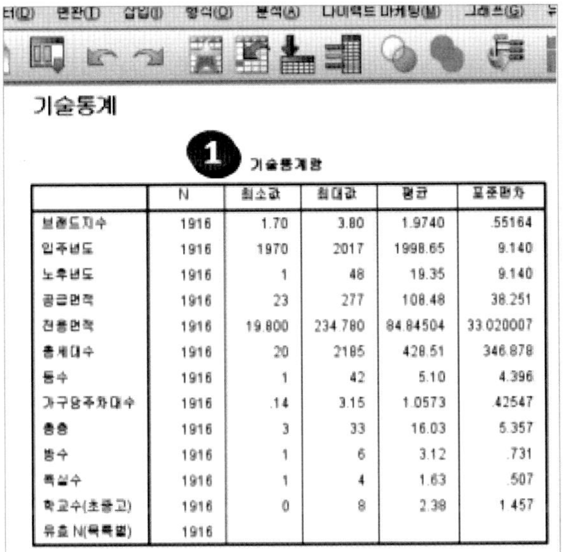

기술통계

1 기술통계량

	N	최소값	최대값	평균	표준편차
브랜드지수	1916	1.70	3.80	1.9740	.55164
입주년도	1916	1970	2017	1998.65	9.140
노후년도	1916	1	48	19.35	9.140
공급면적	1916	23	277	108.48	38.251
전용면적	1916	19.800	234.780	84.84504	33.020007
총세대수	1916	20	2185	428.51	346.878
동수	1916	1	42	5.10	4.396
가구당주차대수	1916	.14	3.15	1.0573	.42547
총층	1916	3	33	16.03	5.357
방수	1916	1	6	3.12	.731
욕실수	1916	1	4	1.63	.507
학교수(초중고)	1916	0	8	2.38	1.457
유효 N(목록별)	1916				

그림 1-3-5. 회귀 분석결과 '기술통계량'

② [모형요약] 표를 보면 R제곱값이 0.727이므로 회귀선이 종속변수인 매매가격의 분산을 72.7% 설명하고 있으며, 통계상 70% 이상의 설명력은 매우 높은 값이라고 할 수 있다.

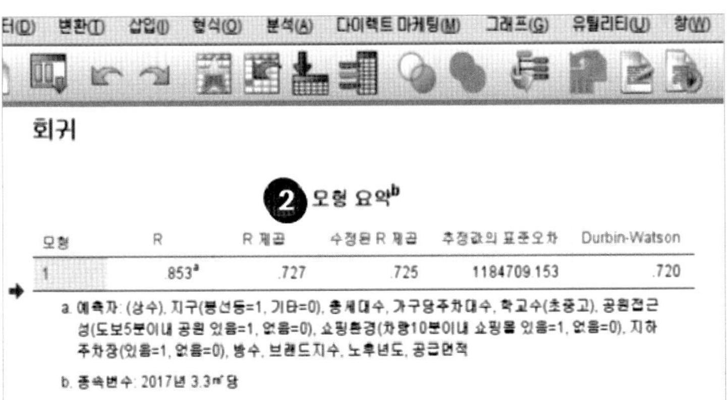

회귀

2 모형 요약[b]

모형	R	R 제곱	수정된 R 제곱	추정값의 표준오차	Durbin-Watson
1	.853[a]	.727	.725	1184709.153	.720

a. 예측자: (상수), 지구(봉선동=1, 기타=0), 총세대수, 가구당주차대수, 학교수(초중고), 공원접근성(도보5분이내 공원 있음=1, 없음=0), 쇼핑환경(차량10분이내 쇼핑몰 있음=1, 없음=0), 지하주차장(있음=1, 없음=0), 방수, 브랜드지수, 노후년도, 공급면적

b. 종속변수: 2017년 3.3㎡당

그림 1-3-6. 회귀 분석결과 '모형요약'

[계수 Regression] 표에서의 ③ [비표준화 계수]에 있는 상수값과 각 변수의 'B'값을 활용하여 회귀식을 도출할 수 있다.

④ [표준화 계수]는 종속변수를 예측하는 데에 어떤 변수가 더 중요한 변수인지를 확인하는 데이터이다.

⑤ [유의확률]은 독립변수들의 유의성을 유의수준 0.05을 기준으로 하여, 통계적으로 유의한 변수들만 해석에 활용한다.

Regression

Coefficients[a,b]

Model		③ Unstandardized Coefficients		④ Standardized Coefficients		⑤
		B	Std. Error	Beta	t	Sig.
1	(Constant)	-9424840.946	4014205.625		-2.348	.024
	브랜드지수	4362900.008	1235761.510	.420	3.531	.001
	노후년도	-305707.698	72480.211	-.550	-4.218	.000
	공급면적	-69793.803	19449.852	-2.171	-3.588	.001
	전용면적	76769.300	21334.192	2.147	3.598	.001
	총세대수	5728.628	1247.871	1.395	4.591	.000
	동수	-163149.167	56440.290	-.709	-2.891	.006
	가구당주차대수	2225519.970	570066.893	.690	3.904	.000

a. Dependent Variable: 2013년 3.3㎡ 당

그림 1-3-7. 회귀 분석결과 '계수'

1-4 결과 해석 따라하기

1. 모형 적합도 해석 따라하기

다중회귀분석은 모형의 적합도를 분석하는 것이 중요하다.

본 연구에서는 아파트 매매가격에 영향을 미치는 요인들을 도출하기 위한, 적합한 모형을 설계하기 위해 선형모형, 준로그모형, 역준로그모형, 이중로그모형 등 4가지 모형중에서 R^2값이 상대적으로 높은 모형을 이용하여 분석을 진행하였다.

선형함수는 독립변수와 종속변수간의 관계가 선형이라는 가정하에 함수화한 것이다. 이 함수의 장점은 추정결과에 대한 해석이 단순하고 용이하다는 점이다. 하지만 단점도 존재한다. 예컨대 특성의 양이 증가하는 경우 아파트 가격이 어떠한 배율로 변화하는지 한계체감을 반영하지 못한다. 반면 로그 함수모형은 추정계수의 값이 해당 특성의 변화에 따른 부동산 가격의 변화율 근사치를 보여줄 수 있다. 또한 아파트의 개별특성과 매매가격 간의 한계효용체감의 법칙을 반영할 수 있는 이점이 있다.

이에 따라 연구는 종속변수를 2010년부터 2018년까지 3.3㎡ 매매가격으로 하여 선형모형, 준로그모형, 역준로그모형, 이중로그모형으로 분석하였다. 분석결과 회귀분석 모형의 R^2값은 선형모형과 준로그모형에서 가장 높게 나타났고 유의확률은 0.000으로 P값의 99% 수준에서 유의한 것으로 나타났다. 따라서 본 연구에서는 가설을 검정하기 위한 모형으로 '준로그'와 '선형' 등 2가지를 이용하여 분석하였다.

표 1-4-1. 모형별 추정결과

종속 변수	선형모형		준로그모형		역준로그모형		이중로그모형	
	R^2	유의확률	R^2	유의확률	R^2	유의확률	R^2	유의확률
3.3㎡ Price	0.577	0.000	0.618	0.000	0.494	0.000	0.401	0.000

모형 선택을 위해, 준로그모형과 선형모형의 R^2값을 살펴본 결과 준로그모형이 다른 모형보다 상대적으로 설명력이 높게 나타났다. 또한 연구의 가장 큰 관심사인 브랜드의 영향력도 유의미하게 나타났기 때문에 준로그모형의 결과를 토대로 분석의 결과를 정리하였다.

2. 회귀모형의 통계적 유의성 검증

분석에 앞서 회귀모형은 통계적으로 유의한지 살펴보기 위해 회귀 전체 표본에 대한 회귀분석을 진행하여 다중공선성 문제를 살펴보았다.

검증결과 해당 모형은 통계적으로 유의하게 나타났다.(F=1364.364, P〈.001) 또한 분산팽창지수(VIF)의 수치는 '10'미만으로 나타나 변수들간의 상관관계를 측정하는 '다중공선성' 문제는 없는 것으로 분석되었다.

표 1-4-2. 회귀분석 계수

변수명		Semi-log Model beta	Semi-log Tol.	Semi-log VIF	linear Model beta	linear Tol.	linear VIF
(상수)		16.001 ***			7061319 ***		
브랜드		.137 ***	.688	1.453	905684 ***	.658	1.520
노후년수		-.315 ***	.528	1.893	-140479 ***	.351	2.849
공급면적		.068 ***	.346	2.889	-1720 **	.357	2.797
총세대수		.095 ***	.657	1.523	899 ***	.781	1.281
주차대수		.113 ***	.413	2.424	661274 ***	.367	2.722
지하주차		.008	.551	1.814	-454145 ***	.527	1.899
총층		.027 ***	.472	2.120	9331 **	.522	1.914
출입구조		.106 ***	.708	1.413	547240 ***	.749	1.335
욕실수		.096 ***	.391	2.556	180103 ***	.436	2.293
학교수		.015 ***	.820	1.219	-6964	.834	1.199
쇼핑환경		.004	.647	1.547	-22	.627	1.595
공원거리		-.022 ***	.813	1.230	-254 ***	.761	1.314
학군		.252 ***	.608	1.646	1867765 ***	.672	1.489
지역	동구	.049 ***	.641	1.561	76094	.627	1.596
	서구	.055 ***	.440	2.273	224501 ***	.439	2.276
	북구	-.043 ***	.447	2.240	-329055 ***	.426	2.348
	광산구	-.067 ***	.485	2.060	-512417 ***	.477	2.098
R^2		0.618			0.577		
Adj. R^2		0.618			0.577		
F-value		1364.364***			1221.848***		

주1. ***p<0.001, **p<0.025, *p<0.050, ·p<0.100
주2. 종속변수: 3.3㎡ Price
주3. N: 15,221
주4. 지역더미는 광주광역시 남구를 기준으로 함.

3. 분석결과 해석 따라하기

〈가설 Ⅰ〉 부분을 통계적으로 검정하기 위해 종속변수를 2010년부터 2018년까지의 3.3㎡ 매매가격으로 하여 다중회귀분석한 결과, 브랜드는 학군에 이어 가격에 가장 높은 영향력을 미치는 것으로 확인되었다. 따라서 아파트 브랜드가 매매가격에 양(+)의 영향을 미칠 것이라는 가설 Ⅰ은 지지되었다.

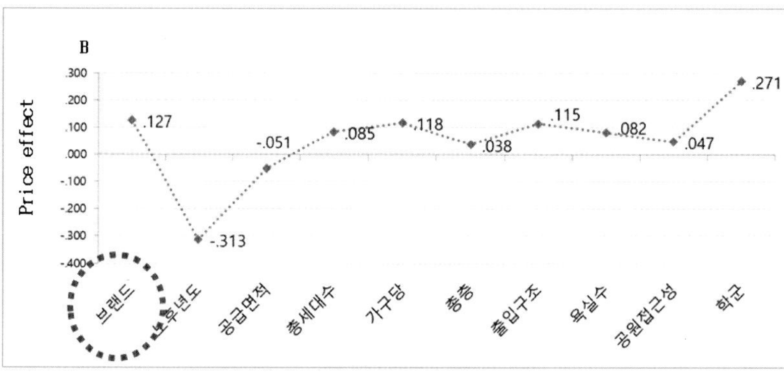

그림 1-4-1. 아파트 가격결정요인

〈가설 Ⅱ〉를 검정하기 위해 실증분석한 결과 아파트브랜드의 가치비중은 2010년 4%였던 것이 2011년 2.4%, 2013년 2.3%로 감소했고 2014년부터는 2.5%, 2015년 3.1%, 2017년 3.7%, 2018년 6.0%로 가치의 비중이 증가한 것으로 나타났다.

이러한 결과를 살펴볼 때, 브랜드 가치비중은 아파트 매매가격과 밀접한 상관성을 가지지 않고 부동산시장 환경 변화에 따라 감소했다가 또다시 회복하는 탄성(elasticity)을 가지고 있는 것으로 유추해 볼 수 있다. 이에 따라 〈가설 Ⅱ〉는 부분기각 되었다.

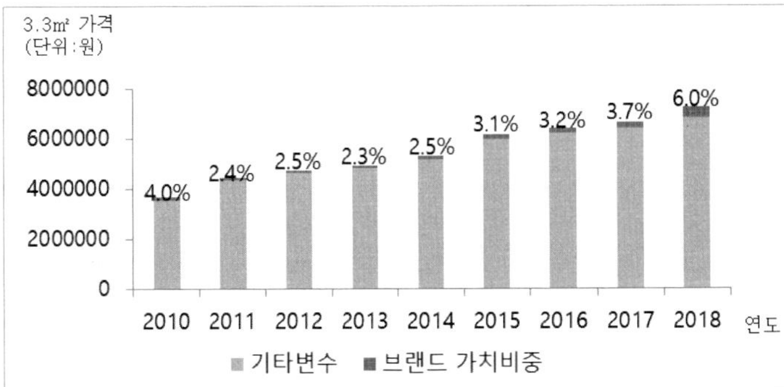

그림 1-4-2. 아파트 브랜드 가치비중의 변화 추이

〈가설 Ⅲ〉은 하부시장(Submarket)에서 브랜드의 가치비중을 검증하고자 하였다. 가설을 검증하기 위해 아파트 매매가격 상승률을 기준으로 가격상승 상위지역과 가격상승 하위지역으로 분류한 자료를 구축하였다. 또한 표본의 3.3㎡당 평균가격과 브랜드의 가치를 활용해 아파트 가격에서 차지하는 브랜드의 가치비중을 살펴보았다. 통계분석 결과, 브랜드가 아파트 매매가격에서 차지하는 가치비중은 가격상승 하위지역에서는 3.0%를 기록하였고, 가격상승 상위지역에서는 5.1%로 약 2.1%p 차이가 나는 것으로 분석되었다.

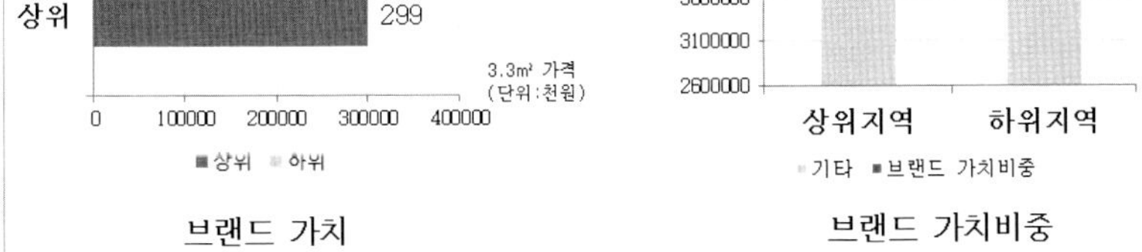

그림 1-4-3. 하부시장(Ⅰ) 분석

〈가설 Ⅲ-1〉은 고가아파트 지역에서는 아파트 브랜드가 차지하는 가치의 비중이 저가 아파트 지역보다 더 높은 수치를 나타낼 것이라는 가설이다. 브랜드가 가격에 미치는 기여도를 살펴보기 위해, 다른 지역에 비해 높은 가격이 형성되고 있는 사례지역으로 광주광역시 남구 봉선1,2동에 소재한 일반아파트의 3.3㎡당 평균가격과 브랜드 아파트의 가치를 활용하여 아파트브랜드가 차지하는 가치비중을 분석하였다.

연구결과, 아파트 브랜드가 매매가격에서 차지하는 가치의 비중은 2014년 3.6%, 2016년 6.3%, 2018년 11.3%로 가치의 비중이 해마다 더욱 상승한 것으로 나타났다. 즉 아파트 브랜드가 매매가격에서 차지하는 가치의 비중은 2014년부터 2018년까지 5년 동안 7.8%p 높아진 것으로 확인되었다. 따라서 고가아파트 지역에서 아파트 브랜드가 차지하는 가치비중이 저가 아파트 지역보다 높게 나타날 것이라는 〈가설 Ⅲ-1〉은 지지되었다.

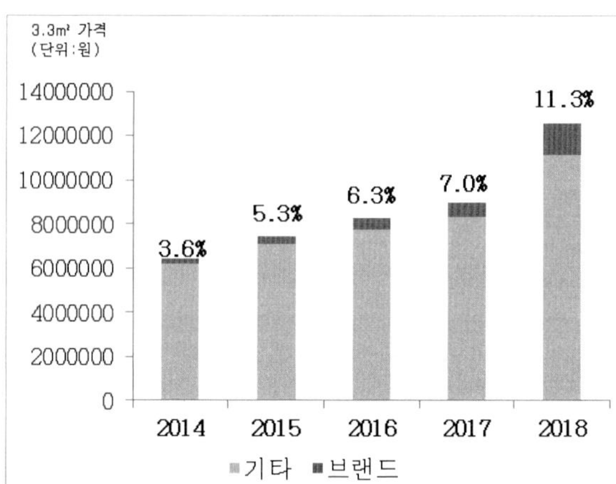

그림 1-4-4. 하부시장(II) 분석

1-5 마치며

1. 연구의 방법론

본 논문에서 중요하게 다뤄지고 있는 연구방법은 크게 다음 세 가지로 정리될 수 있다.

첫째, 연구주제가 사회경제적 현상에 대한 원인을 규명하는 것이라면, '가설검증'을 활용해 보기를 권장한다. 왜냐하면 가설을 검증하는 것은 연구의 과정에서 표본으로 수집한 데이터를 객관적으로 분석하여 연구모형 설계에서 제시한 가설들을 하나하나 검증하는 것이기 때문에 연구자의 주장을 설득력 있게 입증할 수 있다. 분석결과에 대한 추가적인 검증이 필요하다면 전문가그룹을 대상으로 한 FGI(Focus Group Interview) 등 심층인터뷰를 진행해 보는 것이 좋다.

둘째, 다중회귀분석에서 가장 중요한 것 하나는, 연구목적에 맞는 독립변수를 선정하여 반영하는 것이다. 특히 다중회귀분석에서는 독립변수끼리 서로 독립일 것이 요구된다. 그렇지 않을 경우, 특정변수의 수준에 따라 다른 변수의 수준이 달라질 수 있으며, 종속변수의 값도 영향을 받게 된다. 따라서 변수간 상관관계를 잘 검토해 주는 것이 좋다. SPSS 프로그램을 활용한 방법중에는 상관분석 '상관계수' 또는 다중공선성 분석의 'VIF'를 비교하는 방법이 있다. 상관분석에서는 절대값이 0.8 이상이면, 다중공선성 VIF값은 10 이상이면 변수간 문제가 발생할 수 있다고 판단한다.

위와 같은 문제에 대처하려면,

a. 서로 관계를 가진 독립변수의 일부를 제거

b. 상관관계, 다중공선성을 약하게 하는 데이터를 추가 등의 조치를 취할 수 있다.

셋째. 이론적 모형을 활용해 새로운 분석모형을 제시해 보자.

본 논문은 주택가격을 결정하는 특성을 분석하기 위해 헤도닉 가격모형을 이론적 근거로 하였다. 또한 헤도닉 모형을 토대로 하여 학계에서는 아직 검증되지 않은 '가치비중 분석'이라는 분석모형을 제시하였다. 생소한 모형이므로 학계의 논란의 소지는 있으나, 기존의 틀을 연구주제에 맞게 '진화'시킨 다는 측면에서 신선하게 평가될 수 있다. 다만, 저자는 합리적인 모형구축을 위해 통계 및 수학전문가의 자문을 받아 설계하였고, 최종적으로 지도교수님을 검증을 받은 후 모형을 구축하였다.

2. 학위논문 심사시 고려사항

1) 변수 선정

변수들은 더미변수 보다는 실측자료를 사용하여야 연구의 신뢰도를 높일 수 있다. 이에 따라 쇼핑환경과 공원접근성은 기존 더미변수 대신, 구글 지도맵을 활용하여 직선거리를 실측, 정량화된 데이터를 확보하여 연구에 사용하였다.

표 1-5-1. 독립변수 선정시 주의사항

〈수정 전〉

변수	변수설명(더미)
쇼핑 환경	단지에서 차량 10분내 위치
공원 접근	단지에서 도보 5분내 위치

〈수정 후〉

변수	변수설명(실측)
쇼핑 환경	단지에서 대형쇼핑시설 직선거리(m)
공원 접근	아파트단지에서 공원 직선거리(m)

이밖에 부동산은 부동성에 따른 입지적 특성이 중요하므로, 독립변수 중에 지역더미를 추가하여야 한다. 이에 따라 독립변수에 자치구 더미를 추가하여 연구를 설계하였다.

표 1-5-2. 독립변수 중 지역더미 추가

구분	변수명		변수설명
독립 변수	지역 더미	동구	해당 자치구 1, 그 외 0
		서구	
		북구	
		광산구	

2) 분석모형

본 연구에서 다루는 브랜드의 가치비중의 산출방법은 학계에서 논란이 될 수 있기 때문에, 어떻게 산출하였는지에 대한 구체적인 설명과 관련내용의 기술이 필요하며, 단순한 회귀계수를 활용한 가격비중이 아닌 가치비중에 대한 분석모형이 필요하다는 지도의견이 제시되었다. 이에 따라 각 변수들의 회귀계수값과 평균값 등을 활용하여 아파트브랜드의 가치비중을 산출한 분석모형을 제기하였다.

$$y_i = \frac{\beta_i \frac{1}{(n-1)} \sum_{j=1}^{n} x_j}{\frac{1}{(n-1)} \sum_{j=1}^{n} (\beta_i x_j + \alpha)} = \frac{\beta_i \sum_{j=1}^{n} x_j}{\sum_{j=1}^{n} (\beta_i x_j + \alpha)} \times 100$$

여기서 y_i는 아파트브랜드의 가치비중,

x_j는 j번째 독립변수의 값 β_i는 i번째 독립 변수의 편회귀계수임.

그림 1-5-1. 분석모형

참고문헌

송용헌(2020), “주택 가격에서 아파트 브랜드가 차지하는 가치비중에 관한 연구”, 전남대학교 박사학위 논문.

이준하(2008), “브랜드가 아파트 가격형성에 미치는 영향에 관한 연구”, 단국대학교 대학원 박사학위 논문.

이문숙(2005), “아파트 브랜드 자산에 관한 연구: 아파트 브랜드 자산의 구성요소가 프리미엄 지불가격에 미치는 영향”, 성균관대학교 박사학위 논문.

노형진(2005), 『spss에 의한 조사방법 및 통계분석』, 형설출판사.

노형진(2008), 『spss에 의한 다변량분석 기초에서 응용까지』, 한올출판.

송지준(2009), 『논문작성에 필요한 SPSS/AMOS 통계분석』, 21세기사.

사랑방부동산, https://home.sarangbang.com.

부동산테크, https://www.rtech.or.kr.

KB부동산, https://kbland.kr.

제2장

이중차이분석 (DID)

장미진
전남대학교 건축·토목공학과 박사과정

본 학위논문은 정부의 부동산 정책에 따른 외부수요(실수요, 투기수요 등)가 부동산가격에 미치는 영향 분석을 통해 서민주거 안정 및 실수요자에 대한 보호정책 마련의 필요성을 시사하는 것을 목적으로 한다. 본 장에서는 외부수요와 부동산 정책 간의 관계를 살펴보고, 관련 독립변수와 종속변수 자료 구축 방법을 설명한다. 또한 이중차이분석을 SPSS를 통해서 도출하는 과정을 설명한다. 분석결과를 해석하고, 이후 학위논문 작성과정 및 심사과정에서 발생한 문제 해결과정을 설명하면서 마무리하고자 한다.

2-1 학위논문 소개

이중차이분석(DID) 방법론에 대한 내용은 저자가 전남대학교 지역개발학과 석사과정 학위논문에 제출한 논문("역외수요가 주택가격에 미치는 영향 분석)을 기반으로 작성하였다.

[UCI]I804:24010-000000062301

도시·지역개발학 석사학위논문

역외수요가 주택가격에 미치는 영향 분석

-광주광역시 아파트를 중심으로-

전남대학교 대학원

지 역 개 발 학 과

장 미 진

2020년 2월

그림 2-1-1. 학위논문 표지(전남대학교 대학원)

1. 연구배경 및 목적

연구의 배경 및 목적으로는 정부의 부동산 정책 발표로 인해 수도권 외 지역의 주택시장 대부분 침체된 상황에서 일부 지역의 주택가격(아파트가격이) 상승하는 사례가 발생되었다. 특히, 본 연구의 분석대상지인 광주시의 경우 기존에 부동산 시장이 상대적으로 저평가 되었던 지역이었음에도 불구하고 부동산 정책으로 인해 투자목적의 수요가 집중되면서 주택가격이 상승하는 현상이 발생했다고 볼 수 있다.

지속적인 인구 감소와 주택 보급률이 100% 초과로 수요가 충족되었음에도 불구, 광주시 내 일부 지역에서는 주택가격 급등으로 인한 부동산 문제가 발생하고 있는 것으로 나타났다. 따라서 본 연구에서는 주택가격(아파트 실거래 가격) 그리고 거래 현황 자료(매입자 주거지별)를 활용 역외수요가 주택가격에 미치는 영향을 분석하였고, 수도권 중심의 부동산 규제 정책이 수도권 외 지역의 주택시장 불안정 등 영향을 미칠 경우 각 지역 특성에 맞는 부동산 규제 정책 마련이 필요할 것이라는 시사점을 제시하고자 한다.

2. 연구과정 및 방법

본 연구를 수행하기 위해 이론고찰 및 선행연구 검토에서는 지역 부동산 시장의 특징, 주택가격과 역외수요의 정의 및 특성, 국내·국외 부동산 정책에 대한 이론적 고찰을 실시하고, 관련 선행연구를 검토하였다.

연구 방법으로는 이중차이분석을 활용하였고, 부동산 정책 발표 전·후 각 변수들 간의 상관관계와 주택가격 변동 특성에 대해 분석하고자 한다. 특히 정부가 부동산 대책을 발표한 특정 시기를 전·후로 역외수요가 주택가격에 미치는 영향을 중점적으로 분석하여 결과를 도출하고자 한다. 연구방법에서는 본 연구를 위해 필요한 분석자료, 기초통계분석, 분석 방법론 검토, 가설 및 연구모형을 설정하였다. 정량적 분석을 위해 이중차이분석 방법을 선정하였으며, 5개의 연구모형을 설정하였다.

3. 연구결과 및 시사점

연구 실증분석 결과 주택가격과 수요의 관계는 정(+)의 영향을 미치는 것으로 분석되었다. 특히 역외수요가 지역 내에서 발생한 수요보다 주택가격 상승에 영향을 미친다는 결과를 도출하였다.

연구의 한계로는 각 변수들의 월별 변동특성 분석을 위한 시계열 데이터를 수집해야 하지만 각 데이터의 제공시기가 상이하여 분석 데이터 간의 시기적인 차이가 있고, 공간적 범위를 광주시로 한정하여 분석했기 때문에 타 지역의 특성을 고려하지 못했다는 한계가 있다. 향후 대상지 범위를 확대하여 역외수요가 실제로 주택가격 상승과 관계가 있는지에 대한 연구가 진행되어야 할 것이다.

본 연구의 결과를 통해 수도권 중심의 부동산 규제 정책이 일부 수도권 외 지역의 주택시장 불안정 등에 영향을 미친 것으로 나타났으며, 지역 특성에 맞는 부동산 정책을 마련하고, 서민주거 안정 대책을 마련할 필요가 있다는 시사점을 제시하고자 한다.

2-2 자료 찾기 따라하기

1. 변수찾기

본 연구를 위해 주택가격의 경우 국토교통부 실거래가 공개시스템에서 제공하는 데이터를 활용하였으며, 주택가격 데이터는 2015년부터 2019년 까지 5년간 광주광역시 내에서 거래된 아파트 매매 113,561건 중 현재는 재개발 등으로 독립변수 데이터 수집이 불가능한 1,467건의 거래를 제외한 총 112,085건의 아파트 매매 데이터를 실증분석에 활용하고자 한다. 특히 종속변수(주택가격)의 경우 선행연구인 헤도닉 가격모형 분석에서 반 로그(Semi-log)함수를 적용하여 추정계수 값의 해당 특성변화에 의한 주택가격 변화율의 근사치를 확인하고 있다. 이에 본 연구에서도 종속변수에 자연로그(logP)를 취하여 모형의 설명력 을 높이고 변수들의 분포를 고려하여 자료의 정규성에 부합되도록 하였다(손학기·이창로, 2016; 신광문·이재수, 2019).

독립변수로는 주택가격에 영향을 미치는 주요 요인을 선행연구에서 도출하였으며, 본 연구의 주요 목적인 수요 그리고 입지특성, 이중차이분석을 위한 변수를 설정하였다. 물리적 특성으로 국토교통부의 아파트 매매 실거래 가격 데이터에 포함되어 있는 아파트의 규모(면적, ㎡), 건축연도, 세대당 주차대수, 난방형태(개별, 중앙) 등으로 설정하였고 입지특성 변수로는 아파트 단지를 중심으로 하여 도시철도역의 출구, 버스정류소의 개소, 교육시설(초·중·고등학교, 대학교), 편의시설(대형마트, 병원 등) 입지 현황, 부동산 정책 발표에 의한 주택가격 분석을 위한 정책변수를 활용하였다.

표 2-2-1. 분석자료

구분	자료	출처	단위
주택가격	아파트 매매 실거래가	국토교통부	월별, 건별, 법정동
역외수요	매입자 거주지별 아파트 거래현황	한국감정원	자치구, 월별
물리적 특성	규모(전용면적㎡), 층 수, 경과연수 (아파트 매매 실거래가 자료상에 포함되어 있음)	국토교통부	건, 법정동
	현관구조(계단식, 복도식)	네이버 부동산	세대
	난방형식(중앙난방, 개별난방)		
	주차대수(세대당 주차대수)		
입지특성	도시철도 역, 버스정류소 수 교육시설	다음지도	단지
편의시설	대형마트, 종합병원	다음지도	단지

1) 종속변수: 주택가격 자료 찾기

본 연구에서는 주택(아파트) 매매 가격을 종속변수로 아파트 매매 실거래가격 자료를 활용하였으며 국토교통부 실거래가 공개시스템(https://rt.molit.go.kr/)에서 취득하였다.

그림 2-2-1. 국토교통부 실거래가 공개시스템

실거래가 공개시스템으로 이동해서 원하는 자료의 조건을 입력하면 엑셀(excel) 또는 csv형태의 자료를 받을 수 있다. 실거래가 구분은 ‘아파트(매매)’, 대상지는 광주광역시, 전체지역, 전체면적을 대상으로 하였다.

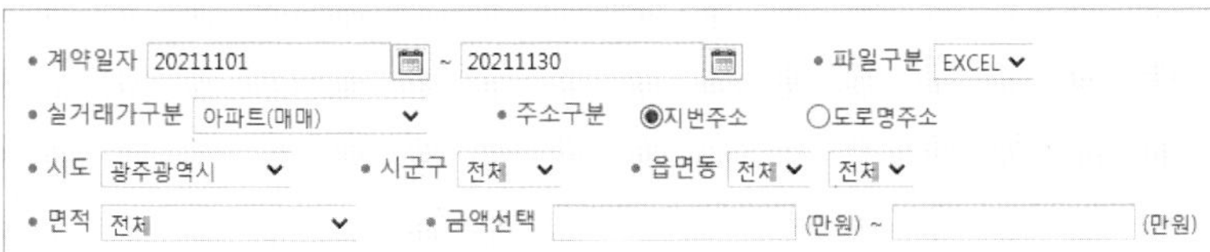

그림 2-2-2. 국토교통부 실거래가 자료 조건별 검색

실거래가 자료 형태는 아래 그림과 같고, 해당 자료에는 매매 거래된 매물의 해당 시군구, 주소, 단지명, 전용면적, 계약일자, 거래금액, 층수, 건축연도 등 일반적인 매매자료의 내용을 담고 있다.

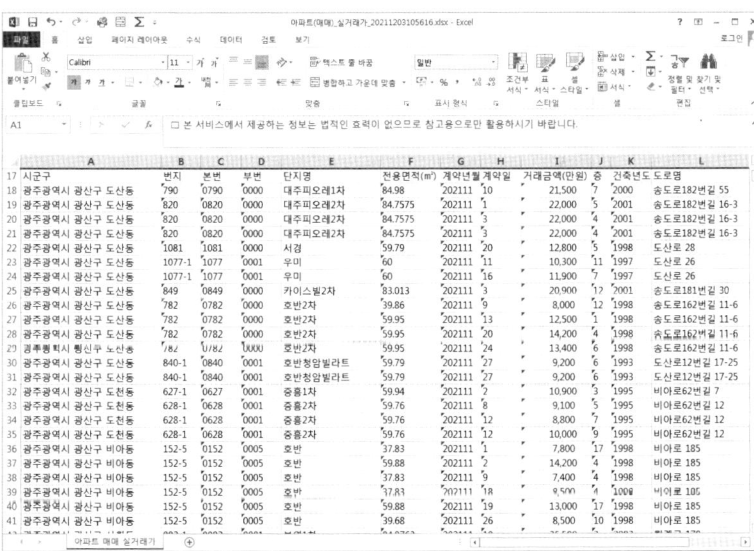

	시군구	번지	본번	부번	단지명	전용면적(㎡)	계약년월	계약일	거래금액(만원)	층	건축년도	도로명
18	광주광역시 광산구 도산동	790	0790	0000	대주피오레1차	84.98	202111	10	21,500	7	2000	송도로182번길 55
19	광주광역시 광산구 도산동	820	0820	0000	대주피오레2차	84.7575	202111	1	22,000	5	2001	송도로182번길 16-3
20	광주광역시 광산구 도산동	820	0820	0000	대주피오레2차	84.7575	202111	3	22,000	4	2001	송도로182번길 16-3
21	광주광역시 광산구 도산동	820	0820	0000	대주피오레2차	84.7575	202111	3	22,000	4	2001	송도로182번길 16-3
22	광주광역시 광산구 도산동	1081	1081	0000	서경	59.79	202111	20	12,800	5	1998	도산로 28
23	광주광역시 광산구 도산동	1077-1	1077	0001	우미	60	202111	11	10,300	11	1997	도산로 26
24	광주광역시 광산구 도산동	1077-1	1077	0001	우미	60	202111	16	11,900	7	1997	도산로 26
25	광주광역시 광산구 도산동	849	0849	0000	카이스빌2차	83.013	202111	3	20,900	12	2001	송도로181번길 30
26	광주광역시 광산구 도산동	782	0782	0000	호반2차	39.86	202111	9	8,000	12	1998	송도로162번길 11-6
27	광주광역시 광산구 도산동	782	0782	0000	호반2차	59.95	202111	13	12,500	1	1998	송도로162번길 11-6
28	광주광역시 광산구 도산동	782	0782	0000	호반2차	59.95	202111	20	14,200	4	1998	송도로162번길 11-6
29	광주광역시 광산구 도산동	782	0782	0000	호반2차	59.95	202111	24	13,400	6	1998	송도로162번길 11-6
30	광주광역시 광산구 도산동	840-1	0840	0001	호반청암빌라트	59.79	202111	27	9,200	6	1993	도산로12번길 17-25
31	광주광역시 광산구 도산동	840-1	0840	0001	호반청암빌라트	59.79	202111	27	9,200	6	1993	도산로12번길 17-25
32	광주광역시 광산구 도천동	627-1	0627	0001	중흥1차	59.94	202111	2	10,900	3	1995	비아로62번길 7
33	광주광역시 광산구 도천동	628-1	0628	0001	중흥2차	59.76	202111	8	9,100	5	1995	비아로62번길 12
34	광주광역시 광산구 도천동	628-1	0628	0001	중흥2차	59.76	202111	12	8,800	7	1995	비아로62번길 12
35	광주광역시 광산구 도천동	628-1	0628	0001	중흥2차	59.76	202111	12	10,000	9	1995	비아로62번길 12
36	광주광역시 광산구 비아동	152-5	0152	0005	호반	37.83	202111	1	7,800	17	1998	비아로 185
37	광주광역시 광산구 비아동	152-5	0152	0005	호반	59.88	202111	2	14,200	4	1998	비아로 185
38	광주광역시 광산구 비아동	152-5	0152	0005	호반	37.83	202111	9	7,400	4	1998	비아로 185
39	광주광역시 광산구 비아동	152-5	0152	0005	호반	37.83	202111	18	9,500	4	1998	비아로 185
40	광주광역시 광산구 비아동	152-5	0152	0005	호반	59.88	202111	19	13,000	17	1998	비아로 185
41	광주광역시 광산구 비아동	152-5	0152	0005	호반	39.68	202111	26	8,500	10	1998	비아로 185

그림 2-2-3. 국토교통부 실거래가 자료(excel)

2) 역외수요

역외수요의 경우 한국감정원(現. 한국부동산원)에서 제공하고 있는 아파트 거래 현황 중 월별 매입자거주지별 거래 현황(이하. 역외수요) 자료를 활용하였다. 역외수요의 경우 자치구 단위의 자료를 제공하고 있고, 매입자 거주지는 관할시도 외(서울, 기타) / 관할시도 내 / 관할 시군구 내로 구분되어 있다.

역외수요 자료는 한국부동산원(https://www.reb.or.kr/reb/main.do)에서 제공하는 **부동산통계 ⇨ 부동산 거래현황**에 접속한다.

부동산통계뷰어 창이 뜨면 왼쪽 하단에 **부동산거래현황 ⇨ 아파트 거래현황 ⇨ 월별 매입자거주지별** 클릭하면 전국의 월별 매입자의 거주지별 아파트 구매현황을 확인할 수 있고, 엑셀형태로 다운받을 수 있다.

그림 2-2-4. 한국부동산원 'R-ONE 부동산통계뷰어'

3) 기타 영향요인

주택가격 상승에 영향을 미치는 기타 독립변수를 선정하기 위해서 선행연구 및 문헌조사를 통해 독립변수를 선정하였다.

주택가격에 영향을 미치는 기타요인으로 주택의 물리적 특성, 입지 특성, 편의시설 등을 검토하였다.

아파트의 규모(면적, ㎡), 건축연도, 세대당 주차대수, 난방형태(개별, 중앙) 등으로 설정하였고 입지특성 변수로는 아파트 단지를 중심으로 하여 도시철도역의 출구, 버스정류소의 개소, 교육시설(초·중·고등학교, 대학교), 편의시설(대형마트, 병원 등) 입지 현황과 부동산 규제 정책 발표 전·후 주택가격 특성을 분석하기 위해 정책변수로 활용하였다.

규모, 층 수, 경과연수의 경우 국토부 실거래가 자료에 포함되어있으며, 현관구조, 난방형식, 주차대수 등 네이버 부동산 아파트 단지정보 활용, 아파트 주변 시설의 경우 네이버 지도를 활용하였다.

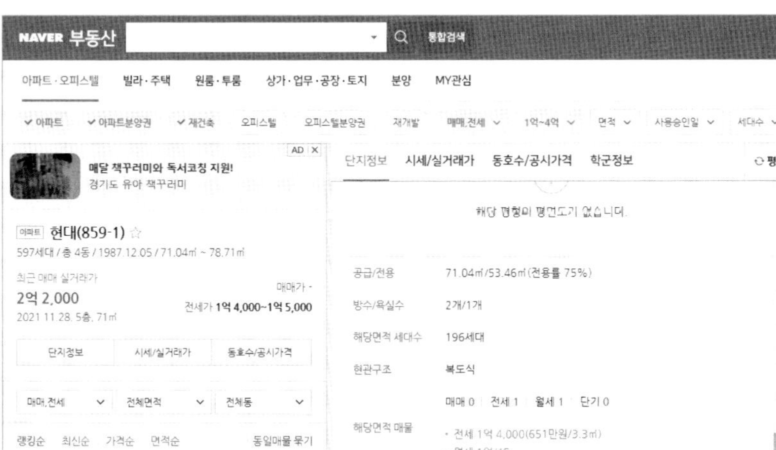

그림 2-2-5. 네이버 부동산 아파트 단지 정보

2-3 방법론 따라하기

1. 이중차이분석이란

본 연구와 같이 외부 효과에 의한 주변지가변동을 분석하는데 사용되어온 전통적인 접근법들은 크게 3가지로 나누어 볼 수 있다. 가장 일반적으로 사용되는 ANOVA 등을 활용한 사전·사후 비교법(pre/post approach)과 특성가격모형으로 대표되는 횡단면적 접근법(corss-sectional approach), 유사지역 비교법(control area approach)이 있다(Galster, 2004).

사전·사후 비교법은 동일지역을 대상으로 시설의 입지 이전과 이후의 가격수준을 상호 비교하여 그 영향을 가늠하며, 특정지역의 사업단계별 가격변동 추이를 고찰하는데 용이한 방법으로 평가된다. 횡단면적 접근방식은 시설의 입지가 가격변동에 미친 영향의 크기를 정량적으로 설명하는데 많이 사용되며, 다수의 독립변수를 사용할 수 있어 시설입지 이외의 다양한 요인과 비교 또한 가능하다. 유사지역 비교방식은 특정시설의 입지를 제외한 여타 조건이 동일하거나 유사한 지역을 비교대상으로 선정하여 시설입지의 고유한 영향력을 파악하는 것을 목적으로 한다(문장혁, 2012).

앞에서 서술한 3개의 접근방식의 경우 연구방법론 적용에 있어서 각각의 장·단점을 가지고 있다. 이러한 특성을 보완하기 위해서 지역적인 특성을 보정하고 변수들의 통제·표준화, 비교 관점을 다양화 하는 등의 방법을 활용해야 한다.

2. 연구방법의 적합성

이중차이분석(DID)이란 어떠한 정책이 특정 집단내 또는 특정 기간에 시행된 상황에서 정책이 경제에 미치는 순수한 영향만을 뽑아내고자 할 때 사용되는 기법으로 '단순히 특정 정책의 시행 전, 후의 결과값(outcome) 만을 비교해 보는 것이 아닌가' 라는 오류가 발생할 수 있고, 이렇게 단순히 정책 시행의 이전과 이후의 결과값만 비교하면 정책을 시행함으로서 달라지는 효과 뿐 아니라 정책이외의 다른 외생적 영향이 결과값에 미치는 효과도 섞여있기 때문에 정책의 '순수한' 효과만을 뽑아내지 못한다는 문제가 발생한다. 이러한 문제를 해결하기 위해 사용되는 기법중 하나가 이중차이분석(DID, Difference in differences)이다. DID는 준실험적(quasi-experimental) 상황, 곧 정부의 특정 정책으로 인해 일정한 시점, 지역에 대해 마치 사회실험을 행한 것과 같은 상황에서 그 정책의 효과를 보는데 유용한 기법이다.[1)]

일반적으로 정책 시행 전과 후 수혜집단과 비수혜집단의 차이를 비교하는데 사용된다. 수혜자를 대상으로 정책 시행 전·후를 비교하는 것보다 처치집단(실험집단 또는 수혜집단)와 통제집단(비실험집단 또는 비수혜집단)을 구분하여 전·후 시기의 차이를 비교하는 것이 시기에 의한 일반적 변화 영향을 제거, 순수한 정책의 영향을 볼 수 있다.

예를 들어 정책 시행 전, 처치집단과 통제집단의 차이 그리고 정책 시행 후의 차이를 비교해 보는 것이다.[2)]

아래 〈표 2-3-1〉에 의해 정책 시행 전 처치집단은 a, 통제집단은 b라고 가정했을 때, 정책시행 전의 통제집단과 처치집단의 차이는 b-a이고, 정책시행 후 통제집단과 처치집단의 차이는 d-c 이고, 이중차이

1) http://econreality.blogspot.com/2012/07/cje-june-2012-differences-in.html.

2) R. Carter Hill, William E. Griffiths, Guay C. Lim, 「계량경제학」.

분석 추정치는 (d-c)-(b-a)가 된다.

표 2-3-1. 이중차이 분석

구분	처치집단(treated group)	통제집단(controled group)
정책 시행 이전(before)	a	b
정책 시행 이후(after)	c	d

3. 가설설정

각각의 변수들이 주택가격에 미치는 영향을 기초통계를 통해 살펴보고, 이중차이 분석을 실시해 정책발표와 지역에 의한 효과와 정책발표와 역외수요에 의한 효과를 분석하고자 한다.

실증분석을 위해 〈표 2-3-2〉와 같이 가설을 설정하였다. 가설 1～가설 3의 경우에는 다중회귀분석을 통한 부동산 정책에 의한 주택가격 상승(가설 1), 자치구별 주택가격 상승(가설 2), 역외수요에 의한 주택가격 상승(가설 3), 가설 4～가설 5에서는 이중차이분석을 실시하였으며, 부동산 정책과 지역별 특성에 의한 주택가격 상승(가설 4), 부동산 정책과 역외수요에 의한 주택가격 상승(가설 5)에 대해 실증분석 하고자 한다.

가설 1. 부동산 정책에 의한 주택가격 상승
가설 2. 자치구별 주택가격 상승
가설 3. 역외수요에 의한 주택가격 상승
가설 4. (이중차이분석) 부동산 정책과 지역별 특성에 의한 주택가격 상승효과
가설 5. (이중차이분석) 부동산 정책과 역외수요에 의한 주택가격 상승효과

표 2-3-2. 가설 설정

구분	가설	비고
가설 1	부동산 정책에 의한 주택가격 상승	다중회귀분석
가설 2	자치구별 주택가격 상승	다중회귀분석
가설 3	역외수요에 의한 주택가격 상승	다중회귀분석
가설 4	부동산 정책과 지역별 특성에 의한 주택가격 상승효과	이중차이분석
가설 5	부동산 정책과 역외수요에 의한 주택가격 상승효과	이중차이분석

4. 연구모형 설정

본 연구에서는 이중차이분석을 통해 역외수요가 주택가격에 미치는 영향을 분석하고자 한다. 이중차이분석(Difference In Differences Analysis)은 일반적으로 정부정책의 영향을 확인하기 위해서 정책의 영향을 받는 그룹과 그렇지 않은 그룹을 구분하고 정책시행 전·후의 변수 값의 변화를 통해 실제로 두 그룹 사이에 정부 정책으로 인한 영향의 차이가 발생했는지를 추정하는 방법이다(김형태·김정욱, 2012).

기본모형의 경우 세미로그 형태이며, 이는 독립변수가 한 단계 변할 때 종속변수(주택가격)가 몇 % 변하는지에 대해 분석할 수 있다. 기본모형에서 P는 아파트가격을 의미하며 (n+1) 벡터의 아파트가격 데이터이며 n 값은 112,085개의 광주광역시 아파트 실거래가 자료이다. x는 아파트의 물리적 특성이며 총 11개이다.

표 2-3-3. 기본모형

$$\log(price) = \beta_1 + \beta_2 Size + \beta_3 Floor + \beta_4 Parking + \beta_5 Heating + \beta_6 ENT + \beta_7 Age + \beta_8 metro + \beta_9 Bus + \beta_{10} School + \beta_{11} Mall + \beta_{12} Hospital + u$$

$\log P = c + \sum_k \beta_k x_k + u$

여기서,

- P = 아파트 가격
- x_k = 아파트 특성, β_k = 아파트 특성 회귀계수, k = {2, 3, ..., 12}

$\log P = c + \beta x + u$

- $P = (n+1)$ 벡터의 아파트 가격, n =관측치 수(112,085)
- $x = (n \times k)$ 행렬의 아파트 특성, k =아파트 특성 변수의 수(11)

모형 1의 경우 2017년 6월 부동산 정책 발표 시기정책 발표 시기를 기준으로 하여 정책 발표 전·후의 주택가격 변화에 대해 분석하고자 한다.

변수 P와 x는 기본모형과 동일하고 부동산 정책에 의한 주택가격 상승 효과를 살펴보기 위해 2017년, 2018년 정책발표 시기를 기준으로 정책효과 변수를 $Post_{2017}$, $Post_{2018}$로 설정하였다. 정책효과 변수는 더미변수로 정책발표 이전 거래건=0, 정책 발표 이후 거래 건=1로 입력하였다.

표 2-3-4. 모형1: 부동산 정책에 의한 주택가격 상승

$$\log(price) = \beta_1 + \beta_2 Size + \cdots + \beta_{12} Hosp + \beta_{13} Post + u$$

$\log P = c + \sum_k \beta_k x_k + \sum_r \gamma_r Post_r + u$

여기서,

- P = 아파트 가격
- x_k = 아파트 특성, β_k = 아파트 특성 회귀계수, k = {2, 3, ... , 12}
- Post = 부동산정책 효과 변수(부동산 대책 발표에 의한 효과)

모형 2에서는 자치구별 주택가격 상승효과를 분석하고자 한다. 자치구별 효과를 살펴보기 위해 R(지역 더미변수, 예=1, 아니오=0)을 변수로 설정하였으며 지역 효과 변수는 5개 자치구(동구, 서구, 남구, 북구, 광산구)로 설정하였다.

모형 3에서는 역외수요에 의한 주택가격 상승효과를 분석하기 위해 주요 변수인 수요를 내부수요, 역외수요로 구분하였다. 변수 D는 (n+1)행렬의 수요 효과 변수이며 수요효과 변수의 수는 총 2개이다.

모형 4에서는 부동산 정책과 지역별 특성에 의한 주택가격 상승효과를 살펴보고자 한다. 이중차이분석을 위해 $Post \times R$ 변수를 설정, 부동산 정책 발표 이후에 각 지역별 특성이 주택가격 상승에 미치는 영향을 분석하고자 한다.

모형 5에서는 부동산 정책과 역외수요에 의한 주택가격 상승효과를 살펴보고자 한다. 이중차이분석을 위해 $Post \times OUT$ 변수를 설정하였다.

표 2-3-5. 모형2: 자치구별 주택가격 상승

$$\log(price) = \beta_1 + \beta_2 Size + \cdots + \beta_{12} Hospital + \beta_{17} R\_dong + \beta_{18} R\_seo + \beta_{19} R\_nam + \beta_{20} R\_buk + \beta_{21} R\_gwang + u$$

$$\log P = c + \sum_k \beta_k x_k + \sum_k \epsilon_k R_k + u$$

여기서,

- P = 아파트 가격
- x_k = 아파트 특성, β_k = 아파트 특성 회귀계수, k = {2, 3, ..., 12}
- R = 지역 효과 변수(해당 자치구에 의한 효과), k = {17, ..., 21}

$$\log P = c + \beta x + \epsilon R + u$$

표 2-3-6. 모형3: 역외수요에 의한 주택가격 상승

$$\log(price) = \beta_1 + \beta_2 Size + \cdots + \beta_{12} Hospital + \beta_{14} Dem + u$$

$\log P = c + \sum_k \beta_k x_k + \sum_i \delta_i D_i + u$

여기서,

- P = 아파트 가격
- x_k = 아파트 특성, β_k = 아파트 특성 회귀계수, k = {2, 3, ... , 12}
- D = 수요 효과 변수(수요에 의한 효과)

$\log P = c + \beta x + \delta D + u$

표 2-3-7. 모형4: 부동산 정책과 지역별 특성에 의한 주택가격 상승효과

$$\begin{aligned}\log(price) = \beta_1 + \beta_2 Size + \cdots + \beta_{12} Hospital + \cdots + \beta_{13} Post \\ + \beta_{17} R\_dong + \cdots + \beta_{21} R\_gwang + \beta_{23}(Post \times R\_dong) \\ + \cdots + \beta_{27}(Post \times R\_gwang) + u\end{aligned}$$

- R_dong ~ R_gwang: 자치구에 대한 더미 변수(주택가격과 위치(영향)의 차이를 통제)
- Post: 정책발표 이후 기간에 대한 더미변수
  - 수요와 무관하게 어느 아파트 가격이든 시간에 의해 달라지는 차이 통제
- Post×R_dong ~ R_gwang: 두변수를 곱하여 도출하는 교차항(DID 추정치)
  - 수준(정책발표의 효과)과 추세(지역에 의한 영향)를 고려

$\Rightarrow \log P = c + \sum_k \beta_k x_k + \epsilon R_k + \gamma Post + \mu(Post \times R_k) + u$

표 2-3-8. 모형5: 부동산 정책과 역외수요에 의한 주택가격 상승효과

$$\begin{aligned}\log(price) = \beta_1 + \beta_2 Size + \cdots + \beta_{12} Hospital + \beta_{13} Post \\ + \beta_{14} Dem + \beta_{15} OUT + \beta_{16} IN + \beta_{22}(Post \times OUT) + u\end{aligned}$$

- Dem, OUT, IN: 아파트가격과 수요에 대한 변수
  - 아파트 가격과 수요(영향)의 차이 통제
  - 수요=Dem, 역외수요=OUT
- Post: 정책발표 이후 기간에 대한 더미변수
  - 수요와 무관하게 어느 아파트 가격이든 시간에 의해 달라지는 차이 통제
- Post×OUT: 두변수를 곱하여 도출하는 교차항
  - DID 추정치
  - 수준(정책발표의 효과)과 추세(수요에 의한 영향)를 고려한 역외수요에 대한 효과

$\Rightarrow \log P = c + \sum_k \beta_k x_k + \gamma Post + \delta D + \lambda(Post \times OUT) + u$

5. SPSS로 이중차이분석 따라하기

1) 자료 데이터 정리하기

본 연구에서는 이중차이분석을 위해 SPSS Statistics 21 프로그램을 활용해 분석하고자 한다.

앞의 **2-2. 자료 찾기 따라하기**에서 수집된 자료를 분석에 활용하기 위해 다음과 같이 정리하였다. 첫 행에는 각 변수명을 설정하였다.

표 2-3-9. 변수명 및 설명

구분		변수명	설명
종속변수	주택가격	logP	log, 아파트실거래가(원)
독립변수	수요	Out	역외수요(서울, 기타)
		In	내부수요(광주광역시 내)
		Dem	수요합계
	단지특성	Size	전용면적(m^2)
		Floor	해당층수
		Parking	세대당 주차대수
		Heating	= 1 if 개별난방 또는 지역난방, = 0 otherwise
		ENT	= 1 if 계단식, = 0 otherwise
		Age	경과년수 = 거래연도-건축년도
	입지특성	Metro	단지 중심에서 반경 500m 내 지하철역 수
		Bus	단지 중심에서 반경 500m 내 버스정류장 수
		School	단지 중심에서 반경 500m 내 초·중·고
	편의시설	Mall	단지 중심에서 반경 500m 내 대형마트
		Hospital	단지 중심에서 반경 500m 내 종합병원
	부동산 정책	Post	= 1 if 2017년 6월 이후(2017년 6월 제외), = 0 otherwise
	지역더미	R_dong	= 1 if 동구, = 0 otherwise
		R_seo	= 1 if 서구, = 0 otherwise
		R_nam	= 1 if 남구, = 0 otherwise
		R_buk	= 1 if 북구, = 0 otherwise
		R_gwang	= 1 if 광산구, = 0 otherwise
DID 이중차이분석		Post_Out	Post × OUT(역외수요)
		Post_R_dong	Post × R_dong
		Post_R_seo	Post × R_seo
		Post_R_nam	Post × R_nam
		Post_R_buk	Post × R_buk
		Post_R_gwang	Post × R_gwang

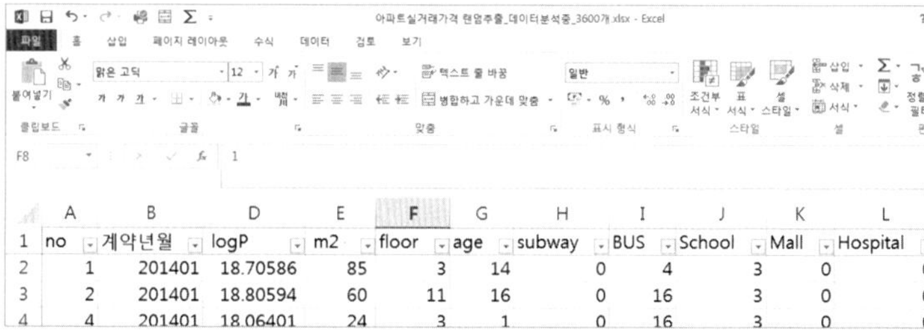

그림 2-3-1. 분석데이터(EXCEL)

2) SPSS에서 분석데이터 가져오기

데이터 분석을 위해 데이터를 가져와야 하는데, 프로그램을 실행하고 상단에서 **파일 ⇨ 열기 ⇨ 데이터**를 선택하고 **데이터 열기** 창이 뜨면, 파일유형은 엑셀파일 또는 데이터가 저장된 파일의 형식을 선택하고 불러올 파일을 선택하면 〈그림 2-3-3〉과 같이 **Excel 데이터 소스 열기** 창이 뜬다.

그림 2-3-2. 데이터파일 불러오기

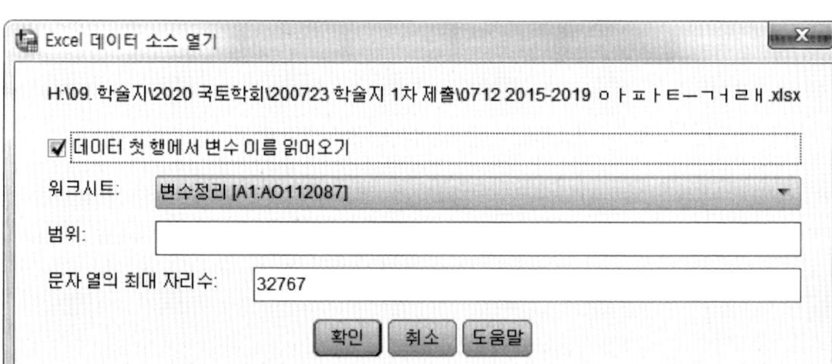

그림 2-3-3. 데이터파일 불러오기 2

데이터 첫 행에서 변수 이름 읽어오기를 선택하면 데이터가 정리되어있는 파일의 첫 행이 변수의 이름이 된다. 워크시트는 엑셀 파일 내의 시트를 의미한다.

데이터 파일(변수들이 저장된 엑셀파일)을 불러오면 다음과 같이 창이 뜨며 아래의 데이터보기 탭을 클릭하면 각각 변수들의 값을 확인할 수 있고, 변수보기를 클릭하면 각 변수들의 특성들을 확인할 수 있다.

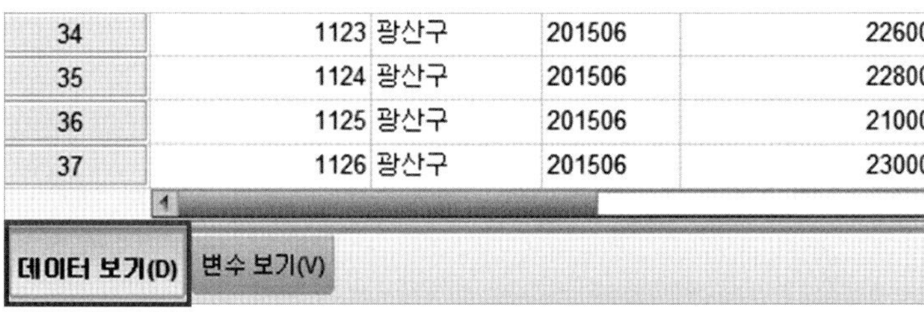

그림 2-3-4. 데이터보기 탭

변수의 특성으로는 크게 이름, 유형, 측도 등으로 구분되는데 이름은 말 그대로 종속변수, 독립변수 명을 의미하며, 유형은 숫자데이터인지 문자데이터 인지 구분된다. 마지막으로 측도는 명목, 척도로 구분되는데 명목측도의 경우 정량적인 값을 의미하며 척도는 예를 들어 '예=1 or 아니오=0'의 형태로 구분할 수 있다.

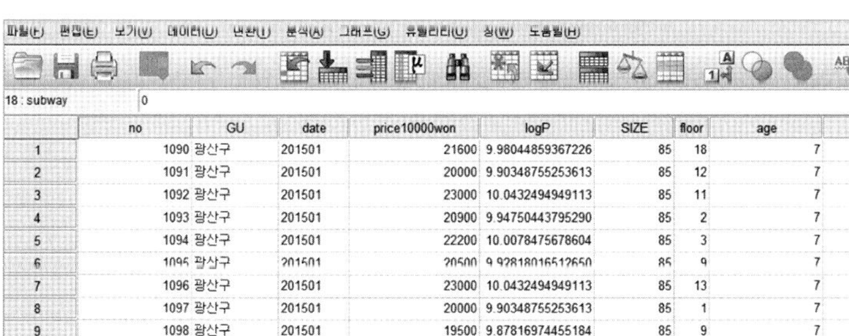

그림 2-3-5. 분석데이터를 불러왔을 때 SPSS 프로그램(데이터 보기)

	이름	유형	너비	소수점이...	설명	값	결측값	열	맞춤	측도
1	no	숫자	6	0	no.	없음	없음	12	오른쪽	척도(S)
2	GU	문자	9	0		없음	없음	9	왼쪽	명목(N)
3	date	문자	7	0		없음	없음	7	왼쪽	명목(N)
4	price10000...	숫자	14	0	price(10000won)	없음	없음	14	오른쪽	명목(N)
5	logP	숫자	40	15		없음	없음	12	오른쪽	척도(S)
6	SIZE	숫자	8	0		없음	없음	8	오른쪽	척도(S)
7	floor	숫자	3	0		없음	없음	3	오른쪽	척도(S)
8	age	숫자	3	0		없음	없음	12	오른쪽	척도(S)
9	subway	숫자	2	0		없음	없음	12	오른쪽	척도(S)
10	BUS	숫자	2	0		없음	없음	12	오른쪽	척도(S)
11	School	숫자	2	0		없음	없음	12	오른쪽	척도(S)
12	Mall	숫자	2	0		없음	없음	12	오른쪽	척도(S)
13	Hospital	숫자	2	0		없음	없음	12	오른쪽	척도(S)
14	Parking	숫자	4	2		없음	없음	12	오른쪽	척도(S)
15	Heating	숫자	2	0		없음	없음	12	오른쪽	명목(N)

그림 2-3-6. 변수 보기 탭(각 변수들의 특성)

3) 분석하기-회귀분석

SPSS 프로그램 상단에서 분석(A) ⇨ 회귀분석(R) ⇨ 선형(L) 선택한다.

그림 2-3-7. 분석하기(1)

〈그림 2-3-8〉과 같이 선형 회귀분석 창이 뜨면 종속변수, 독립변수를 설정한다.

그림 2-3-8. 분석하기(2)

<그림 2-3-8>의 통계량에서 신뢰구간 95%, 모형적합, R제곱 변화량, 기술통계 체크(필요에 의해 분석에 포함 할 수 있다) 하고 <그림 2-3-9>의 확인을 클릭하면 분석결과가 나오게 된다.

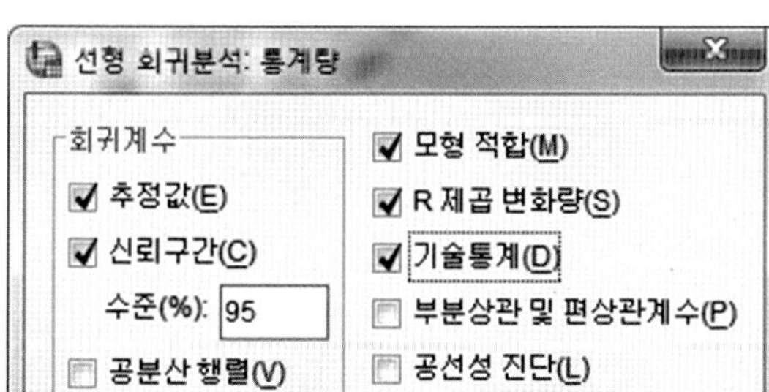

그림 2-3-9. 분석하기(3)-선형 회귀분석: 통계량

이중차이 분석을 위해 <그림 2-3-1>~<그림 2-3-9>까지를 반복하되 모형 4와, 모형 5의 이중차이분석을 참고해서 종속변수, 독립변수를 설정하여 분석을 실시한다.

표 2-3-10. 모형4: 부동산 정책과 지역별 특성에 의한 주택가격 상승효과

$$\log(price) = \beta_1 + \beta_2 Size + \cdots + \beta_{12} Hospital + \cdots + \beta_{13} Post + \beta_{17} R\_dong + \cdots + \beta_{21} R\_gwang + \beta_{23}(Post \times R\_dong) + \cdots + \beta_{27}(Post \times R\_gwang) + u$$

- R_dong ~ R_gwang: 자치구에 대한 더미 변수(주택가격과 위치(영향)의 차이를 통제)
- Post: 정책발표 이후 기간에 대한 더미변수
  - 수요와 무관하게 어느 아파트 가격이든 시간에 의해 달라지는 차이 통제
- Post×R_dong ~ R_gwang: 두변수를 곱하여 도출하는 교차항(DID 추정치)
  - 수준(정책발표의 효과)과 추세(지역에 의한 영향)를 고려

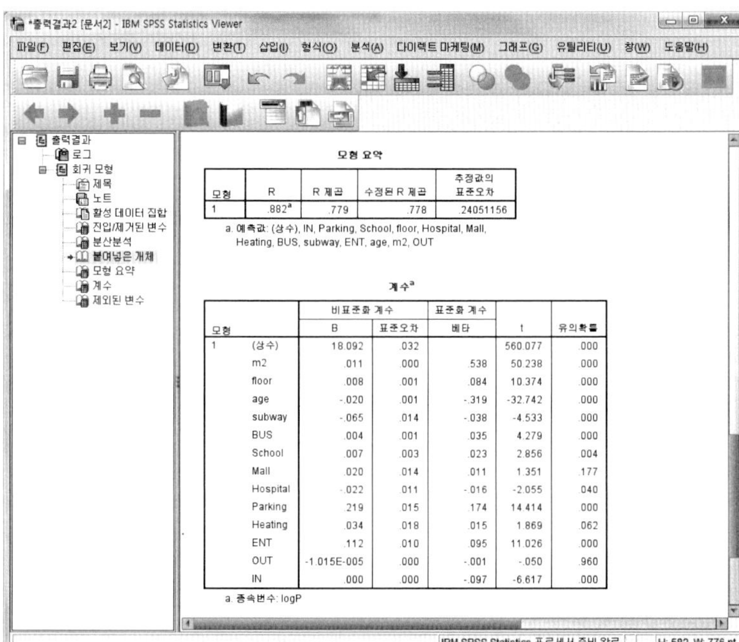

모형 요약

모형	R	R 제곱	수정된 R 제곱	추정값의 표준오차
1	.882[a]	.779	.778	.24051156

a. 예측값: (상수), IN, Parking, School, floor, Hospital, Mall, Heating, BUS, subway, ENT, age, m2, OUT

계수[a]

모형		비표준화 계수		표준화 계수		
		B	표준오차	베타	t	유의확률
1	(상수)	18.092	.032		560.077	.000
	m2	.011	.000	.538	50.238	.000
	floor	.008	.001	.084	10.374	.000
	age	-.020	.001	-.319	-32.742	.000
	subway	-.065	.014	-.038	-4.533	.000
	BUS	.004	.001	.035	4.279	.000
	School	.007	.003	.023	2.856	.004
	Mall	.020	.014	.011	1.351	.177
	Hospital	-.022	.011	-.016	-2.055	.040
	Parking	.219	.015	.174	14.414	.000
	Heating	.034	.018	.015	1.869	.062
	ENT	.112	.010	.095	11.026	.000
	OUT	-1.015E-005	.000	-.001	-.050	.960
	IN	.000	.000	-.097	-6.617	.000

a. 종속변수: logP

그림 2-3-10. 분석결과

2-4 결과 해석 따라하기

1. 실증분석 결과

1) 상관계수

아파트 특성인 독립변수들 간의 상관관계를 분석한 결과 주택가격과 아파트 규모는 0.763, 세대당 주차대수는 0.725로 상관관계가 높은 것으로 분석되었다. 규모와 주차대수는 0.652로 독립변수들 간의 상관관계가 가장 높은 것으로 분석되었다.

표 2-4-1. 기본모형: Pearson 상관관계

구분	logP	m2	floor	age	subway	BUS	School	Mall	Hospital	Parking	Heating
logP											
m2	.763										
floor	.184	.035									
age	-.560	-.240	-.216								
subway	-.044	-.024	-.004	-.041							
BUS	-.077	-.102	-.026	.139	.157						
School	.015	.025	-.014	.113	-.171	.093					
Mall	.004	-.021	.025	.003	.003	.106	-.103				
Hospital	-.054	-.033	.011	.012	.049	-.036	.076	.017			
Parking	.723	.652	.081	-.513	-.052	-.108	.014	-.022	-.037		
Heating	.117	.049	.000	-.075	.061	.069	.003	.043	-.112	.141	
ENT	.369	.268	.013	-.207	-.141	.002	.090	.014	-.118	.278	.186

기본모형 분석 결과 수정된 R^2 값은 0.799로 각각의 독립변수가 종속변수에 대해 79.9%의 설명력을 가진다는 것을 의미하며, 결과 값은 유의미한 것으로 분석되었다.

표 2-4-2. 기본모형 요약

모형	R	R^2	수정된 R^2	추정 값의 표준오차
기본모형	.877^a	.770	.799	.24525329

기본모형의 회귀분석 결과 주택가격과 상관성이 높은 변수는 세대당 주차대수(0.218), 현관구조(0.117), 난방형식(0.045)순으로 분석되었다.

표 2-4-3. 기본모형 계수설명

구분	비표준화 계수		표준화 계수	t	유의확률	95.0% 신뢰구간		상관계수		VIF
	B	표준오차	베타			하한값	상한값	편상관	부분	
(상수)	17.918	.029		621.987	.000	17.862	17.975			
m2	.011	.000	.549	50.669	.000	.011	.012	.646	.406	1.831
floor	.008	.001	.084	10.167	.000	.006	.009	.167	.081	1.053
age	-.019	.001	-.308	-31.196	.000	-.020	-.018	-.462	-.250	1.523
subway	-.040	.014	-.024	-2.793	.005	-.068	-.012	-.047	-.022	1.106
BUS	.005	.001	.041	4.863	.000	.003	.007	.081	.039	1.092
School	.006	.003	.021	2.460	.014	.001	.012	.041	.020	1.094
Mall	.025	.015	.014	1.697	.090	-.004	.054	.028	.014	1.030
Hospital	-.016	.011	-.012	-1.517	.129	-.038	.005	-.025	-.012	1.039
Parking	.218	.015	.172	14.064	.000	.187	.248	.229	.113	2.341
Heating	.046	.019	.021	2.480	.013	.010	.083	.041	.020	1.077
ENT	.117	.010	.098	11.243	.000	.096	.137	.184	.090	1.193

2. 분석결과 해석 따라하기

1) 부동산 정책에 의한 주택가격 상승

분석결과 R^2 값은 0.799로 각각의 독립변수들이 종속변수에 대해(logP) 79.9%의 설명력을 가지는 것으로 분석되었다.

표 2-4-4. 모형1: 요약

모형	R	R^2	수정된 R^2	추정 값의 표준오차
1	.894[a]	.799	.799	.22891783

〈표 2-4-5〉에 의해 2017년(6월 19일) 부동산 정책 발표 이후 거래된 아파트는 정책 발표 이전보다 18.8% 높은 가격에 거래되었다.

건축연한이 오래될수록, 도시철도 역 주변에 위치할수록, 병원에 가까이 위치할 경우 아파트 가격에는 음(−)의 영향을 미치는 것으로 분석되었다. 또한 2017년 정책 발표 이후 거래된 아파트가 2018년 부동산 정책 발표 이후 거래된 아파트보다 더 높은 가격에 거래된 것으로 분석되었다.

표 2-4-5. 모형1 계수설명

구분	비표준화 계수		표준화 계수	t	유의확률	95.0% 신뢰구간		상관계수		VIF
	B	표준오차	베타			하한값	상한값	편상관	부분	
(상수)	17.888	.027		664.631	0.000	17.835	17.941			
m2	.011	.000	.558	55.064	0.000	.011	.012	.677	.412	1.834
floor	.008	.001	.084	10.957	.000	.006	.009	.180	.082	1.053
age	−.020	.001	−.330	−35.610	.000	−.021	−.019	−.511	−.266	1.539
subway	−.052	.013	−.030	−3.863	.000	−.078	−.026	−.064	−.029	1.108
BUS	.006	.001	.042	5.391	.000	.003	.007	.090	.040	1.096
School	.009	.002	.028	3.532	.000	.004	.014	.059	.026	1.096
Mall	.025	.014	.014	1.841	.066	−.002	.052	.031	.014	1.030
Hospital	−.018	.010	−.013	−1.759	.079	−.038	.002	−.029	−.013	1.039
Parking	.199	.014	.157	13.712	.000	.170	.227	.223	.103	2.350
Heating	.051	.017	.023	2.921	.004	.017	.085	.049	.022	1.079
ENT	.101	.010	.085	10.375	.000	.082	.120	.171	.078	1.199
2017	.188	.009	.169	21.250	.000	.171	.206	.334	.159	1.137
2018	.033	.020	.013	1.660	.097	−.006	.071	.028	.012	1.129

2) 자치구별 주택가격 상승

지역 효과 분석결과 R^2 값은 0.784, 수정된 R^2 값은 0.783으로 78.3%의 설명력을 가지며 지역 효과의 경우 서구 지역의 주택이 주택가격에 가장 큰 영향을 미치는 것으로 분석되었다.

표 2-4-6. 모형2: 요약

모형	R	R^2	수정된 R^2	추정 값의 표준오차
2	0.885^a	0.784	0.783	0.23771508

표 2-4-7. 모형2 계수설명

구분	비표준화 계수		표준화 계수	t	유의확률	95.0% 신뢰구간		상관계수		VIF
	B	표준오차	베타			하한값	상한값	편상관	부분	
(상수)	17.938	.029		614.131	0.000	17.881	17.995			
m2	.011	.000	.540	50.765	0.000	.011	.012	.647	.394	1.877
floor	.008	.001	.083	10.320	.000	.006	.009	.170	.080	1.061
age	-.020	.001	-.324	-33.392	.000	-.021	-.019	-.487	-.259	1.563
subway	-.073	.014	-.043	-5.028	.000	-.101	-.044	-.084	-.039	1.189
BUS	.004	.001	.030	3.717	.000	.002	.006	.062	.029	1.110
School	.009	.003	.030	3.553	.000	.004	.014	.059	.028	1.157
Mall	.015	.014	.008	1.062	.288	-.013	.044	.018	.008	1.057
Hospital	-.033	.011	-.025	-3.121	.002	-.054	-.012	-.052	-.024	1.061
Parking	.203	.015	.161	13.394	.000	.174	.233	.218	.104	2.393
Heating	.020	.018	.009	1.106	.269	-.016	.056	.018	.009	1.100
ENT	.112	.010	.094	11.038	.000	.092	.132	.181	.086	1.206
R_dong	.084	.023	.031	3.653	.000	.039	.129	.061	.028	1.192
R_seo	.158	.012	.129	13.616	.000	.135	.180	.222	.106	1.495
R_nam	.116	.013	.081	8.903	.000	.090	.141	.147	.069	1.384
R_gwang	.026	.011	.023	2.393	.017	.005	.047	.040	.019	1.544

3) 역외수요에 의한 주택가격 상승

모형 3 분석결과 R^2 값은 0.779, 수정된 R^2 값은 0.778로 각각의 독립변수가 종속변수에 대해 77.8%의 설명력을 가진다.

표 2-4-8. 모형3: 요약

모형	R	R^2	수정된 R^2	추정 값의 표준오차
3	.882[a]	.779	.778	.24051156

수요가 주택가격에 미치는 영향 분석 결과 총 수요는 -0.0261%, 역외수요는 +0.251%로, 역외수요가 주택가격 상승에 영향을 미치는 것으로 분석되었다.

표 2-4-9. 모형4 계수설명

구분	비표준화 계수		표준화 계수	t	유의확률	95.0% 신뢰구간		상관계수		VIF
	B	표준오차	베타			하한값	상한값	편상관	부분	
(상수)	18.092	.032		560.077	0.000	18.029	18.156			
m2	.011	.000	.538	50.238	0.000	.011	.011	.643	.395	1.858
floor	.008	.001	.084	10.374	.000	.006	.009	.171	.082	1.053
age	−.020	.001	−.319	−32.742	.000	−.021	−.018	−.480	−.257	1.536
subway	−.065	.014	−.038	−4.533	.000	−.093	−.037	−.075	−.036	1.132
BUS	.004	.001	.035	4.279	.000	.002	.006	.071	.034	1.097
School	.007	.003	.023	2.856	.004	.002	.012	.048	.022	1.095
Mall	.020	.014	.011	1.351	.177	−.009	.048	.023	.011	1.031
Hospital	−.022	.011	−.016	−2.055	.040	−.043	−.001	−.034	−.016	1.041
Parking	.219	.015	.174	14.414	.000	.190	.249	.234	.113	2.350
Heating	.034	.018	.015	1.869	.062	−.002	.070	.031	.015	1.081
ENT	.112	.010	.095	11.026	.000	.092	.132	.181	.087	1.195
Dem	−.000261	.000	−.113	−6.617	.000	.000	.000	−.110	−.052	4.720
OUT	.000251	.000	.018	1.060	.289	.000	.001	.018	.008	4.749

4) DID: 부동산 정책과 지역별 특성에 의한 주택가격 상승효과

부동산 정책 발표와 지역별 특성에 의한 주택가격 상승효과를 분석한 결과 R^2 값은 0.805로, 수정된 R^2 값은 0.804로 80.4% 설명력을 가지는 것으로 분석되었다.

표 2-4-10. 모형4: 요약

모형	R	R^2	수정된 R^2	추정 값의 표준오차
4	.897[a]	.805	.804	.22586739

이중차이 분석결과 부동산 정책과 지역효과의 경우 정책 발표 이후 자치구별로 아래 표와 같이 분석되었다.

표 2-4-11. 모형3 계수설명

구분	비표준화 계수		표준화 계수	t	유의확률	95.0% 신뢰구간		상관계수		VIF
	B	표준오차	베타			하한값	상한값	편상관	부분	
(상수)	17.915	.027		668.704	0.000	17.863	17.968			
m2	.011	.000	.557	55.555	0.000	.011	.012	.680	.410	1.845
floor	.008	.001	.084	11.093	.000	.006	.009	.182	.082	1.056
age	-.021	.001	-.335	-36.432	.000	-.022	-.020	-.520	-.269	1.556
subway	-.056	.013	-.033	-4.173	.000	-.083	-.030	-.070	-.031	1.142
BUS	.005	.001	.040	5.155	.000	.003	.007	.086	.038	1.097
School	.008	.002	.026	3.294	.001	.003	.013	.055	.024	1.109
Mall	.019	.014	.010	1.380	.168	-.008	.046	.023	.010	1.040
Hospital	-.024	.010	-.018	-2.359	.018	-.043	-.004	-.039	-.017	1.045
Parking	.192	.014	.152	13.364	.000	.164	.220	.218	.099	2.376
Heating	.041	.017	.018	2.357	.018	.007	.074	.039	.017	1.089
ENT	.103	.010	.086	10.678	.000	.084	.121	.176	.079	1.202
Post_R_dong	.117	.033	.027	3.572	.000	.053	.181	.060	.026	1.050
Post_R_seo	.267	.015	.136	17.930	.000	.238	.296	.287	.132	1.058
Post_R_nam	.291	.018	.122	16.238	.000	.256	.326	.262	.120	1.032
Post_R_buk	.123	.014	.067	8.937	.000	.096	.150	.148	.066	1.046
Post_R_gwang	.158	.014	.085	11.248	.000	.131	.186	.185	.083	1.044

5) DID: 부동산 정책과 역외수요에 의한 주택가격 상승효과

부동산 정책과 수요 효과의 경우 정책 발표 전·후, 수요의 영향을 받은 아파트 가격의 거래가격을 분석한 결과 R^2 값은 0.802로, 수정된 R^2 값은 0.802로 분석되었다.

표 2-4-12. 모형5: 요약

모형	R	R^2	수정된 R^2	추정 값의 표준오차
5	0.896[a]	0.802	0.802	0.22729052

이중차이 분석결과 부동산 정책과 상관없이 역외수요는 아파트 가격 0.1% 감소 영향을 미치는 것으로 분석되었으나, 부동산 정책 발표 이후(Post_OUT)에는 역외수요에 의해 아파트 가격이 0.2% 상승하는 것으로 분석되었다.

표 2-4-13. 모형5 계수설명

구분	비표준화 계수		표준화 계수	t	유의확률	95.0% 신뢰구간		상관계수		VIF
	B	표준오차	베타			하한값	상한값	편상관	부분	
(상수)	18.085	.030		594.804	0.000	18.025	18.144			
m2	.011	.000	.545	53.771	0.000	.011	.012	.668	.399	1.860
floor	.008	.001	.083	10.882	.000	.006	.009	.179	.081	1.053
age	-.021	.001	-.339	-36.656	.000	-.022	-.020	-.522	-.272	1.553
subway	-.066	.013	-.039	-4.909	.000	-.093	-.040	-.082	-.036	1.130
BUS	.004	.001	.037	4.781	.000	.003	.006	.080	.036	1.097
School	.009	.002	.028	3.599	.000	.004	.014	.060	.027	1.096
Mall	.026	.014	.015	1.929	.066	.000	.053	.032	.014	1.032
Hospital	-.023	.010	-.018	-2.322	.079	-.043	-.004	-.039	-.017	1.041
Parking	.203	.014	.161	14.099	.000	.175	.231	.229	.105	2.355
Heating	.042	.017	.019	2.427	.004	.008	.076	.040	.018	1.081
ENT	.096	.010	.081	9.966	.000	.077	.115	.164	.074	1.202
Post_OUT	.002	.000	.165	21.871	.000	.002	.002	.343	.162	1.038
OUT	-.001	.000	-.106	-13.700	.097	-.002	-.001	-.223	-.102	1.090

3. 가설검증 결과

가설 1 검증결과 부동산 정책 발표로 인해 아파트 가격이 상승한 것으로 분석되었다. 특히 부동산 정책의 경우 2017년 6.13 부동산 정책 및 2018년 9.13 부동산 정책 모두 주택가격 상승에 정(+)의 영향을 미친 것으로 분석되었다.

가설 2 검증결과 자치구별 주택가격 상승효과는 동구의 경우 8.4%, 서구의 경우 15.8%, 남구의 경우 11.6%, 광산구의 경우 2.6% 더 높은 가격에 거래된 것으로 분석되었다.

가설 3 검증결과 역외수요에 의한 주택가격 상승의 효과의 경우 역외수요가 증가할 경우 아파트가격은 0.0251% 증가하여 역외수요 역시 아파트 가격에 정(+)의 영향을 미치는 것으로 분석되었다.

가설 4, 가설 5의 이중차이분석결과 먼저 가설 4의 부동산 정책 발표 이후 주택가격 상승에 영향을 미치는 요인 중 자치구별로는 동구(11.7%), 서구(26.7%), 남구 (29.1%), 북구(12.3%), 광산구 (15.8%)로 분석되었다. 가설 5의 정책 발표 이후 역외수요에 의한 상승효과 분석 결과 정책 발표 이전에는 역외수요가 증가 할 경우 아파트 가격이 0.1%의 감소하는 반면 정책 발표 이후(Post_OUT)에는 역외수요에 의한 아파트 가격이 0.2% 상승하는 것으로 분석되었다.

2-5 마치며

1. 이중차이분석 연구방법론을 마치며

분석데이터 정리를 위한 자료 수집 시 각 데이터 별 제공주체가 각기 다르고 각 단지별 주변의 기반시설(학교, 병원, 정류장 수 등) 전수조사를 실시하면서 GIS활용의 어려움이 있어 수작업을 하면서 많은 시간이 소요되고 어려움이 있었다. 도시의 다양한 분석을 위해서는 여러 가지 툴이 동시에 활용되어야 한다. 또한 SPSS를 활용하여 분석 및 해석에 있어 어려움이 있어 SPSS 통계관련 문헌을 참고하여 분석을 진행하였다.

본 연구에서는 역외수요가 부동산 정책에 전·후 주택가격 상승에 영향을 미쳤는지에 대한 의문을 가지고 연구를 시작하였다. 정량적 연구 방법을 고민하다 이중차이분석(DID) 방법론을 활용하게 되었다.

한계점으로는 각 변수들의 동일한 시간 범위의 데이터 수집에 한계가 있다. 이는 주택보급률, 교육시설 등 데이터 공개 시기가 상이하기 때문에 특정 시기의 데이터 수집이 어렵다. 연구를 위한 주요 분석 데이터의 경우 국토교통부, 한국감정원 등에서 공개하고 있는 자료를 활용하였는데 이 자료들 간에도 시점의 차이가 발생한다는 것이다. 따라서 각 데이터 간의 관계를 상세하게 서술하는 데에는 한계가 있다는 점이다. 또한 실거래 건수와 매입자 거주지별 거래건수에도 합계의 차이가 발생한다.

마지막으로 연구의 공간적 범위를 광주시로 한정하고 있어 더 지역에 대한 특성과 비교분석이 어렵다는 것이 연구의 한계점이라고 할 수 있다.

2. 학위논문 심사 주요의견 및 개선내용

본 연구의 학위논문 심사 진행 시 주요 의견으로는 외부수요에 대한 명확한 개념과 정의가 모호하다는 의견과, 방법론에 대한 신중한 검토에 대한 의견이 있었다.

추후 학술지 게재를 위해 학위 논문을 수정·보완하였으며, 심사결과 주요의견으로는 용어의 정확한 사용, 정확한 내용의 출처, 모형에 대한 정확한 설명, 해석 결과에 대한 이론적 검토 및 심층적 해석 등에 대한 심사의견이 있어 다음과 같이 반영 및 수정하였다.

표 2-5-1. 학위논문 심사 주요의견 및 답변

의견	답변
◆ 방법론에 대해서 신중하게 검토해야함 ◆ DID(이중차이분석)에 대한 개념정리가 필요 ◆ 연구 모형이나, 연구방법에 대한 재검토 필요	▷ 이중차이 분석법에 대한 정의와 본 연구의 적합성에 대해서 검토 및 제시하였다. - 대부분의 정책효과 및 특정 시점을 기준으로 전·후 효과 검토 시 이중차이분석법을 활용하며, 적합하다고 판단됨
◆ 외부수요의 정의에 대한 근거가 불분명하다. - 용어에 대한 정확한 개념정리, 정의 필요 어떻게 반영했는지 정확하게 정의해야함	▷ 선행연구 재검토를 통해 용어의 정의와 특성에 대해 제시하겠음
◆ 이 논문에서 외부성은 외부수요에 대한 개념이 아님, 외부성은 경제논리로 공간적인 개념이 없음 - 역외수요로 설명하는 것이 맞음	▷ 제목을 역외수요가 주택가격에 미치는 영향분석으로 수정하고, 역외수요에 대한 정의 및 특성에 대해 설명

표 2-5-2. 학술지 논문심사 주요의견 및 답변

의견	답변
◆ 정책요인을 2017, 2018의 더미변수로 처리한 이유. 정책발표시 공급 확대, 대출 규제, 세제 관련 등 다양한 수단이 포함됨에도 불구하고, 단순하게 발표 전후로 구분한 것은 문제가 있음	▷ 정책요인을 더미변수로 활용하여 2017년 정책발표, 2018년 정책발표에 따른 주택가격 상승효과를 검토하였으며, 다음과 같이 본문내용에 반영하였습니다. - 2018년 9.13 주택시장 안정대책은 투기수요 근절과 맞춤형 대책, 실수요자 보호 등이 중점 내용이나, 해당 정책은 수도권에 집중되어 있기 때문에 광주광역시에 정책 효과가 미치지 못한 것으로 판단된다. 이에 9.13 부동산 정책 전에는 수도권에 집중 투기로 인해 비수도권 가격에 영향을 미치지 않았으나, 정책 후에는 상대적으로 가격이 낮은 비수도권 지역에 투자목적으로 주택을 구입하는 외부 수요가 증가하여 정책 발표 후에 가격 상승효과가 나타난 것으로 보인다.
◆ 변수 선정에 있어서 주택가격에 큰 영향을 미치는 건축연도 등에 대한 변수 누락 이유	▷ 건축연도의 경우 건축연도를 물리적 특성변수로 적용하였습니다. - 물리적 특성으로는 아파트의 규모, 건축연도, 주차대수, 난방형태 등으로 설정하고' - 〈table 1〉에서 'Age: Age of apartment building'로 변수 건축연도에 대해 정리하였음
◆ 주택가격 분석함수로서 자연로그(logP)를 적용한 이론적 근거	▷ 본 연구에서는 종속변수에 로그형태를 취한 준로그 모형이며 자연로그를 적용한 근거에 대해 논문 p.3-4에서 서술하였습니다. - 분석의 정규성을 높이고 분석(회귀분석 등)에서 정확한 값을 얻기 위해 자연로그를 적용하였는데 ~
◆ 자세하게 모형에 사용된 자료에 대한 설명이 요구됨	▷ 모형 4의 경우 정책 발표 이후(2018년 9월) 거래된 아파트가격 데이터를 기준으로 회귀분석을 진행하였습니다. ▷ 본문에 내용 수정하여 반영 - 부동산 정책발표 전·후, 수요의 영향을 받은 아파트의 거래 가격을 파악하고자 이중차이분석(DID)을 실시한 모형(Model 4)의 2018년 부동산 정책발표를 기준으로 전·후 외부수요에 의한 아파트가격 비교 ~

참고문헌

장미진(2020), "역외수요가 주택가격에 미치는 영향 분석: 광주광역시 아파트를 중심으로", 전남대학교 일반대학원 석사학위 논문.

장미진·김주진·양동우·신우진(2020), "부동산 정책발표 전·후 외부수요가 부동산 가격에 미치는 영향 비교 연구: 광주광역시 아파트를 중심으로", 국토계획, 55(6), pp.90-98.

서의훈(2018), 「SPSS 24를 이용한 통계분석」, 자유아카데미.

국토교통부 실거래가 공개시스템, https://rt.molit.go.kr.

한국부동산원, https://www.reb.or.kr.

네이버 부동산, https://new.land.naver.com.

제3장

위계선형모형 (임의절편로짓모형)

모아론
전남대학교 도시·지역개발학 박사과정
광주전남지역혁신플랫폼 선임연구원

본 학위논문은 쇠퇴 현상과 보행 간 관계를 이해하기 위해 목적별 보행통행이 도시쇠퇴 요인과 어떠한 관계를 갖는지 실증 분석하였다. 이를 위해 목적별 보행통행, 개인의 사회경제적 특성, 근린의 물리적 환경, 도시쇠퇴 요인 관련 변수를 구축하였으며, 위계선형모형 중 임의절편로짓모형을 사용하였다. 본 장에서는 연구에서 사용된 변수들에 대한 자료 구축 방법과 위계선형모형을 R을 통해 도출하는 과정을 설명한다. 또한, 분석결과를 해석하고, 논문 작성과정에서 겪은 경험을 제시하면서 마무리한다.

3-1 학위논문 소개

위계선형모형(임의절편로짓모형)은 저자의 석사학위논문인 “도시쇠퇴 현상이 보행통행에 미치는 영향 분석”을 기반으로 R프로그램을 활용한 위계선형모형 사례를 소개하고자 한다.

도시·지역개발학 석사학위논문

도시쇠퇴 현상이 보행통행에 미치는 영향 분석

-서울시 근린환경 요인 및 도시쇠퇴 진단지표를 중심으로-

전남대학교 대학원

지 역 개 발 학 과

모 아 론

2020년 8월

그림 3-1-1. 학위논문 표지(전남대학교 대학원)

학술지로는 국토계획에 2021년 4월(제56권 제2호)에 게재되었다. 먼저, 본 학위논문과 학술논문에 대한 이해를 위해 연구배경, 연구목적, 연구과정 및 방법, 연구결과 및 시사점에 대해 간단히 설명하고자 한다.

1. 연구배경

보행은 도시에 활력을 보행은 도시에 활력을 불어넣는 동시에 도시의 활력을 가늠하는 가장 중요한 수단이다. 또한 보행은 모든 교통수단을 연결해주는 행위로 지속 가능한 도시의 바탕이 되는 통행수단이기도 하다. 최근 보행의 중요성이 강조되면서 초기 교통 분야에서만 수행되던 보행정책이 도시재생 등 다른 분야와 연계되어 점차 확장되고 있다. 특히 도시재생 정책에서 보행사업은 쇠퇴한 도시를 활성화할 수 있는 핵심전략으로 이해되고 있는데, 우리나라의 전국 쇠퇴 수준이 점차 심화되고 있어 도시재생 정책을 통한 쇠퇴도시의 보행사업은 증가할 것으로 예상된다.

쇠퇴 현상으로 인한 보행정책의 확대에도 불구하고 쇠퇴 현상과 보행에 초점을 맞춘 연구는 거의 없는 실정이다. 보행에 관한 대부분의 국내 실증연구들은 물리적 환경과 보행과의 관계에 집중하고 있다. 그러나 보행에 대한 의사결정은 개인의 사회경제적 특성과 보행환경에 의해 이루어지며 보행환경은 물리적 요소뿐 아니라 사회, 경제, 인구적 요소까지 아울러, 사회, 경제, 물리적 영역에서 나타나는 쇠퇴 현상이 보행과도 관계될 것으로 판단하였다.

2. 연구목적

본 연구의 목적은 쇠퇴 현상과 보행과의 관계를 살펴보는 것이다. 이를 위해 선행연구에서 보행통행 선택과 밀접하게 관계를 갖는 것으로 알려진 개인의 사회경제적 특성과 근린의 물리적 환경 요인을 통제한 후에 도시쇠퇴 요인과 목적별 보행통행과의 상관관계를 분석하였다.

쇠퇴 현상은 도시재생사업단(2010)에서 개발한 도시쇠퇴 지표 및 측정방법을 사용하여 측정하였으며, 보행은 '거주민이 하루 동안 이동을 위해 거주 행정동 내에서 걸은 목적별 보행통행 여부'로 정의하였다. 공간적 범위는 서울시 423개 행정동을 대상으로 하였다.[1)] 연구의 시간적 범위는 가구통행실태조사 자료의 조사 시점인 2016년을 기준으로 하였다.

3. 연구과정 및 방법

본 연구를 위해 먼저, 쇠퇴 현상과 보행에 대한 선행연구를 살펴보았고, 이를 통해 쇠퇴와 보행에 관한 연구가 부족함을 인식하였다.

다음으로 자료구축이다. 종속변수인 목적별 보행통행은 2016년 가구통행실태조사 수단통행일지를 축약하여 구축하였다. 쇠퇴 현상은 도시재생 종합정보체계에서 제공하는 읍면동 기준 지표별 분석 자료를 사용하였다. 근린의 물리적 환경은 공간적 범위가 행정동인 선행연구를 바탕으로 토지이용, 도시형태, 접근성으로 구분하였으며 이를 구축하기 위해 서울시 열린데이터 광장, 국토정보플랫폼 등에서 제공

1) 서울시는 도시재생사업과 보행정책을 대표적으로 진행하고 있는 지역으로 본 연구의 결과를 정책적으로 활용 가능할 것으로 판단하였다.

하는 자료를 이용하였다.

마지막으로 분석 방법이다. 분석 방법으로는 개인 수준과 집단 수준을 동시에 고려할 수 있는 위계선형모형을 이용하였다. 위계선형모형을 선택한 이유는, 첫째, 본 연구의 분석 자료가 개인과 행정동을 모두 포함하고 있어 관측치가 다른 차이를 통제할 필요가 있었기 때문이다. 둘째, 위계선형모형은 위계적 구조로 자료를 분석함으로써 무작위적 효과(Random Effect)를 통해 설명변수의 효과가 어떤 수준에서 발생하며, 수준별로 어느 정도의 효과크기를 갖는지 세밀하게 분석할 수 있다. 따라서 본 연구는 개인수준의 보행통행에 쇠퇴의 지역적 효과를 확인하고자 하였기에 위계선형모형이 적합하다고 판단하였다.

4. 연구결과 및 시사점

연구결과, 개인의 사회경제적 특성과 근린의 물리적 환경을 통제한 후에도 쇠퇴 현상이 목적별 보행통행 선택에 대한 행정동별 차이를 설명하고 있는 것을 확인하였다. 특히 통행목적에 따라 보행통행 선택과 관계된 도시쇠퇴 요인이 반대의 결과를 보였으며, 쇠퇴 영역 중에서 산업경제 영역이 보행통행 선택과 가장 밀접한 관계를 갖는 것으로 분석되었다. 또한 여가목적 보행통행의 경우 도시쇠퇴 개발지표가 근린의 물리적 환경보다 근린수준 분산을 설명하는 데 효과적인 것으로 나타났다.

본 연구는 그동안 국내에서 다루어지지 않은 쇠퇴 현상과 보행과의 관계를 실증적으로 규명하였다는 데에서 의미가 있다. 또한 도시재생 활성화계획을 수립하거나 도시재생사업을 통해 보행환경을 개선하는 경우 계획 수립 자료로 활용될 것을 기대하였다. 한편, 본 연구의 한계로는 전후비교에 대한 분석이 이루어지지 않은 점, 쇠퇴의 경우 도시의 유형에 따라 그 정도가 상이하기 때문에 서울시를 대상으로 한 이 연구의 결과를 일반화하기 어렵다는 것이 있다. 이에 향후 연구로 쇠퇴 현상과 보행 간 인과성을 분석하는 연구와 다양한 유형의 도시를 대상으로 관련 연구가 수행되길 기대해 본다.

3-2 자료 찾기 따라하기

1. 개요

본 연구에서 사용한 최종변수는 목적별 종속변수 3개, 도시쇠퇴 요인 14개, 근린의 물리적 환경 10개, 개인의 사회경제적 특성 6개이다 〈표 3-2-1 참고〉.

표 3-2-1. 최종변수

구분		변수명
종속변수		총보행통행, 실용목적 보행통행 여부, 여가목적 보행통행 여부
독립변수	도시쇠퇴 요인	연평균 인구 성장률, 노령화 지수, 독거노인 가구 비율, 인구 천 명당 종사자 수, 사업체당 종사자 수, 제조업 종사자 비율, 인구 천 명당 도소매업 종사자 수, 소형주택가구 비율, 노후주택비율, 신규주택비율
	근린의 물리적 환경	인구밀도, 토지이용 혼합도, 상가 용적률, 교차로수밀도, 평균 경사도, 도로율, 도시공원 수, 공공체육시설 수, 버스정류자 수, 지하철 역세권의 영향력
	개인의 사회경제적 특성	나이, 성별, 소득, 운전면허보유 여부, 차량소유 여부, 주거유형, 직업

분석 자료는 R과 Qgis, Excel을 통해 구축하였다. R은 RStudio를 사용하였다. R과 RStudio 모두 자유로이 사용 가능하며 무료이다. 앞으로 나올 R 코드는 RStudio 편집창에 입력하면 된다〈그림 3-2-1 참고〉. 또한, R은 오픈 소스로 다양한 패키지를 제공하는데, 분석 자료 구축을 위해 사용한 패키지는 〈표 3-2-2〉와 같다. QGIS 또한 자유로이 사용 가능한 프로그램이며, QGIS 사용자 지침서를 누구에게나 제공하니 이를 참고할 것을 제안한다〈그림 3-2-2 참고〉.

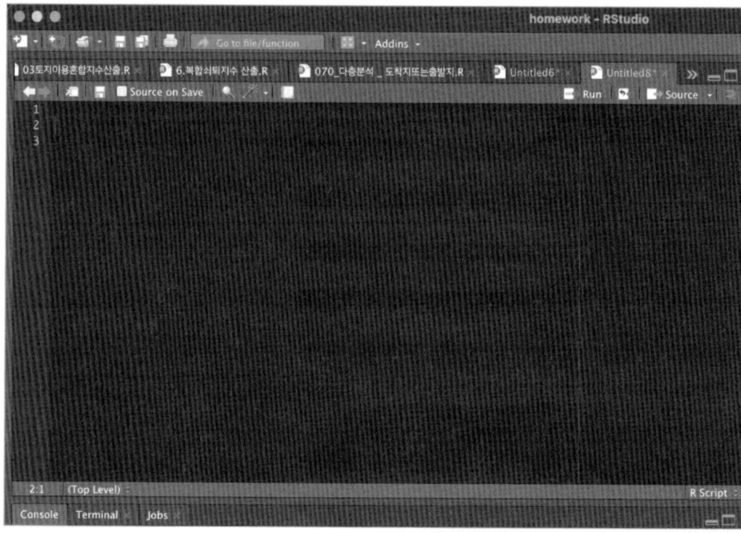

그림 3-2-1. RStudio 편집창

표 3-2-2. 자료구축에 사용된 R 패키지

패키지명	내용
tidyverse	데이터 처리를 위한 패키지 묶음
forign	공간자료 데이터 처리를 위한 패키지

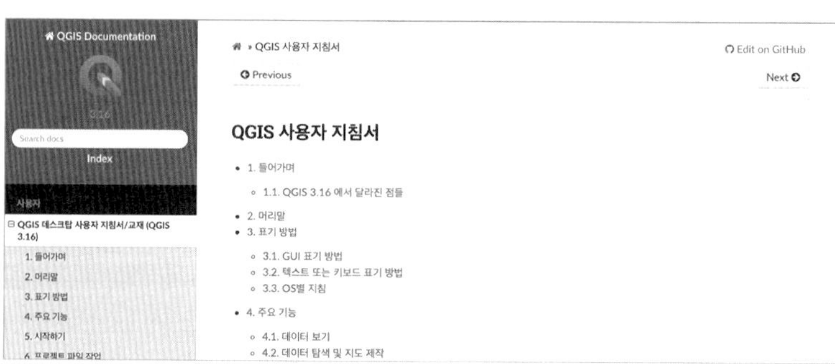

QGIS Documentation (https://docs.qgis.org/3.16/ko/docs/user_manual/index.html)

그림 3-2-2. QGIS 사용자 지침서

2. 종속변수 구축: 목적별 보행통행

종속변수인 목적별 보행통행은 '2016년 가구통행실태조사 원시자료'를 바탕으로 구축하였다. 가구통행실태조사 원시자료는 국가교통DB에서 취득하였다. 〈그림 3-2-3〉과 같이 국가교통DB 정보공개의 자료신청에서 자료신청서 및 보안서약서를 제출하면 담당자의 검토 후 자료를 받을 수 있다.

표 3-2-3. 목적별 보행통행

변수명	측정방법	자료
총보행통행	총보행통행=1, 기타통행=0	2016년 가구통행실태조사
실용목적 보행통행	실용목적 보행통행=1, 기타통행=0	
여가목적 보행통행	여가목적 보행통행=1, 기타통행=0	

국가교통DB(https://www.ktdb.go.kr/www/contents.do?key=202)

그림 3-2-3. 국가교통DB 교통원시자료 신청

가구통행실태조사 원시자료는 수단통행과 목적통행을 기준으로 정리하여 제공된다. 본 연구에서는 '가구통행실태조사_전국_수단통행기준정렬.txt'를 사용하였다. 수단통행 기준정렬 자료는 개인에게 이루어진 통행을 수단을 기준으로 정리하였기 때문에 행정동 내에서 이루어진 모든 목적별 보행통행을 파악할 수 있다.

분석자료 구축에 R을 사용하였다. 이는 가구통행실태조사 원시자료가 txt로 제공될 뿐 아니라 그 양이 많아 Excel로 작업이 어려웠기 때문이다.[2] 요약하면 〈그림 3-2-4〉와 같이 제공된 자료를 본 연구의 목적에 맞춰 〈그림 3-2-5〉와 같은 형식으로 작성하였으며, 사용한 코드는 〈그림 3-2-6〉과 같다.

	X1	IDX	행정구역번호	권역	총가구원	5세이상가구원	가구_행정동코드	주택종류	월평균소득	차량보유	종류1	연식1	종류2	연식2	종류3
1	199	231292	1108083-9999-29	서울	2	2	1129057500	4	4	1	1	2009	NA	NA	NA
2	201	231302	1108083-9999-30	서울	2	2	1129057500	1	3	2	NA	NA	NA	NA	NA
3	202	231302	1108083-9999-30	서울	2	2	1129057500	1	3	2	NA	NA	NA	NA	NA

그림 3-2-4. 2016 가구통행실태조사 원시자료 형식

	IDX	총보행통행	실용목적보행통행	여가목적보행통행
1	231292	1	1	0
2	231302	1	1	0
3	231302	0	0	0
4	231310	1	1	0

그림 3-2-5. 종속변수 형식

2) 본 연구에서 사용한 2016 가구통행실태조사 원시자료는 1,651,924개의 행과 74개의 열로 구성되어 있다.

```
library(tidyverse) # 데이터 처리를 위해 개발된 패키지 묶음

기초자료 = read.table(가구통행실태조사_전국_수단통행기준정렬.txt) # 원시자료 불러오기

# 분석자료 구축
분석자료 = 기초자료 %>%
  filter(권역=='서울') %>%
  subset(가구_행정동코드==수단통행_출발지_행정동코드 | 가구_행정동코드==수단통행_도
착지_행정동코드) %>%
  subset(통행목적!= 2) %>%
  subset(통행목적!= 3) %>%
  mutate(총보행통행 = ifelse(교통수단==1,1,0), # 1= 보행
         실용목적 = ifelse(통행목적==1 | 통행목적==2 | 통행목적==3 | 통행목적==4 |
통행목적==5 | 통행목적==6 | 통행목적==7,1,0), # 1= 실용목적
         여가목적 = ifelse(통행목적==8| 통행목적==9|통행목적==10|통행목적==11|통행
목적==12,1,0), #1= 여가목적
         실용목적 보행통행 = 총보행통행*실용목적보행통행, # 1= 실용보행
         여가목적 보행통행 = 총보행통행*실용목적보행통행) # 1= 여가보행
```

그림 3-2-6. 종속변수 구축 R 코드

〈그림 3-2-6〉과 같이 종속변수를 정리한 이유는, 첫째 본 연구의 대상이 거주민이기 때문이다. 따라서 자신의 집이 위치한 행정동 내에서 일어난 통행을 측정하기 위해 서울시에 거주하며, 집 주소의 행정동과 출발지 또는 도착지의 행정동이 동일한 통행만을 추출하였다. 또한 행정동을 기준으로 한 것은 가구통행실태조사의 최소단위가 행정동 단위이기 때문이다. 둘째 보행목적은 가구통행실태조사 자료에서 구분한 통행목적을 근거로 '출근', '등교', '학원', '업무', '학원수업'은 실용목적 보행통행으로, '쇼핑', '여가/오락/관광/레저', '외식', '친지방문', '기타'는 여가목적 보행통행으로 분류하였다. 또한 선행연구를 참고하여 통행목적 중 다른 통행목적들과 중복될 수 있는 귀가 및 귀사는 분석에서 제외하였다. 최종적으로 본 연구의 종속변수인 목적

별 보행통행은 '거주민이 하루 동안 이동을 위해 거주 행정동 내에서 걸은 목적별 보행통행 여부'를 의미한다.

3. 독립변수 찾기

1) 개인의 사회경제적 특성

독립변수인 개인의 사회경제적 특성은 '2016년 가구통행실태조사 원시자료'를 바탕으로 구축하였다. 가구통행실태조사는 가구원 특성과 함께 가구 현황을 포함하고 있으며, 선행연구를 바탕으로 본 연구에서 사용한 개인의 사회경제적 특성은 〈표 3-2-4〉와 같다.

표 3-2-4. 개인의 사회경제적 특성

구분	변수 내용
개인 속성	나이, 성별, 직업더미(전문직/사무직, 서비스/판매직, 일반노무직, 전업주부, 학생무직)
가구 속성	주택유형더미(아파트 = 1, 기타주택 = 0), 월평균소득, 차량보유 여부(있음 = 1)

분석자료 구축에는 R을 사용하였다. 본 연구에서 사용한 자료는 〈그림 3-2-7〉과 같은 형식으로 작성되었으며, 사용한 코드는 〈그림 3-2-8〉과 같다.

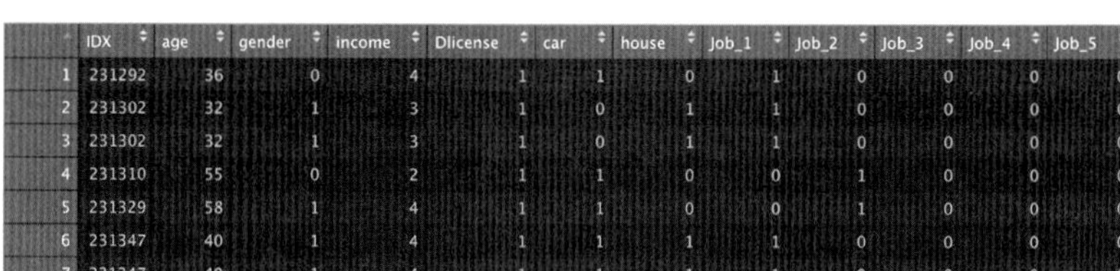

	IDX	age	gender	income	Dlicense	car	house	Job_1	Job_2	Job_3	Job_4	Job_5
1	231292	36	0	4	1	1	0	1	0	0	0	0
2	231302	32	1	3	1	0	1	1	0	0	0	0
3	231302	32	1	3	1	0	1	1	0	0	0	0
4	231310	55	0	2	1	1	0	0	1	0	0	0
5	231329	58	1	4	1	1	0	0	1	0	0	0
6	231347	40	1	4	1	1	1	1	0	0	0	0
7	231347	40	1	4	1	1	1	1	0	0	0	0

그림 3-2-7. 개인의 사회경제적 특성 변수 형식

```
library(tidyverse) # 데이터 처리를 위해 개발된 패키지 묶음

기초자료 = read.table(가구통행실태조사_전국_수단통행기준정렬.txt) # 원시자료 불러오기

분석자료 = 기초자료 %>%
  filter(권역=='서울') %>%
  mutate(나이 = abs(출생연도 - 2020),
        성별 = ifelse(`성 별` == 1, 1, 0), # 1= 남자
        소득 = 월평균소득,
        운전면허증 = ifelse(운전면허증==1,1,0), # 1= 소유
        차량보유 = ifelse(차량보유==1,1,0), # 1= 소유
        주거유형 = ifelse(주거유형==1,1,0), # 1= 아파트
        전문직/사무직 = ifelse(직업==1|직업==4,1,0), # 1= 전문직/사무직
        서비스/판매직 = ifelse(직업==2|직업==3,1,0), # 1= 서비스/판매직
        일반노무직 = ifelse(직업==5|직업==6,1,0), # 1= 일반노무직
        전업주부 = ifelse(직업==7,1,0), # 1=전업주부
        학생무직 = ifelse(직업==8,1,0) # 1=학생무직
)
```

그림 3-2-8. 개인의 사회경제적 특성 변수 구축 R 코드

2) 토지이용: 인구밀도, 토지이용혼합도, 상점 용적률

근린의 물리적 환경 중 하나인 토지이용은 목적지까지의 접근성을 의미하며 인구밀도, 토지이용 혼합도, 상점 용적률로 측정하였다.

먼저 인구밀도는 단위 면적당 인구를 나타내며, 인구 나누기 도시화 지역 면적(동별)으로 구하였다. 인구의 순밀도를 구하기 위해 인구자료는 서울 열린데이터 광장에서 제공하는 '2016년 서울시 주민등록인구(동별) 통계자료'를 사용하였다. 이 자료는 서울시 열린데이터 광장에서 '서울시 주민등록인구 (동별) 통계'를 검색하면 기간을 선택하여 자료를 받을 수 있다. 면적은 통계지리정보서비스에서 제공하는 '2017년 도시화지역 공간자료'를 사용하였다. 통계지리정보서비스 자료제공에서 자료신청을 통해 받을 수 있다〈그림 3-2-9 참고〉.

표 3-2-4. 토지이용

변수명	측정방법	자료
인구밀도	인구 수 / 도시화면적	서울시 통계, 도시화지역 공간자료, GIS건물통합정보자료
토지이용혼합도	엔트로피지수	
상점 용적률	상업 건물 총 연면적 / 산업 건물 총 바닥면적	

통계지리정보서비스(https://sgis.kostat.go.kr/contents/shortcut/shortcut_05_03_step01.jsp)

그림 3-2-9. 통계지리정보서비스 자료신청

분석자료 구축에는 Excel과 R을 사용하였다. Excel은 '2016년 서울시 주민등록인구(동별) 통계자료'를 분석에 용이하게 〈그림 3-2-10〉과 같이 변경하는 데 사용하였다. 도시화 지역 공간자료의 경우 행정동별 기준으로 면적 합산이 필요해 R을 통해 도시화 지역 면적(동별)을 구하고, 인구밀도를 계산하였다〈그림 3-2-11 참고〉.

	A	B	C	D	E
1	기간	자치구	행정동	세대	계
2	2016	합계	합계	4,189,839	10,204,057
3	2016	종로구	소계	72,118	161,922
4	2016	종로구	사직동	4,399	10,013
5	2016	종로구	삼청동	1,403	3,118

그림 3-2-10. 행정동별 인구 통계자료 형식

```
library(tidyverse) # 데이터 처리를 위해 개발된 패키지 묶음
library(foreign) # 공간자료(.dbf)를 불러오기 위한 패키지

# 도시화 지역 면적 구하기

도시화 지역 면적 = read.dbf("bnd_ua_00_2017_도시화서울.dbf")
도시화 지역 면적(동별) = summarise(group_by(도시화면적, adb_dr_cd),
                        도시화면적(동별)=sum(SHAPE_AREA)
)

# 인구밀도 구하기
인구통계(동별) = read.csv(2016_서울시 동별 총인구.csv) # 인구자료 불러오기

기초자료 = left_join(인구통계(동별),도시화 지역 면적(동별),by='행정동') # 인구자료와 도
시화 지역 면적 자료 결합

인구밀도 = summarise(group_by(기초자료, adm_dr_cd),
                    인구밀도=인구/면적
)
```

그림 3-2-11. 인구밀도 변수 구축 R 코드

토지이용의 다양성을 의미하는 토지이용 혼합도는 서울시 전체 건물 용도를 부동산 개발 유형인 주거, 상업, 업무, 산업, 기타 5가지로 〈표 3-2-5〉와 같이 재구분하고 엔트로피(Entropy) 지수를 이용하여 측정하였다.

표 3-2-5. 건축물 용도 재구분

구분	건축물 용도
주거	단독주택, 공동주택
상업	근린생활시설, 판매시설
업무	업무시설
산업	공장, 운수시설, 자동차 관련 시설, 창고시설, 판매 및 영업시설
기타	위 범주에 해당되지 않는 용도를 모두 포함

서울시 전체 건물은 국가공간정보포털에서 제공하는 2017년 'GIS 건물통합정보 자료'를 이용하여 R을 통해 구축하였다. GIS건물통합정보 자료는 공간자료로 국가공간정보포털 - 활용공간 - 국가중점개방 데이터API에서 받을 수 있다.

국가공간정보포털(http://openapi.nsdi.go.kr/nsdi/eios/ServiceDetail.do)

그림 3-2-12. 국가공간정보포털 GIS건물통합정보 자료 다운로드

엔트로피 지수는 각 유형의 분포가 균등한가, 혹은 소수의 유형이 지배적인 비율을 갖고 있는 가를 나타내는 지표이다. 엔트로피 지수는 다음과 같은 수식으로 표현된다.

$$ENTROPY = \frac{\sum_{i=1}^{k}(P_i \times \ln P_i)}{\ln k}$$

여기서 P_i는 용도의 비율을, k는 용도의 종류 수를 나타낸다. 엔트로피 지수는 0과 1 사이의 값을 가지며, 측정하고자 하는 대상 지역이 단일한 용도이면 0, 모든 유형의 용도가 균등한 비율로 혼합되어 있으면 1의 값을 갖게 된다.

상점 용적률은 상업시설 접근성을 의미하며, 상점 건물 총 연면적을 상점 건물의 총바닥면적으로 나눈 값이다. 분석 자료로는 토지이용 혼합도 측정에 사용된 서울시 전체 건물 자료를 사용하였다.

토지이용 혼합도, 상점 용적률을 측정하기 위해 사용한 R 코드는 〈그림 3-2-13〉과 같다.

```
library(tidyverse) # 데이터 처리를 위해 개발된 패키지 묶음
library(foreign) # 공간자료(.dbf)를 불러오기 위한 패키지

기초자료 = read.dbf("GIS건물통합정보 자료.dbf")
기초자료 = 기초자료[-which(기초자료$A14 == 0),] # 연면적이 없는 경우 삭제

# 1. 토지이용 혼합도 구하기

# 용도별 면적 구하기
행정동별 전체면적 = 기초자료 %>%
  group_by(adm_dr_cd) %>%
  summarise(전체면적 = sum(A14))

행정동별 상업면적 = 기초자료 %>%
  filter(A9 %in% V1) %>%
  group_by(adm_dr_cd) %>%
  summarise(상업면적 = sum(A14))
sum(A14))

행정동별 주택면적 = 기초자료 %>%
  filter(A9 %in% V2) %>%
  group_by(adm_dr_cd) %>%
  summarise(주택면적 = sum(A14))

행정동별 업무면적 = 기초자료 %>%
  filter(A9 %in% V3) %>%
  group_by(adm_dr_cd) %>%
  summarise(행정동별 업무면적 = sum(A14))

행정동별 산업면적 = 기초자료 %>%
```

```
  filter(A9 %in% V4) %>%
  group_by(adm_dr_cd) %>%
  summarise(산업면적 = sum(A14))

행정동별 기타면적 = 기초자료 %>%
  filter(A9 %in% V5) %>%
  group_by(adm_dr_cd) %>%
  summarise(기타면적 = sum(A14))

# 용도별 면적 자료 결합
자료결합_1 = left_join(행정동별 전체면적 ,행정동별 상업면적 ,by="adm_dr_cd")
자료결합_2 = left_join(자료결합_1 ,행정동별 주택면적 ,by="adm_dr_cd")
자료결합_3 = left_join(자료결합_2 ,행정동별 업무면적 ,by="adm_dr_cd")
자료결합_4 = left_join(자료결합_3 ,행정동별 산업면적 ,by="adm_dr_cd")
자료결합_5 = left_join(자료결합_4 ,행정동별 기타면적 ,by="adm_dr_cd")

# 용도 비율 계산
상업비율 = 자료결합_5$행정동별 상업면적 / 자료결합_5$행정동별 전체면적
주택비율 = 자료결합_5$행정동별 주택면적 / 자료결합_5$행정동별 전체면적
업무비율 = 자료결합_5$행정동별 업무면적 / 자료결합_5$행정동별 전체면적
산업비율 = 자료결합_5$행정동별 산업면적 / 자료결합_5$행정동별 전체면적
기타비율 = 자료결합_5$행정동별 기타면적 / 자료결합_5$행정동별 전체면적

# 토지이용 혼합도 계산

토지이용 혼합도 = data.frame(matrix(NA, nrow = 424, ncol = 6))
토지이용 혼합도$X1 = 상업비율
토지이용 혼합도$X2 = 주택비율
토지이용 혼합도$X3 = 업무비율
토지이용 혼합도$X4 = 산업비율
토지이용 혼합도$X5 = 기타비율

for (i in 1:nrow(토지이용 혼합도)) {
  상업 = 토지이용 혼합도$X1[i] * log(토지이용혼합도$X1[i])
  주거 = 토지이용 혼합도$X2[i] * log(토지이용혼합도$X2[i])
  업무 = 토지이용 혼합도$X3[i] * log(토지이용혼합도$X3[i])
  산업 = 토지이용 혼합도$X4[i] * log(토지이용혼합도$X4[i])
  기타 = 토지이용 혼합도$X5[i] * log(토지이용혼합도$X5[i])
  X = sum(c(상업,주거,업무,산업,기타), na.rm=T)
  Y = log(5)
  토지이용혼합도$X6[i] = abs(X/Y) # 최종자료
}
```

```
# 2. 상점 용적률

# 상점 구하기 + 연면적, 대지면적 0 인 경우 추출
근린상가 = 기초자료[grep("근린", 기초자료$A9),] # 근린상가만 뽑기
판매시설 = 기초자료[grep("판매시설", 기초자료$A9),] # 판매시설만 뽑기
상점자료 = rbind(근린상가,판매시설)
상점자료_1 = 상점자료[-which(상점자료$A15 == 0),] # 대지면적 0 추출
상점자료_2 = 상점자료_1[-which(상점자료_1$A14 == 0),] # 연면적 0 추출

# 행정동별 상점 용적률
최종자료 = summarise(group_by(상점자료_2,adm_dr_cd),
                연면적 = sum(A14), # 연면적
                대지면적= sum(A15), # 대지면적
                상점 용적률 = 연면적/대지면적
)
```

그림 3-2-13. 토지이용 혼합도, 상점 용적률 변수 구축 R 코드

3) 도시형태: 교차로수밀도, 평균 경사도, 도로율

도시형태는 목적지까지의 연결성과 가로환경을 의미하며, 교차로수밀도, 평균 경사도, 도로율로 측정하였다. 교차로수밀도는 네거리 교차로 수를 도시화 지역 면적으로 나눈 값이다. 네거리 교차로 수를 구축하기 위해 도로명 주소 개발자센터에서 제공하는 '도로명주소 전자지도'를 사용하였다. 또한 본 연구의 주제가 보행이기에 도로명 전자지도의 도로망 공간자료에서 고속도로, 자동차전용도로, 한강, 교량, 주간선도로와 같이 자동차 중심의 교통시설인 도로를 제외하였다.

표 3-2-6. 토지이용

변수명	측정방법	자료
교치로수밀도	네기리 교치로 수 / 도시회 지역 면적	도로명전자지도, 수치표고모델공간자료, 도시화지역 공간자료
편균 경사도	행정동별 DEM의 경사도 평균	
도로율	도로면적 / 도시화 지역 면적	

도로명주소 개발자센터(https://www.juso.go.kr/addrlink/devLayerRequestWrite.do)

그림 3-2-14. 도로명주소 전자지도 신청

분석자료 구축에는 QGIS와 R을 사용하였다. QGIS를 통해 행정동별 네거리 교차로 수를 측정하였으며 구체적인 절차 및 내용은 〈표 3-2-7〉과 같다. R은 교차로수밀도를 계산하기 위해 사용하였다〈그림 3-2-15 참고〉.

표 3-2-7. 네거리 교차로 수 구축 절차

순서	분석방법	분석결과
1. 도시화지역 공간자료 자르기	벡터 레이어 분할 입력레이어: 도시화지역 공간자료 유일ID필드: adm_dr_cd	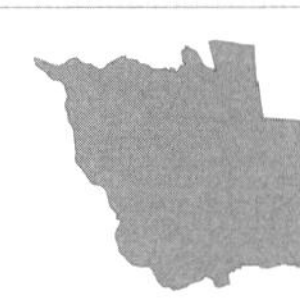
2. 도로 네트워크를 행정동으로 자르기	자르기 입력 레이어: 도로망 공간자료 중첩 레이어: 1번 분석결과 공간자료	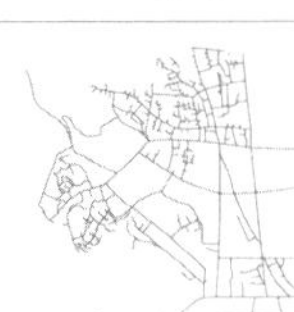 총 객체 수: 266개

3. 도로망 네트워크를 개별 선으로 나누기	split lines with line lines: 2번 결과 split features: 도로명주소 전자지도 output: 1	 총 객체 수: 6,972개
4. 무결점 검증	무결점 검증 입력레이어: 3번 결과 매소드: 디지타이즈 작업 설정에서 선택한 메소드	 총 객체 수: 1,363개
5. 중복 도형 삭제	중복 도형 삭제 입력 레이어: 4번 결과	 총 객체 수: 1,359개
6. 연결점 구하기	버텍스 추출 입력레이어: 도로명주소 전자지도	
7. 연결점 버퍼	버퍼 입력 레이어: 6번 결과 거리 0.05	
8. 버퍼 행성동 네트워크 교차 영역 분석	교차 영역 입력 레이어: 5번 결과 중첩 레이어: 7번 결과	

```
library(tidyverse) # 데이터 처리를 위해 개발된 패키지 묶음
library(foreign) # 공간자료(.dbf)를 불러오기 위한 패키지

# 교차로수밀도

QGIS분석결과 = read.dbf("QGIS 분석결과.dbf")
교차로수(동별) = QGIS분석결과 %>%
  group_by(adm_dr_cd) %>%
  summarise(교차로수 = length(which(교차로수>=4)))

기초자료 = left_join(교차로수(동별), 도시화지역 면적(동별), by="adm_dr_cd")

교차로수밀도 = summarise(group_by(기초자료, adm_dr_cd),
                    교차로수밀도=네거리 수/도시화 지역 면적
)
```

그림 3-2-15. 교차로수밀도 변수 구축 R 코드

평균 경사도는 행정동 전체 면적을 기준으로 측정하였으며, 국토정보플랫폼에서 제공하는 수치표고모델(DEM: Digital Elevation Model) 공간자료를 활용하였다〈그림 3-2-16 참고〉. 수치표고모델 공간자료는 국토정보플랫폼 - 국토정보맵 - 통합지도검색에서 받을 수 있다. 자료구축은 QGIS에서 제공하는 경사(Slope) 분석을 이용하여 경사도를 측정하고 구역 통계 분석을 통해 행정동별 평균 경사도를 산정하였다.

도로율은 실폭도로 면적을 도시화 면적에 대한 비율로 측정하였다. 실폭도로 면적을 측정하기 위해 도로명 주소 개발자센터에서 제공하는 도로명주소 자료 중 도로구간 공간자료를 이용하였다. 자료구축을 위한 R 코드는 〈그림 3-2-17〉과 같다.

국토정보플랫폼(http://map.ngii.go.kr/ms/map/NlipMap.do)

그림 3-2-16. 국토정보플랫폼 수치표고모델 공간자료 다운로드

```
library(tidyverse) # 데이터 처리를 위해 개발된 패키지 묶음
library(foreign) # 공간자료(.dbf)를 불러오기 위한 패키지

# 도로율
도로구간 = read.dbf(“도로망 공간자료.dbf”)

도로면적 = 도로구간 %〉%
  group_by(adm_dr_cd) %〉%
  summarise(도로면적 - sum(ROAD_BT))

기초자료 = left_join(도로면적, 도시화 지역 면적(동별), by="adm_dr_cd")

도로율 = summarise(group_by(기초자료, adm_dr_cd),
                        도로율=도로면적/도시화 지역 면적
)
```

그림 3-2-17. 도시형태 변수 구축 R 코드

4) 접근성: 공원 수, 체육시설 수, 정류장 수, 역세권의 영향력

접근성은 도시공원 수, 공공체육시설 수, 버스정류장 수, 지하철 역세권의 영향력으로 측정하였다. 버스정류장, 지하철역, 공공체육시설 위치는 서울시 열린데이터 광장에서 제공하는 위치자료를 사용하였다. 공공체육시설 수는 공공데이터포털에서 제공하는 전국도시공원정보 표준데이터를 활용하였다. 도시공원 수, 공공체육시설 수, 버스정류장 수, 지하철 역세권의 영향력 변수 모두 QGIS와 R을 통해 측정하였다.

도시공원, 공공체육시설, 버스정류장 접근성은 각각의 수를 도시화 지역 면적으로 나눈 값이다. 행정동별 도시화 지역 내 도시공원, 공공체육시설, 버스정류장의 수를 파악하기 위해 QGIS를 활용하였으며, 구축 절차는 〈표 3-2-8〉과 같다. 지하철역 접근성은 역을 중심으로 500m 버퍼를 주어 접근면적을 산출하여 적용하였다. 자료구축을 위한 R코드는 〈그림 3-2-18〉과 같다.[3)]

표 3-2-8. 도시공원 접근성 구축 절차

순서	분석방법	분석결과
1. 전국도시공원정보표준데이터 불러오기	벡터 레이어 분할 데이터원본관리자 열기 - 구분자로 분리된 텍스트	
2. 1번 분석결과와 도시화지역 공간자료 교차 영역 분석	입력 레이어: 도시화지역 공간자료 중첩 레이어: 1번 분석결과 공간자료	

3) 도시공원, 공공체육시설, 버스정류장 접근성 구축 방법은 모두 동일하기 때문에 공공체육시설을 대표로 R 코드를 작성하였다.

```
library(tidyverse) # 데이터 처리를 위해 개발된 패키지 묶음
library(foreign) # 공간자료(.dbf)를 불러오기 위한 패키지

# 공공체육시설 수
공공체육시설 수 = read.dbf("공공체육시설 수 공간자료.dbf")

공공체육시설 수(동별) = 공공체육시설 수 %>%
  group_by(adm_dr_cd) %>%
  summarise(공공체육시설 수(동별) = length(관리번호)
)

기초자료 = left_join(공공체육시설 수(동별), 도시화지역 면적(동별), by="adm_dr_cd")

공공체육시설 수 = summarise(group_by(기초자료, adm_dr_cd),
                    공공체육시설 수=공공체육시설 수/도시화지역 면적
)
```

그림 3-2-18. 도시공원 접근성 변수 구축 R 코드

5) 도시쇠퇴: 도시쇠퇴 개별지표, 영역별 복합쇠퇴지수, 전체 복합쇠퇴지수

독립변수 중 도시쇠퇴 개별지표는 도시재생 종합정보체계의 우리동네 재생정보에서 제공하는 지표별 분석 결과를 바탕으로 구축하였다〈그림 3-2-19 참고〉.

도시쇠퇴 개별지표의 인구사회 영역은 도시의 인구변화 및 인구구조, 사회경제적 성장잠재력 등을 의미하며, 연평균 인구 성장률, 노령화 지수, 독거노인 가구 비율로 측정하였다. 산업경제 영역은 도시의 경제 규모 및 경제기반, 고용의 기회, 자본축적 정도를 의미하며, 인구 천 명당 종사자 수, 사업체당 종사자 수, 제조업 종사자 비율, 인구 천 명당 도소매업 종사자 수, 소형 주택가구 비율로 측정하였다. 물리환경 영역은 물리적 환경의 약화, 주거 매력도를 나타내며 노후주택 비율, 신규주택 비율로 측정하였다.

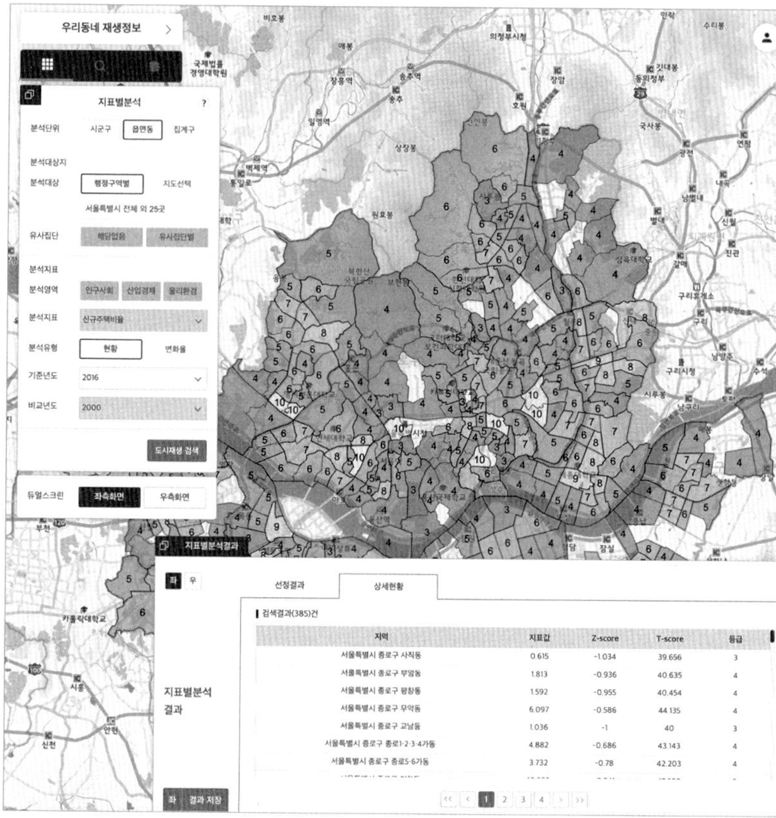

도시재생 종합정보체계(https://www.city.go.kr/map/index.do)

그림 3-2-19. 도시재생 종합정보체계 우리동네 재생정보 지표별분석결과

복합쇠퇴지수는 도시재생사업단(2010)의 산출 방법을 사용하였다. 도시쇠퇴 개별지표들을 종합하여 인구사회, 산업경제, 물리환경 영역과 전체 복합쇠퇴지수를 산출하였다. 쇠퇴지표들은 다양한 척도의 측정값을 가지고 있기 때문에 복합쇠퇴지수를 산출하기 위해서는 측정단위를 같은 척도로 변환하는 표준화 작업이 필요하다. 표준화 방법에는 선형 변형 방법, 확률이론에 근거한 변환방법, 퍼지함수 접근법,

Z값으로 환산, 스케일 조정 값으로 환산 등 다양한 방법이 있지만 선행연구에서 가장 높은 빈도로 활용된 Z값으로 환산을 통해 지표들을 표준화하였다(도시재생사업단, 2010).

각 지표 간의 상대적인 중요도를 고려하기 위해 요인분석을 이용하여 각 지표에 대한 가중치를 부여하였다. 요인분석은 여러 개의 변수가 서로 어떻게 연결되어 있는가를 분석하여 이들 변수 간의 관계를 공동요인을 이용하여 설명하는 다변량분석기법으로, 요인분석에서 고유치가 1보다 큰 요인들을 추출하고 각 요인의 공통분산을 토대로 하여 각 지표의 가중치를 산정하였다. 요인분석을 통한 가중치 산정식은 다음과 같다.

$$가중치 = \frac{각\ 변수의\ 공통변량(communality)}{추출된\ 요인들의\ eigen\,value의\ 합계}$$

도시쇠퇴 수준을 전체 또는 영역별 복합지수로 산출하기 위해 다기준평가방법에서 가장 일반적으로 사용하는 가중선형결합방법을 적용하였다(도시재생사업단, 2010). 산정식은 다음과 같으며, R을 통해 〈그림 3-2-20〉과 같은 코드를 사용하였다.

$$Z_j = \sum_i W_i X_i$$

Z_j = 도시의 j의 쇠퇴복합지수
W_i = 쇠퇴영역 i에 대한 가중치
X_{ij} = 도시 j의 쇠퇴영역 i

```
library(tidyverse) # 데이터 처리를 위해 개발된 패키지 묶음

# 복합쇠퇴지수 산출
개별지표 = read.delim("우리동네 재생정보 지표별분석결과")

# 1. 대표지표 전환

개별지표 = na.omit(개별지표) # 결측치 제거

개별지표 변경 = transform(개별지표,
          S1 = (max(연평균 인구 성장률)-연평균 인구 성장률)/(max(연평균 인구 성장률)-min(연평균 인구 성장률))*100, #상대감소지수
          S2 = 노령화 지수,
          S3 = 독거노인 가구 비율,
          E1 = (max(인구 천 명당 종사자 수)-인구 천 명당 종사자 수)/max(인구 천 명당 종사자 수)*100, #역입지계수,
          E2 = (max(사업체당 종사자 수)-사업체당 종사자 수)/max(사업체당 종사자 수)*100, #역입지계수,
          E3 = (max(제조업 종사자 비율)-제조업 종사자 비율)/max(제조업 종사자 비율)*100, #역입지계수,
          E4 = (max(인구 천 명당 도소매업 종사자 수)-인구 천 명당 도소매업 종사자 수)/max(인구 천 명당 도소매업 종사자 수)*100, #역입지계수,
          E5 = 소형 주택가구 비율,
          H1 = 노후주택 비율,
          H2 = 100-신규주택 비율 #구성비 치환
)

#2. 초기 요인분석
C.factor <- principal(개별지표 변경, rotate="none")
plot(C.factor$values, type="b")

#3. 베리믹스
C.Varimax = principal(개별지표 변경, nfactors = 3, rotate="varimax") ; C.Varimax

#4. 가중치
C.cmnlty = data.frame(C.Varimax$communality)
C.cmnlty = mutate(C.cmnlty,
                W = C.Varimax.communality/sum(C.Varimax.communality)*100
                )

#6. 지수 표준화 (Z스퀘어) * 가중치
```

```
개별지표 표준화 = mutate(개별지표 변경,
                     연평균 인구 성장률 = scale(S1)*C.cmnlty[1,2],
                     노령화 지수 = scale(S2)*C.cmnlty[2,2],
                     독거노인 가구 비율 = scale(S3)*C.cmnlty[3,2],
                     인구 천 명당 종사자 수 = scale(E1)*C.cmnlty[4,2],
                     사업체당 종사자 수 = scale(E2)*C.cmnlty[5,2],
                     제조업 종사자 비율 = scale(E3)*C.cmnlty[6,2],
                     인구 천 명당 도소매업 종사자 수 = scale(E4)*C.cmnlty[7,2],
                     소형 주택가구 비율 = scale(E5)*C.cmnlty[8,2],
                     노후주택 비율 = scale(H1)*C.cmnlty[9,2],
                     신규주택 비율 = scale(H2)*C.cmnlty[10,2]
)

# 7.복합쇠퇴지수 계산
복합쇠퇴지수 = mutate(개별지표 표준화,
                      인구사회 = 연평균 인구 성장률+노령화 지수+독거노인 가구 비율,
                      산업경제 = 인구 천 명당 종사자 수+사업체당 종사자 수+제조업 종
사자 비율+인구 천 명당 도소매업 종사자 수+소형 주택가구 비율,
                      물리환경 = 노후주택 비율+신규주택 비율,
                      전체 = 인구사회+산업경제+물리환경
        )
```

그림 3-2-9. 복합쇠퇴지수 구축 R 코드

3-3 방법론 따라하기

1. 위계선형모형(임의절편로짓모형)이란?

위계선형모형(Hierarchical Linear Model)은 위계적으로 구조화된 자료를 분석하기 위해 설계된 모형이다. 여기서 위계적 자료란 하위수준의 측정치가 상위수준에 배속되어 있거나 혹은 반복 측정된 것을 의미하며, 시간적 맥락에서 반복 측정된 데이터의 경우 '시계열 자료'로, 측정사례들이 공간이나 문화권에 배속된 경우를 '군집형 자료'라 부른다(백영민, 2018).

위계선형모형에 대한 이해를 가장 쉽게 하는 방법은 그 필요성을 살펴보는 것이다. 개개인은 저마다 개인 고유 특성이 있지만, 또한 어떤 조직에 속해 있기 마련이다. 예를 들어 학교, 지역사회, 나라 등은 개개인이 속해 있는 상위조직으로 그 조직마다 각기 특성이 존재하기 마련이다(유정진, 2006). 저자의 연구를 예로 들자면, 보행이 이루어지는 근린은 광역과는 다르게 독특한 특성이 존재하면서 각 근린은 또한 다른 근린과는 구분되는 독특한 환경이 존재하게 된다. 이에 각 지역의 물리적 환경, 쇠퇴 현상 등은 그 지역에 있는 개인에게 영향을 주기 마련이며, 이를 고려하지 않을 경우 개인의 특성과 지역과 개인과의 상호작용, 그리고 지역의 특성을 무시하고 분석을 수행하게 된다. 즉, 위계구조를 갖는 데이터를 최소자승법(OLS)로 추정하게 되면 회귀모델이 준수하여야 하는 변수들이 서로 독립적으로 분포하고 있다는 가정을 위배하게 되며, 이를 무시하고 추정하는 경우 표준오차가 상당히 작아지게 되어 귀무가설을 기각할 확률이 매우 높아지는 잘못한 추정결과를 가져오게 된다(이희연·노승철, 2012).

위계선형모형을 이해하기 위해서는 몇 가지 필수 개념들에 대한 이해가 필요하다. 먼저 고정효과(Fixed Effect)와 랜덤효과(Random Effect)이다. 위계선형모형에서는 독립변수와 종속변수의 관계에 대한 모수 추정치를 '고정효과'라고 부르며, 일반선형모형의 회귀계수와 동일하게 해석하면 된다. 반면 군집형 자료에서 나타나는 집단에 따른 분산, 시계열 자료에서 나타나는 개체에 따른 분산은 '랜덤효과'라고 부른다. 랜덤효과는 분산으로 표현되기 때문에 일반선형모형의 R^2와 개념적으로 동일하며, 연구자는 랜덤효과 분석을 통해 자신이 설명하고자 하는 현상의 발생수준을 한정 지을 수 있다. 예를 들어 보행통행 선택이 개인의 차이에 의해 발생하는지 아니면 개인이 속한 지역에 의해 발생하는지 확인할 수 있다. 또한, 독립변수를 투입함으로써 어느 수준의 랜덤효과가 얼마나 감소하는가를 살펴봄으로써 독립변수의 효과를 측정할 수 있다. 다음으로 전체평균 중심화 변환과 집단평균 중심화 변환이다. 위계선형모형에 적용되는 자료의 측정수준은 2개 이상으로, 서로 다른 측정수준이 하나의 자료에 공존하고 있다. 따라서 평균 중심화변환은 독립변수가 측정된 수준에 따라 다르게 적용되어야 한다(백영민, 2018). 본 연구에서는 1수준 독립변수에 대해서는 집단평균 중심화 변환을, 2수준 독립변수는 전체평균 중심화 변환을 사용하였다.

마지막으로, 본 연구에서는 종속변수가 이항으로 구성되기 때문에 위계선형모형 중 임의절편로짓모형을 이용하였다.

2. R 프로그램으로 위계선형모형(임의절편로짓모형) 따라하기

본 연구에서는 위계선형모형 분석을 위해 R의 lme4 패키지를 사용하였다. 분석 모형은 총보행통행, 실용목적 보행통행, 여가목적 보행통행으로 구분되며, 각각 총 6개의 모형으로 구성하였다<그림 3-3-1 참고>. 모형 1은 기본모형으로 오직 상수항만이 포함된 모형이다. 기본모형은 계속해서 설명변수를 포함했을 때 2수준 분산이 어떻게 변하는지 확인하기 위한 모형이다. 모형 2는 1수준인 개인의 사회경제적 특성이 포함된 모형으로, 이후 분석에서 개인의 사회경제적 특성을 통제한 경우에도 근린의 물리적 환경이 목적별 보행통행에 통계적으로 유의미한 영향을 미치는지 파악하기 위한 모형이다. 모형 3은 2수준 변수 중 근린의 물리적 환경을 포함하여 분석을 수행하였으며, 이후 분석에서 개인의 사회경제적 특성과 근린의 물리적 환경을 통제한 경우에도 도시쇠퇴 요인이 목적별 보행통행에 통계적으로 유의미한 영향을 미치는지 파악하기 위한 모형이다. 모형 4에서 모형 6은 도시쇠퇴 요인인 도시쇠퇴 개별지표(모형 4), 영역별 복합쇠퇴지수(모형 5), 전체 복합쇠퇴지수(모형 6)를 추가하여 분석을 수행한 모형들로 이를 통해 쇠퇴 현상과 목적별 보행통행과의 관계를 분석하고자 하였다.

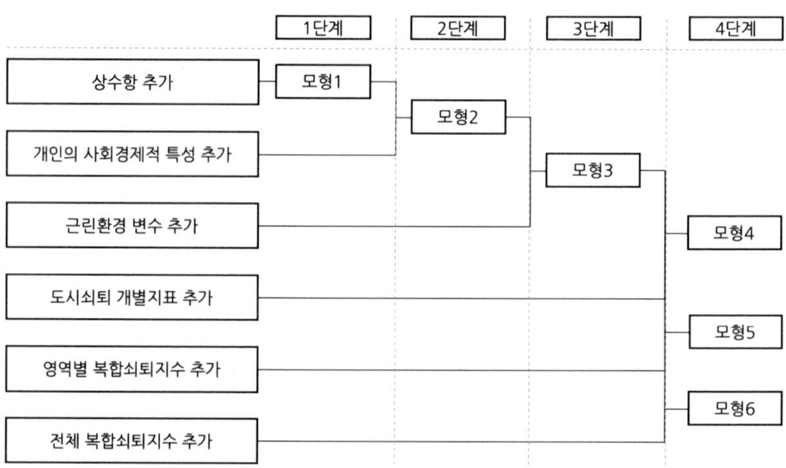

그림 3-3-1. 분석 모형

구체적인 분석코드는 〈그림 3-3-2〉와 같으며, 총보행통행 모형만을 제시하였다.

```
library(tidyverse) # 데이터 처리를 위해 개발된 패키지 묶음
library(lme4) # 위계선형모형 분석을 위한 패키지

read.csv("모든 변수")

# 개인수준 독립변수에 대한 집단평균 중심화변환 (더미변수 제외)

hdata = group_by(모든 변수, 행정동 코드) %>%
  mutate(gm_나이 = 나이 - mean(나이),
         gm_성별 = 성별,
         gm_소득 = 소득 - mean(소득),
         gm_운전면허 보유 = 운전면허 보유,
         gm_차량 보유 = 차량 보유,
         gm_주거유형 = 주거유형,
         gm_직업_1 = 적문직/사무직,
         gm_직업_2 = 서비스/판매직,
         gm_직업_3 = 일반노무직_3,
         gm_직업_4 = 전업주부_4,
         gm_직업_5 = 학생무직_5
 )
round(hdata, 3)

# 집단수준 독립변수에 대한 전체평균 중심화 변화
temp = group_by(hdata, 행정동 코드) %>%
  summarise(n1 = mean(인구밀도),
            n2 = mean(토지이용 혼합도),
            n3 = mean(상가 용적률),
            n4 = mean(교차로수밀도),
            n5 = mean(평균 경시도),
            n6 = mean(도로율),
            n7 = mean(도시공원 수),
            m8 = mean(공공체육시설 수),
            n9 = mean(버스정류장 수),
            m10 = mean(지하철 역세권 영향력),
            s1 = mean(연평균 인구 성장률),
            s2 = mean(노령화 지수),
            s3 = mean(독거노인 가구 비율),
            e1 = mean(인구 천 명당 종사자 수),
            e2 = mean(사업체당 종사자 수),
```

```
              e3 = mean(제조업 종사자 비율),
              e4 = mean(인구 천 명당 도소매업 종사자 수),
              e5 = mean(소형주택가구 비율),
              h1 = mean(노후주택비율),
              h2 = mean(신규주택비율),
              cd_s = mean(인구사회 복합쇠퇴지수),
              cd_e = mean(산업경제 복합쇠퇴지수),
              cd_h = mean(물리환경 복합쇠퇴지수),
              cd_t = mean(전체 복합쇠퇴지수),
              gsize = length(행정동 코드)
 )

temp = mutate(temp,
               am_n1 = n1 - mean(n1),
               am_n2 = n2 - mean(n2),
               am_n3 = n3 - mean(n3),
               am_n4 = n4 - mean(n4),
               am_n5 = n5 - mean(n5),
               am_n6 = n6 - mean(n6),
               am_n7 = n7 - mean(n7),
               am_n8 = n8 - mean(n8),
               am_n9 = n9 - mean(n9),
               am_n10 = n10 - mean(n10),
               am_s1 = s1 - mean(s1),
               am_s2 = s2 - mean(s2),
               am_s3 = s3 - mean(s3),
               am_e1 = e1 - mean(e1),
               am_e2 = e2 - mean(e2),
               am_e3 = e3 - mean(e3),
               am_e4 = e4 - mean(e4),
               am_e5 = e5 - mean(e5),
               am_h1 = h1 - mean(h1),
               am_h2 = h2 - mean(h2),
               am_cd_s = cd_s - mean(cd_s),
               am_cd_e = cd_e - mean(cd_e),
               am_cd_h = cd_h - mean(cd_h),
               am_cd_t = cd_t - mean(cd_t),
               am_gsize = gsize - mean(gsize)
)
round(temp,3)

# 개인수준과 집단수준 결합
hdata = inner_join(hdata,temp,by="행정동 코드")
```

```
round(hdata,3)

# 총보행통행 위계선형모형
# 모형1 (상수항 추가)
gmlm.hdata.m1t = glmer(walk ~ 1 +(1|행정동 코드),
                        data = hdata, family=binomial(link = "logit")) ;
summary(gmlm.hdata.m1t)

# 모형2 (개인의 사회경제적 특성 추가)
gmlm.hdata.m2t = glmer(walk ~ gm_나이 + gm_성별 + gm_소득 + gm_운전면허증 +
gm_차량보유 + gm_주거유형 + gm_직업_1 + gm_직업_2+ gm_직업_3 + gm_직업_4 +
(1|행정동코드), data = hdata, family=binomial(link = "logit")) ;
summary(gmlm.hdata.m2t)

# 모형3 (근린의 물리적 환경 추가)
gmlm.hdata.m3t = glmer(walk ~ gm_나이 + gm_성별 + gm_소득 + gm_운전면허증 +
gm_차량보유 + gm_주거유형 + gm_직업_1 + gm_직업_2+ gm_직업_3 + gm_직업_4 +
am_n1+am_n2 + am_n3  +am_n4+am_n5+am_n6+am_n7+am_n8+am_n9+am_n10 +
(1|행정동코드), data = hdata, family=binomial(link = "logit")) ;
summary(gmlm.hdata.m3t)

# 모형4 (도시쇠퇴 개별지표 추가)
gmlm.hdata.m4t = glmer(walk ~ gm_나이 + gm_성별 + gm_소득 + gm_운전면허증 +
gm_차량보유 + gm_주거유형 + gm_직업_1 + gm_직업_2+ gm_직업_3 + gm_직업_4 +
am_n1+am_n2 + am_n3  +am_n4+am_n5+am_n6+am_n7+am_n8+am_n9+am_n10 +
am_s1 + am_s2 + am_s3 + am_e1 + am_e2+ am_e3+ am_e4+ am_e5 + am_h1 +
am_h2 + (1|행정동코드), data = hdata, family=binomial(link = "logit")) ;
summary(gmlm.hdata.m4t)

# 모형5 (영역별 복합쇠퇴지수 추가)
gmlm.hdata.m5t = glmer(walk ~ gm_나이 + gm_성별 + gm_소득 + gm_운전면허증 +
gm_차량보유 + gm_주거유형 + gm_직업_1 + gm_직업_2+ gm_직업_3 + gm_직업_4 +
am_n1+am_n2 + am_n3  +am_n4+am_n5+am_n6+am_n7+am_n8+am_n9+am_n10 +
am_cd_s + am_cd_e + am_cd_h + (1|행정동코드), data = hdata, family=binomial(link
= "logit")) ; summary(gmlm.hdata.m5t)

# 모형6 (전체 복합쇠퇴지수 추가)
gmlm.hdata.m6t = glmer(walk ~ gm_나이 + gm_성별 + gm_소득 + gm_운전면허증 +
gm_차량보유 + gm_주거유형 + gm_직업_1 + gm_직업_2+ gm_직업_3 + gm_직업_4 +
am_n1+am_n2  +  am_n3   +am_n4+am_n5+am_n6+am_n7+am_n8+am_n9+am_n10
am_cd_t + (1|행정동코드), data = hdata, family=binomial(link = "logit")) ;
summary(gmlm.hdata.m6t)
```

그림 3-3-2. 위계선형모형 분석 코드

3-4 결과 해석 따라하기

1. 위계선형모형의 적합성 검토 따라하기

위계선형모형의 적합성 검토를 위해 도시쇠퇴 요인을 포함하기 전 단계 모형들인 기본모형(모형1), 개인의 사회경제적 특성 포함 모형(모형2), 근린의 물리적 환경을 추가한 모형(모형3)의 2수준 분산을 확인하였다. 분석결과는 〈표 3-4-1〉에 제시되어 있다. 먼저 상수항만을 포함하여 분석을 수행한 결과, 모든 분석모형에서 2수준 분산이 통계적으로 유의미하게 나타나 목적별 보행통행 선택에 있어 행정동별 차이가 있음을 확인하였다. 다음으로 모형2는 모형1에 1수준 변수인 개인의 사회경제적 특성을 추가하여 분석한 모형이다. 분석결과 모든 분석모형에서 2수준 분산이 감소하는 것으로 나타나 개인의 사회경제적 특성이 목적별 보행통행 선택의 행정동별 수준 차이를 설명하고 있음을 확인할 수 있었다. 마지막으로 모형3은 모형2에 2수준 변수 중 하나인 근린의 물리적 환경을 추가한 모형으로, 모든 모형에서 2수준 분산이 감소하는 것으로 나타났다. 이상과 같이 모형1의 2수준 분산이 통계적으로 유의미하며, 모형2～모형3의 설명변수가 2수

표 3-4-1. 모형1 - 모형3 분석결과

	총보행통행			실용목적 보행통행			여가목적 보행통행		
	모형1-t coeff.	모형2-t coeff.	모형3-t coeff.	모형1-u coeff.	모형2-u coeff.	모형3-u coeff.	모형1-l coeff.	모형2-l coeff.	모형3-l coeff.
2수준분산	0.0463	0.0371	0.0339	0.0535	0.053	0.0500	0.2220	0.1997	0.1886
오차감소 비율		0.20	0.09		0.01	0.05		0.10	0.06
N	181,330								

준 분산을 감소시키는 것으로 나타나 본 자료가 위계선형모형을 사용하기에 적합하다고 판단하였다.

2. 분석결과 해석 따라하기

쇠퇴 현상과 목적별 보행통행 간 관계를 확인하기 위해 모형별 2수준 분산을 가장 먼저 확인하였다. 이는 2수준 분산의 감소가 도시쇠퇴 개별지표, 영역별 복합쇠퇴지수, 전체 복합쇠퇴지수가 목적별 보행통행 선택에 있어 행정동별 수준 차이를 설명하고 있음을 나타내기 때문이다. 분석결과는 〈표 3-4-2〉와 같다. 모든 모형의 2수준 분산이 이전 모형보다 감소한 것으로 나타났는데, 이는 개인이 보행통행을 선택하는 데 쇠퇴 현상이 관계가 있는 것을 의미한다.

표 3-4-2. 모형4 – 모형6 분석결과

	총보행통행			실용목적 보행통행			여가목적 보행통행		
	모형4-t coeff.	모형5-t coeff.	모형6-t coeff.	모형4-u coeff.	모형5-u coeff.	모형6-u coeff.	모형4-l coeff.	모형5-l coeff.	모형6-l coeff.
2수준분산	0.0322	0.0333	0.0336	0.0486	0.0488	0.0490	0.1612	0.1712	0.1807
오차감소 비율	0.05	0.02	0.01	0.03	0.03	0.02	0.15	0.09	0.04
N	181,330								

다음으로 도시쇠퇴 요인 중 목적별 보행통행 선택에 유의미한 변수를 확인하였다. 총 보행통행 분석모형의 분석결과는 〈표 3-4-3〉과 같다. 도시쇠퇴 개별지표에서 인구 천 명당 종사자 수가 많고, 제조업 종사자 비율, 인구 천 명당 도소매업 종사자 수가 적은 경우 보행통행 선택이 많은 것으로 나타났다. 이를 해석하기 위해 종사자의 유동성이 보행통행에 영향을 미친다는 선행연구 결과를 활용하여, 인구 천

명당 종사자 수가 많은 경우 종사자들의 유동성으로 인해 보행통행을 선택할 확률이 높은 것으로 해석하였다. 또한, 제조업 종사자 비율과 인구 천 명당 도소매업 종사자 수가 낮은 경우 보행통행 선택이 많은 것으로 나타났는데, 이는 제조업 종사자 비율과 인구 천 명당 도소매업 종사자 수가 지역의 경제기반과 규모를 의미해 경제수준이 열악한 곳에 보행통행 선택이 많은 것으로 이해할 수 있다. 이 부분을 해석하기 위해 보행과 소득에 관한 선행연구를 중심으로 살펴보았다. 영역별 복합쇠퇴지수 중에서는 산업경제 영역만이 통계적으로 유의미하게 나타났는데, 이를 해석하기 위해 보행과 연관된 사회경제적 특성 중에서 소득이 특히 중요하다는 기존연구의 결과를 활용하였다.

표 3-4-3. 모형4 - 모형6 총보행통행 분석모형 분석결과

	총보행통행		
	모형4-t coeff.	모형5-t coeff.	모형6-t coeff.
연평균 인구 성장률	-0.4126		
노령화 지수	0.0002		
독거노인 가구 비율	0.0041		
인구 천명당 종사자 수	0.0000***		
사업체당 종사자 수	-0.0075		
제조업 종사자 비율	-0.0031*		
인구 천명당 도소매업 종사자 수	-0.0001***		
소형주택가구 비율	-0.0004		
노후주택 비율	0.0004		
신규주택 비율	0.0016		
인구사회 복합쇠퇴지수		-0.0019	
산업경제 복합쇠퇴지수		0.0111**	
물리환경 복합쇠퇴지수		0.0001	
전체 복합쇠퇴지수			0.0025
상수항	1.2080***	1.2070***	1.2070***
N	181,330		

*p〈0.1, **p〈0.05, ***p〈0.01

실용목적 보행통행 모형에서 유의미한 변수를 확인한 결과는 〈표 3-4-4〉와 같다. 도시쇠퇴 개별지표에서 소형주택가구 비율만이 통계적으로 유의미한 결과를 보여주고 있다. 소형주택가구 비율은 지역의 소득을 간접적으로 측정하는 지표이기 때문에 소형주택가구 비율이 높다는 것은 근린의 소득이 낮을수록 실용목적 보행통행이 적게 이루어지는 것으로 이해할 수 있다. 영역별 복합쇠퇴지수에서는 산업경제 영역 복합쇠퇴지수가 높은 경우 실용목적 보행통행 선택이 적은 것으로 나타났다. 이는 산업경제가 쇠퇴한 경우 실용목적 보행통행을 선택할 가능성이 낮은 것을 의미한다. 이와 같은 결과를 해석하기 위해 선행연구를 검토한 결과 상반된 내용을 모두 포함하고 있어 두 가지

표 3-4-4. 모형4 - 모형6 실용목적 보행통행 분석모형 분석결과

	실용목적 보행통행		
	모형4-u coeff.	모형5-u coeff.	모형6-u coeff.
연평균 인구 성장률	-0.4507		
노령화 지수	-0.0014**		
독거노인 가구 비율	-0.0023		
인구 천명당 종사자 수	0.0000		
사업체당 종사자 수	-0.0048		
제조업 종사자 비율	0.0018		
인구 천명당 도소매업 종사자 수	0.0000		
소형주택가구 비율	-0.0027***		
노후주택 비율	-0.0005		
신규주택 비율	0.0019		
인구사회 복합쇠퇴지수		-0.0075	
산업경제 복합쇠퇴지수		-0.0169***	
물리환경 복합쇠퇴지수		-0.0018	
전체 복합쇠퇴지수			0.0003***
상수항	-0.2104***	-0.2107**	-0.2111***
N		181,330	

*p〈0.1, **p〈0.05, ***p〈0.01

입장의 선행연구 결과를 모두 제시하였다. 구체적으로 본 연구의 결과는 실용보행을 열등재로 보고 소득수준이 높을수록 실용목적으로 덜 걷는다는 기존 연구결과와 상반되나, 밀도가 높은 지역에 한해 소득수준이 높을수록 실용보행을 더 선택하는 경향을 확인하였으며, 목적지에 대한 접근성을 통제할 경우 소득수준이 높은 지역에서 실용보행이 더 많이 이루어진다고 제시하였다.

여가목적 보행통행 모형의 경우 도시쇠퇴 개별지표에서 노령화 지수, 인구 천 명당 종사자 수, 제조업 종사자 비율, 인구 천 명당 도소매업 종사자 수, 소형주택가구 비율이 통계적으로 유의미한 것으로 나타났다〈표 3-4-5 참고〉. 구체적으로 노력화 지수가 높은 곳에 여가목적 보행통행이 많은 것으로 나타났는데, 이는 노인의 경우 대부분의 여가활동이 근린 내에서 보행통행을 통해 이루어진다는 선행연구 결과를 통해 해석하였다. 한편, 제조업 종사자 비율과 인구 천명당 도소매업 종사자 수가 많고 소형주택가구 비율이 낮은 경우 여가목적 보행통행을 선택할 가능성이 낮은 것으로 나타났는데, 이는 제조업 종사자 비율, 인구 천 명당 도소매업 종사자 수, 소형주택가구 비율이 근린의 소득수준을 의미해 근린의 소득수준이 낮은 경우 여가목적 보행통행이 많이 이루어지는 것으로 이해할 수 있다. 이러한 결과는 국외 선행연구 결과와 상반된 결과였으나 서울시의 여가통행을 분석한 연구를 통해 각 나라의 문화적 차이에서 기인한다고 해석하였다. 구체적으로 서울시의 경우 전업주부 및 무직, 학생과 같은 비 생산자의 경우 여가활동이 거주지를 중심으로 한 생활권 범위 내에서 많이 이루어지고 있으며, 우리나라의 경우 소득수준이 높을수록 보행활동보다는 헬스와 요가와 같은 시설 내에서의 활동을 통해 신체활동이 이루어지고 있었다. 또한 영역별 복합쇠퇴지수에서 산업경제 영역 복합쇠퇴지수가 높은 경우 여가목적 보행통행이 많은 것을 확인하였는데,

이는 산업경제 영역이 쇠퇴한 도시에서 여가목적 보행통행이 많이 이루어지고 있다는 것을 나타내며 이에 대한 선행연구는 도시쇠퇴 개별 지표에서 제시했다고 판단하여 별도로 설명하진 않았다.

표 3-4-5. 모형4 - 모형6 여가목적 보행통행 분석모형 분석결과

	실용목적 보행통행		
	모형4-u coeff.	모형5-u coeff.	모형6-u coeff.
연평균 인구 성장률	0.0594		
노령화 지수	0.0031**		
독거노인 가구 비율	0.0147		
인구 천명당 종사자 수	0.0001***		
사업체당 종사자 수	-0.0072		
제조업 종사자 비율	-0.0122***		
인구 천명당 도소매업 종사자 수	-0.0002**		
소형주택가구 비율	0.0036*		
노후주택 비율	0.0018		
신규주택 비율	0.0020		
인구사회 복합쇠퇴지수		0.0020	
산업경제 복합쇠퇴지수		0.0607***	
물리환경 복합쇠퇴지수		0.0015	
전체 복합쇠퇴지수			0.0177***
상수항	-0.9251***	-0.9247***	-0.9259***
N		181,330	

*p〈0.1, **p〈0.05, ***p〈0.01

3-5 마치며

1. 위계선형모형(임의절편로짓모형) 연구방법론을 마치며

첫 논문을 작성하기까지 지도교수님을 포함하여 많은 분들의 도움이 있었습니다. 제 경험이 도움이 되길 바라며, 논문 작성에 참고할 수 있는 내용 몇 개를 적어보고자 합니다.

먼저 대학원을 전일제가 아닌 시간제로 다니는 경우라면 본인이 하는 업무 또는 사업에서 연구 주제를 찾는 것을 추천합니다. 대학원을 시간제로 다니면서 첫 논문을 쓰는 경우 논문 작성이 장기전이 될 확률이 높습니다. 때문에 연구 주제가 본인의 업무와 관련될 경우 연구를 통해 해결 또는 알고자 하는 부분이 명확할 뿐 아니라 지속적인 관심을 갖는 것이 가능해집니다. 제 경우 '쇠퇴'와 '보행'을 주제로 논문을 작성하였는데, 제가 이 시기에 업무적으로 고민했던 사업이 도로환경 개선 사업이었습니다. 쇠퇴한 도시를 활성화하기 위해서 유동인구가 많아져야 하고 이를 위해서 보행환경 개선이 필요하다는 것은 쉽게 이해가 갔지만, 쇠퇴된 곳의 보행환경 개선이 쇠퇴되지 않은 곳과 동일하게 진행되는 것에 대해서는 항상 의문을 가지고 있었습니다. 그래서 '쇠퇴'와 '보행' 간의 관계를 살펴보는 연구를 진행했고, 연구가 마쳤을 때 분석 결과와 더불어 제가 가지고 있던 의문도 어느 정도 해소할 수 있었습니다. 아직 연구 주제를 찾지 못했다면 지금 하고 있는 일에서, 현장에서 찾는 것도 좋은 방법이라고 봅니다.

둘째, 자료구축 또는 방법론에 대한 해결책은 대학원 내에 있다고 봅니다. 저의 경우 대학원에 들어와서 양적 연구에 대한 내용을 처음 접했고, 연구를 위한 자료구축과 방법론은 해결해야 할 가장 큰 산이었습니다. 제 경우 자료구축부터 분석 도구인 R과 QGIS의 사용법까지 학술연구교수로 계셨던 박사님께 도움을 받았습니다. 특히 근린의 물리적 환경 중 교차로수밀도는 측정방법부터 측정순서, 기술적 문제 해결까지 같이 고민해 주셨던 고마운 기억이 있습니다. 또한, 자료구축을 위한 수식을 이해하는데 관련 수식을 주제로 한 학위논문과 보고서가 도움이 되었습니다. 예로 토지이용 혼합도의 경우 토지이용 혼합도를 주제로 한 학위논문을 참고하였고, 복합쇠퇴지수 산출은 관련 보고서를 통해 절차적인 순서와 구체적인 내용을 이해할 수 있었습니다.

셋째, 연구 방법론에 대한 모든 부분을 이해할 필요는 없다고 봅니다. 물론 연구 방법론의 모든 부분을 완벽히 이해하는 게 최선입니다. 하지만 저희의 목적은 연구 방법론이 아닌 연구라고 봅니다. 솥을 만드는 방법을 몰라도 솥으로 밥을 지을 순 있습니다. 방법론에 대한 연구가 아닌 이상 방법론은 연구의 목적이 아닌 도구입니다. 방법론을 심도 있게 이해하는 것도 중요하겠지만 방법론에 대한 이해로 인해 연구가 진행되지 않는다면 과감하게 방법론을 통한 결과물에 해석에 집중해도 괜찮은 것 같습니다. 분석 코드 또한 비슷하다고 봅니다. 제가 작성한 분석 코드들은 남들에게 보여주기에 정말 부끄러운 수준입니다. 그럼에도 불구하고 날것의 분석 코드를 공유한 것은 이 정도 수준의 분석 코드임에도 논문을 쓰기에는 부족하지 않다는 것을 보여주기 위해서입니다.

마지막으로 심사시 고려사항입니다. 제 학위논문을 중심으로 논문 심사 과정에서 방법론을 중심으로 제시된 의견에 대해서 살펴보고자 합니다. 방법론에 대한 의견을 정리하면, 모두 전혀 생각하지 못했던 부분이 의견으로 제시되었고, 선행연구를 근거로 답변하였습니다.

2. 학위논문 심사 주요의견 및 개선내용

1) 모형의 정합성

모형에서 사용된 동일한 설명변수가 목적별 보행통행에 따라 서로 다른 영향관계를 갖는 것[4]에 대해 이해하기 어려운 결과이며 이에 대한 추가 설명이 필요하다는 의견으로, 모형의 정합성에 대한 통계적 유의성이 증명되어야 함을 제시하였다. 우선, 이러한 의견이 제시될 거라고 생각하지 못했는데, 이는 선행연구에서 통행목적을 고려하는 것이 중요하다고 하였기에 서로 다른 결과에 대해서 쇠퇴 요인을 반영할 경우에도 통행목적이 중요하다고 생각하고 있었기에 때문이다. 따라서 모형의 통계적 유의성을 증명하는 부분은 다중공선성 검정결과를 제시한다고 하였으며, 서로 다른 결과에 대해서는 결론부분에 설명을 추가하였다.

표 3-5-1. 모형의 정합성에 대한 의견 및 답변

의견	답변
◆ 모형에서 사용된 설명변수의 효과에 대해 이해하기 어려움, 이는 모델의 정합성에 대한 의구심을 가지게 하며, 모델 추정에 사용한 자료와 모형 구성이 합리성과 통계적으로 유의함의 증명 필요	- 모형의 통계적 유의성을 증명하기 위해 기초통계 부분에 구축된 설명변수의 다중공선성 검정 결과를 제시 - 상반된 결과에 대해서 결론부분에 제시하고 통행목적을 고려하지 않을 경우 불합리한 결과가 도출될 수 있음을 제시

4) 예로 산업경제 복합쇠퇴지수의 경우 전체 모형에서는 양의 효과, 실용목적 보행통행에서는 음의 효과, 다시 여가목적 보행통행에서는 양의 효과로 나타났으며, 모두 통계적으로 유의한 수준이다.

2) 절편의 부호와 통계적 유의성

본 연구에서 보행목적별 기본모형[5]의 2수준 분산이 통계적으로 유의미하게 나타났기 때문에 본 모형이 통계적으로 유의하다고 제시하였는데, 이에 대해서 보행목적별 기본모형의 절편 부호가 서로 상반되게 나타나 이 부분에 대해서 추가적인 설명이 필요하다는 의견을 받았다. 이 부분도 선행연구나 방법론 서적에서 본 적이 없어 전혀 생각하지 못했던 의견이었다. 이에 대한 답변으로 선행연구와 방법론 서적에서 절편의 부호에 대한 부분을 언급한 부분을 찾지 못했으며, 선행연구에서 절편의 부호가 상반된 경우도 있음을 언급하였다.

표 3-5-2. 절편의 부호에 대한 의견 및 답변

의견	답변
◆ 기본모형의 절편의 부호가 통행목적별로 다르게 나타나 2수준 분산의 통계적 유의성만으로 모형이 통계적으로 유의미하다고 할 수 있는지 이해하기 어려움	- 선행연구 및 방법론 서적을 통해 절편 부호에 대한 내용 제시 - 모형별로 기본모형 절편의 부호가 상반된 선행연구 제시

5) 오직 상수항만을 포함한 모형.

참고문헌

모아론(2020), "도시쇠퇴 현상이 보행통행에 미치는 영향 분석: 서울시 근린 환경 요인 및 도시쇠퇴 진단지표를 중심으로", 전남대학교 일반대학원 석사학위논문.

모아론·양동우·신우진(2021), "서울시 쇠퇴 현상과 목적별 보행통행의 상관관계 연구: 도시쇠퇴 진단지표를 중심으로", 국토계획, 56(2), pp.1-14.

유정진(2006), "위계적 선형모형의 이해와 활용", 아동학회지, 27(3), pp.169-187.

도시재생사업단(2010), 「도시쇠퇴 및 잠재력 진단지표 개발」, 경기.

백영민(2018), 「R을 이용한 다층모형」, 서울: 한나래출판사.

이희연·노승철(2015), 「고급통계분석론 이론과 실습 제2판」, 경기: 문우사.

공공데이터포털, https://www.data.go.kr.

국가공간정보포털, http://www.nsdi.go.kr.

국가교통DB, https://www.ktdb.go.kr.

국토정보플랫폼, http://map.ngii.go.kr.

도로명주소 개발자센터, https://www.juso.go.kr.

도시재생 종합정보체계, https://www.city.go.kr.

서울시 열린데이터광장, https://data.seoul.go.kr.

통계지리정보서비스, https://sgis.kostat.go.kr.

QGIS, https://qgis.org.

제**4**장

공간회귀분석

문창용
전남대학교 도시·지역개발학 박사
광주광역시 도시재생공동체센터
도시재생팀장

본 학위논문은 도시재생전략계획 수립에 있어 도시생활권 단위의 지역 내 총생산에 영향을 미치는 산업군집 특성(특화, 다양성)을 공간회귀분석을 통해 분석하여 전략수립에 기초자료를 제공하는 것이 목적이다. 본 장에서는 도시재생전략을 도출하기 위한 지역 내 총생산과 산업군집특성 간 공간회귀분석과정을 학위논문을 통해 설명하고, 변수들의 측정과 정제, GeoDa 프로그램을 통한 공간회귀분석 사례를 소개하고자 한다.

4-1 학위논문 소개

공간회귀분석은 저자의 박사학위논문에서 GeoDa프로그램을 활용한 사례를 소개하기 앞서, 본 학위논문을 간단히 설명하고자 한다.

도시·지역개발학 박사학위논문

도시생활권 산업군집특성이
지역 내 총생산에 미치는 공간적 영향연구
-광주광역시 도시재생활성화지역 지역사업연계를 중심으로-

전남대학교 대학원
지 역 개 발 학 과

문 창 용

2020년 8월

그림 4-1-1. 학위논문 표지(전남대학교 대학원)

1. 연구배경

“도시생활권 산업군집특성이 지역 총생산에 미치는 공간적 영향연구”의 시작은 2016년~2019년에 선정된 도시재생사업 317곳에 대한 실적평가에서 양호한 59곳을 제외한 258곳이 부진한 사업지역에 전략수립을 지원하기 위함이다. 도시재생활성화계획의 구체성 미흡(거점시설 부지확보 등)으로 선정 전 단계의 준비가 부족하다는 것이 부진사유로 나타났기 때문이다.

도시재생사업의 성과가 공동체의 회복, 일자리창출, 주거환경의 개선 등으로 이어지기 위해서는 공모사업 준비 시 지역특성(상권, 산업, 공간)들을 기반 한 도시재생계획수립이 구체적으로 사전단계에서 준비가 필요하다. 따라서, 공모사업의 공간적 단위에 대한 구체화를 위해 도심 내 생활권을 도출하고, 그 생활권의 생산성이 높은 지역산업, 상권의 군집분포의 패턴을 분석하여 쇠퇴지역의 활성화를 위한 도시재생계획 수립방향을 제시하기 위한 것이 연구의 배경이다.

2. 연구목적

연구목적은 광주광역시 내 특정 생활권의 지역 내 총생산에 영향을 미치는 산업군집 특성을 분석하여 쇠퇴지역을 활성화하는데 필요한 지역연계 산입군을 도출하고, 도출된 산업군과 연계한 도시재생계획 수립방향을 제시하는 것이다.

3. 연구과정 및 방법

본 연구는 도시생활권 설정, 지역 내 총생산에 영향을 미치는 산업군집 도출 및 분석, 쇠퇴지역 활성화를 위한 도출산업을 연계한 도시재생계획 방향 제시로 나누어져 있다.

첫 번째, 광주광역시 전체공간을 대상으로 특정 생활권으로 나누기 위해 구 경계를 넘어 외부경제효과와 기능적인 네트워크를 공유하는 공간범위를 도시생활권으로 정의하고, 행정동 간 이동 목적 통행자료를 활용한 네트워크 분석을 통해 광주광역시를 3가지 권역(상무신도심-송정부도심 서부생활권, 원도심-백운부도심 남부생활권, 첨단부도심 북부생활권)의 도시생활권을 도출하였다.

두 번째, 도출된 도시생활권 내 산업들의 군집특성이 지역 내 총생산에 미치는 영향을 분석하기 위해 Cobb-Douglas 생산함수 [Q=f(D, U, L, K, T, S)]을 활용하였으며, 각 변수의 내용은 다음과 같다.

종속변수 Q는 지역 내 총생산이며, 구 경제활동별 GRDP(2016)을 활용하여 산업대분류(16개)의 종사자수 비중을 통해 지역 내 총생산 변수를 활용하여 행정동의 부가가치 도출하였다. 통제변수는 L은 노동요소(종사자수/사업체수), K는 자본요소(1인당 지방세액×생산인구), T는 기술(집적)요소((종사자수/인구)/(사업체수/면적)), 집적지수(CI), S는 형태적·기능적 도시공간요소(1/HHI, 커뮤니티지수)로 사용하였다.

독립변수 D는 지역화 경제에 따른 동종산업의 특화로 정의하여 LQ 지수로 사용하였고, U는 도시화경제에 따른 이종산업의 다양화로 DI 지수로 사용하였다. 산업의 특화와 다양화를 측정하는데 산업대분류 19개와 산업 중분류 99개 산업분류체계를 기준으로 산업집적활성화기본계획과 산업발전시행령에서 제시하는 분류체계를 중심으로 최종 6개 산업군을 재분류하여 활용하였다. 재분류된 6개 산업군은 지식서비스산업(21종), 지식기반 제조업(14종), 유통서비스산업(11종), 주력기간제조업(10종), 공공 및 사회서비스산업(6종), 인프라산업(4종)이다.

세 번째, 도시생활권 내 산업군집특성과 지역 내 총생산 간의 공간적 영향관계를 분석하는 것이다. 이를 위해 독립변수로는 산업군집특성(LQ지수, DI지수), 종속변수로는 도시생활권의 지역내 총생산, 기술·자본요소, 규모경제(산업집적 CI지수), 형태와 기능적 도시공간요소(1/HHI, 커뮤니티 중심성지수)의 실증데이터를 통제변수로 측정하였고, 행정동 공간데이터를 결합하여 최종 공간회귀분석을 실행하였다.

4. 연구결과 및 시사점

상무신도심-송정부도심 서부생활권은 인프라산업군, 공공사회서비스업군의 동종산업의 집적군집분포와 지식제조업의 이종산업의 다양한 군집분포가 지역 내 총생산에 정(+)영향을 미치는 지역으로 파악되었다. 따라서, 이 지역 도시재생계획은 다양한 지식관련 제조업의 입지를 위한 거점시설 조성과 인력양성프로그램이 사업에 반영되어야 하며, 인프라산업군의 집적을 통해 이를 지원할 수 있는 계획이 수립되어야 한다는 시사점이 도출되었다.

원도심-백운부도심 남부생활권에서는 지식기반제조업군, 지식기반서비스업군, 유통서비스업군의 이종산업의 다양한 군집분포가 지역 내 총생산에 정(+)영향을 미치는 산업군집특성으로 나타났다. 이 지역의 도시재생사업은 다양한 도심형산업과 원도심 상권산업의 육성, 다양한 입지를 위한 인프라 계획이 도시재생계획에 반영되어야 하는 시사점이 도출되었다.

첨단부도심 북부생활권은 특히 기간제조업군과 유통서비스업군의 이종산업의 단양한 군집분포가 지역 내 총생산에 정(+)영향을 미치는 지역으로 확인되었다. 따라서, 첨단산업단지 도시재생사업은 다양한 기간유통서비스업과 기간제조업이 상호 교류와 민관협력을 통한 지역산업 연계가 도시재생계획에 담겨 지역 내 총생산을 높이는 방안으로 시사점이 도출되었다.

4-2 변수 자료 찾기

공간회귀분석 사례를 소개하기 앞서, 활용된 각 변수들의 측정값의 원데이터와 이를 가공한 과정을 설명하고자 한다. 공간회귀분석 사례에 초점을 두었기 때문에 3권역으로 도출된 도시생활권 중 원도심이 포함된 도시생활권으로 한정하고, 각 변수들의 원데이터의 자료찾기 및 가공과정을 샘플형태로 간단하게 제시하였다.

1. 도시생활권 나누기: 행정동별 P/A 목적통행량

P/A의 개념은 가정기반 통행과 비 가정기반 통행으로 가정기반 통행은 출발지점 또는 도착지점 중 어느 한곳이라도 가정이 있는 지점을 포함하는 통행이다. 비 가정기반 통행은 출발지점 또는 도착지점 중 어느 한 곳도 가정이 포함되지 않는 통행이다.[1)]

표 4-2-1. P/A 가정기반통행 정의

목적구분	내용
가정기반 통근	집에서 출발한 출근, 업무/ 출근, 업무 후 집으로 도착한 귀가
가정기반 통학	집에서 출발한 등교/ 등교 후 집으로 도착한 귀가
가정기반 학원	집에서 출발한 학원/ 학원 후 집으로 도착한 귀가
가정기반 쇼핑	집에서 출발한 쇼핑/ 쇼핑 후 집으로 도착한 귀가
가정기반 기타	집에서 출발한 배웅, 친교, 개인업무/ 배웅, 친교, 개인업무 후 집으로 도착한 귀가
비가정기반 업무	집이 아닌 곳에서 출발한 출근, 업무/ 출근, 업무 도착한 귀가
비가정기반 쇼핑	집이 아닌 곳에서 출발한 쇼핑/ 쇼핑 도착한 귀가
비가정기반 기타	집이 아닌 곳에서 출발한 배웅, 친교, 개인업무/ 배웅, 친교, 개인업무 도착한 귀가

자료: 수도권교통본부, 여객목적통행 설명자료 재구성

1) 국가교통DB: ktdb.go.kr.

1) 도시생활권 나누기: 행정동별 P/A 가정기반 통행량 찾기

광주 도시생활권을 분석하기 위해 원데이터로 「2016년 광주광역권 목적통행 PA자료」를 활용하였다. 광주광역권 목적통행은 전남을 포함한 171개 읍면동 간 통행량을 측정한 데이터이다. 광주광역시 95개 행정동 간 통행량만 발췌하여 분석에 활용하였다.

○ 국가교통DB: ktdb.go.kr 가입 및 로그인

그림 4-2-1. 국가교통DB: ktdb.go.kr 가입 및 로그인

○ 정보공개 > 자료목록 확인

기종점통행량_여객 > 목적	전국지역간 목적 OD OD-PSN-OBJ-00	2020, 2019, 2018, 2017, 2016, 2015, 2014, 2013, 2012, 2011, 2010, 2009, 2008, 2007, 2006	강국수	044-211-3118
기종점통행량_여객 > 목적	광주광역권 PA 목적 OD OD-PSN-OBJ-15	2020, 2019, 2018, 2017, 2016, 2015, 2014, 2013, 2012, 2011	박미란	044-211-3232
기종점통행량_여객 > 목적	대전충청권 PA 목적 OD OD-PSN-OBJ-14	2020, 2019, 2018, 2017, 2016, 2015, 2014, 2013, 2012, 2011	박미란	044-211-3232

그림 4-2-2. 자료 목록 확인: 광주광역권 PA 목적OD

○ 자료신청 및 신청서 작성

그림 4-2-3. 자료신청 〉 교통분석자료 신청

○ 다운로드: 2016년 광주광역권 PA

	A	B	C	D	E	F	G	H	I	J	K
1	출발	도착	가정기반	가정기반	가정기반	가정기반	가정기반	비가정기반	비가정기반	비가정기반	총목적
2	1	1	1526.467	217.0819	19.46651	572.5556	164.7084	2375.913	627.7623	2158.41	7662.365
3	1	2	305.6293	20.38011	36.29106	209.9967	42.40742	0	8.230533	16.29177	639.2269
4	1	3	532.0334	57.38795	130.9478	692.1571	73.86781	66.50973	1.811393	1035.799	2590.514
5	1	4	397.3742	122.7526	33.71853	1114.947	114.9325	47.75426	25.17632	0	1856.656
6	1	5	269.0051	9.461229	104.9164	66.37566	14.87428	18.43698	0	0	483.0697
7	1	6	341.832	21.81403	5.130424	968.9456	72.51306	10.97498	8.275009	0	1429.485
8	1	7	41.79747	139.4475	7.611307	244.1347	121.2484	21.18276	40.21751	234.3596	849.9993
9	1	8	220.2832	32.05114	40.34873	42.74729	157.0185	33.54014	0	0	525.9889
10	1	9	283.8323	1062.385	729.6959	33.00716	469.5941	269.0138	0	237.6268	3085.155
11	1	10	182.8124	18.9242	3.98432	1013.73	666.4039	69.76117	38.67652	3.431267	1997.723
12	1	11	719.385	21.30353	24.78268	257.7271	189.3872	3.580904	0	3.364138	1219.531
13	1	12	1023.191	13.78084	49.40779	154.4266	26.2543	34.20314	0	0	1301.264
14	1	13	445.1381	11.00498	2.641222	63.90484	65.66043	23.69116	0	0	612.0408
15	1	14	218.8881	3.684557	6.553182	30.77289	44.44573	13.59273	29.23309	0	347.1703

그림 4-2-4. 광주 전남지역 171개 읍면동 PA 자료 확인

2) 도시생활권 나누기: 행정동별 P/A 가정기반 통행량 가공

광주광역시 도시생활권을 분석하고자, CBD 중심지기능지와 배후지역 간 기능적 네트워크 분석을 위해 가정기반의 등하교와 학원 PA 자료를 제외한 가정기반 출퇴근(업무), 쇼핑, 기타와 비가정기반의 업무, 쇼핑, 기타 통행량을 합하여 최종 광주전남 읍면동 171개에서 광주광역시 행정동 95개 P/A 자료만 구축에 사용하였다.

행정동		가정기반 업무, 쇼핑, 기타 (A)			비 가정기반 업무, 쇼핑, 기타 (B)			도시생활권 (A+B)
출발	도착	출퇴근	쇼핑	기타	업무	쇼핑	기타	
1	1	1526.467	572.556	164.708	2375.913	627.762	2158.410	7425.816
1	2	305.629	209.997	42.407	0.000	8.231	16.292	582.556
1	3	532.033	692.157	73.868	66.510	1.811	1035.799	2402.178
1	4	397.374	1114.947	114.932	47.754	25.176	0.000	1700.184
1	5	269.005	66.376	14.874	18.437	0.000	0.000	368.692
⋮	⋮	⋮	⋮	⋮	⋮	⋮	⋮	⋮
95	91	17.043	0.009	0.002	0.001	0.000	0.000	17.054
95	92	568.886	0.016	0.356	0.182	0.000	0.000	569.441
95	93	11.934	0.108	0.534	0.000	0.000	0.000	12.576
95	94	12.305	0.000	3.715	0.245	0.000	0.000	16.265
95	95	7748.792	2065.618	7899.661	440.638	130.114	4062.478	22347.300

자료 : 국가교통DB, 기종점 통행량 여객_광주광역권 PA 목적OD 자료(2016) 중 광주광역시 행정동(95) 발췌 인용 재구성

그림 4-2-5. 광주광역시 목적통행 P/A 최종자료

3) 도시생활권 나누기: 네트워크분석 및 3권역도출

가정기반과 비가정기반의 업무, 쇼핑, 기타 목적통행 P/A자료를 행정동간 사회네트워크분석(응집구조)한 결과 3권역의 도시생활권이 도출되었다.

구분	행정동(95)	비고
응집구조 · 클러스터 분석	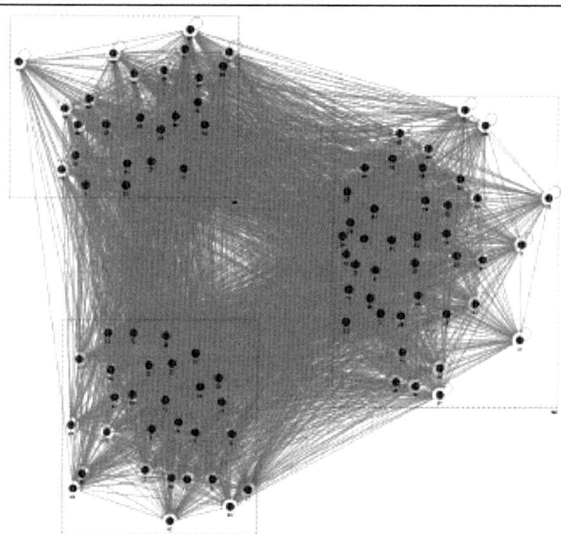	
그룹(3)	충장동, 서남동, 지원1동, 양3동, 농성1동, 유덕동, 상무1동, 상무2동, 화정3동, 화정4동, 서창동, 금호1동, 금호2동, 양림동, 월산4동, 백운1동, 효덕동, 송암동, 대촌동, 용봉동, 운암1동, 두암2동, 송정1동, 송정2동, 도산동, 신흥동, 어룡동, 광우산동, 월곡1동, 월곡2동, 하남동, 임곡동, 동곡동, 평동, 삼도동, 본량동, 첨단1동, 운남동, 신창동, 신가동, 수완동	G1(A)
	동명동, 계림2동, 산수1동, 산수2동, 지산1동, 지산2동, 학동, 학운동, 지원2동, 양동, 농성2동, 광천동, 화정1동, 풍암동, 동천동, 방림1동, 방림2동, 사직동, 월산동, 월산5동, 백운2동, 주월1동, 주월2동, 봉선1동, 봉선2동, 중앙동, 임동, 신안동, 동림동	G2(B)
	계림1동, 화정2동, 치평동, 중흥1동, 중흥2동, 중흥3동, 운암2동, 운암3동 북우산동, 풍향동, 문화동, 문흥1동, 문흥2동, 두암1동, 두암3동, 삼각동, 매곡동, 오치1동, 오치2동, 석곡동, 일곡동, 건국동, 양산동, 비아동, 첨단2동	G3(C)

자료 : NetMiner Mdoule의 커뮤니티 알고리즘(Blondel) 분석을 통한 도시생활권을 도출하여 연구자 작성

그림 4-2-6. 광주광역시 행정동 P/A자료 네트워크 분석 결과

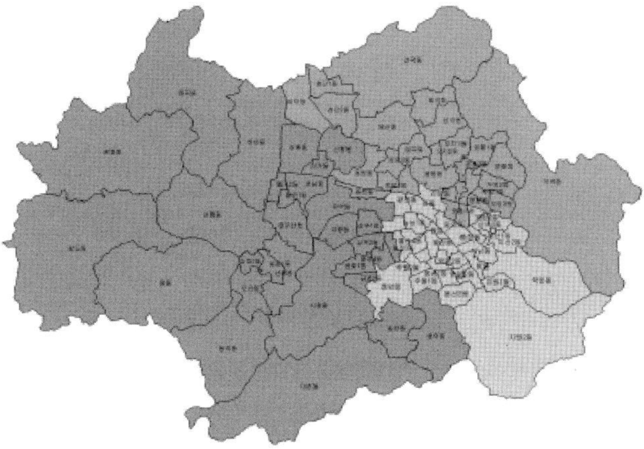

그림 4-2-7. 광주광역시 최종 3권역 도시생활권 도출

2. 종속변수 찾기: 지역 내 총생산

일정 기간 동안에 일정 지역 내에서 새로이 창출된 최종생산물가치의 합을 지역 내 총생산(GRDP: Gross Regional Domestic Product)으로 정의하였고, 지역 내 총생산(GRDP) 통계는 매년 통계청에서 작성하여 연말에 전년도의 잠정치를, 다음해에 확정치를 공표하고 있다.[2)]

1) 종속변수: 기초단체 GRDP 자료 찾기

본 연구에서는 행정동의 총부가가치를 추계하기 위해 2016년 기준의 제공하는 「광주광역시 경제활동별 지역 내 총생산」 동세자료를 활용하였다. 이 자료는 국가통계포털에서 기관별 통계에서 지방자치단체, 광주광역시 지역내 총생산으로 제공되는 경제활동별[3)] 총부가

2) 국가통계포털 kosis.kr.

3) 16개 경제활동영역: 농림어업, 광업, 제조업, 전기·가스·증기 및 수도사업, 건설업, 도매 및 소매업, 운수업, 숙박 및 음식점업, 정보 및 통신업, 금융 및 보험업, 부동산업 및 임대업, 사업서비스업, 공공행정·국방 및 사회보장행정, 교육서비스업, 보건업 및 사회복지서비스업, 문화 및 기타서비스업.

가치를 최종 활용하였다.

○ 국가통계포털 kosis.kr 〉 국내통계 〉 기관별통계 〉 광주광역시

그림 4-2-8. 기관별 통계(광주광역시)

○ 광주광역시 지역내총생산 〉 2015년 기준 〉 경제활동별 지역 내 총생산

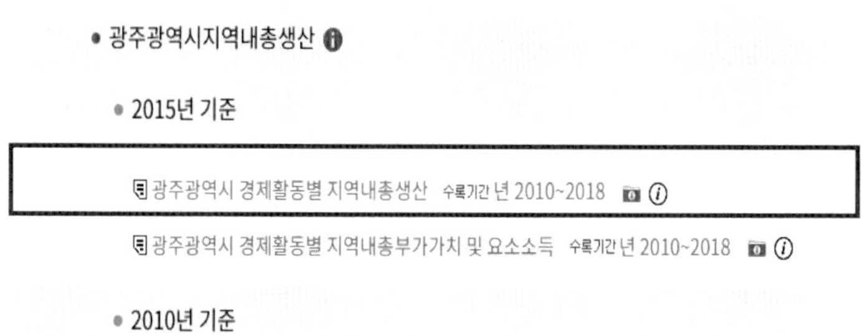

그림 4-2-9. 광주광역시 지역 내 총생산(2015년 기준)

광주광역시 경제활동별 지역내총생산

(단위 : 백만원)

시군구별	경제활동별	2016 당해년가격	2016 2015년 기준년가격(연쇄)
광주광역시	지역내총생산(시장가격)	36,819,006	35,933,462
	순생산물세	2,605,726	2,524,334
	총부가가치(기초가격)	34,213,280	33,409,128
	농업, 임업 및 어업	153,543	146,819
	광업	6,760	6,534
	제조업	9,477,332	9,145,206
	전기, 가스, 증기 및 공기 조절 공급업	324,972	330,644
	건설업	1,557,198	1,518,245
	도매 및 소매업	2,578,769	2,531,604
	운수 및 창고업	1,012,128	978,952
	숙박 및 음식점업	928,762	883,933
	정보통신업	914,561	905,321
	금융 및 보험업	2,181,257	2,174,902
	부동산업	3,277,234	3,221,165
	사업서비스업	2,886,356	2,853,798
	공공 행정, 국방 및 사회보장 행정	2,163,999	2,092,048
	교육 서비스업	2,599,506	2,558,548
	보건업 및 사회복지 서비스업	2,815,713	2,775,495
	문화 및 기타서비스업	1,335,190	1,285,914
동구	지역내총생산(시장가격)	3,261,257	3,207,496
	순생산물세	193,631	187,583
	총부가가치(기초가격)	3,067,626	3,019,913
	농업, 임업 및 어업	4,928	4,690

그림 4-2-10. 2016년 당해년 가격 통계표조회 및 다운로드

국가통계포털에서 제공하는 2016년의 「광주광역시 경제활동별 지역 내 총생산」에서, 광주광역시 자치구단위의 경제활동별(16개)로 정리하였다.

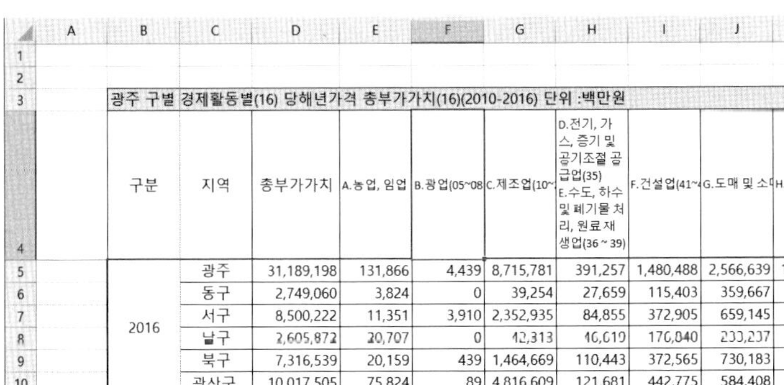

광주 구별 경제활동별(16) 당해년가격 총부가가치(16)(2010-2016) 단위 :백만원

구분	지역	총부가가치	A.농업, 임업	B.광업(05~08	C.제조업(10~	D.전기, 가스, 증기 및 공기조절 공급업(35) E.수도, 하수 및 폐기물 처리, 원료재생업(36 ~ 39)	F.건설업(41~	G.도매 및 소
2016	광주	31,189,198	131,866	4,439	8,715,781	391,257	1,480,488	2,566,639
	동구	2,749,060	3,824	0	39,254	27,659	115,403	359,667
	서구	8,500,222	11,351	3,910	2,352,935	84,855	372,905	659,145
	남구	2,605,872	20,707	0	42,313	[illegible]	170,840	233,237
	북구	7,316,539	20,159	439	1,464,669	110,443	372,565	730,183
	광산구	10,017,505	75,824	89	4,816,609	121,681	442,775	584,408

그림 4-2-11. 2016년 광주광역시 기초단체별 경제활동별 총부가가치

2) 종속변수_행정동 GRDP 추정값

본 연구에서 행정동의 지역 내 총생산을 「광주광역시 경제활동별 지역 내 총생산」의 자치구 경제활동별 총부가가치(기초가격)를 「읍면동별 산업대분류현황」의 행정동 산업대분류별 종사자수(사업체수)의 비율로 배분하여 최종 활용하였다.

행정동		총 부가가치 추정	
		종사자수비율기준	사업체수비율기준
1	충장동	1077422	1015628
2	동명동	67519.32	106678.6
3	계림1동	168481.5	176208.6
4	계림2동	73023.5	121248.6
5	산수1동	71458.95	137389.2
6	산수2동	48618.86	105801
7	지산1동	86642.4	146485.3
8	지산2동	131679.7	137520.1
9	서남동	482602.3	282530.7
10	학동	239067.4	194087.5
11	학운동	107321.1	133292
12	지원1동	72714.68	91472.32
13	지원2동	122508.1	100718
14	양동	251194.7	671747.8
15	양3동	27610.93	73242.22
16	농성1동	460740.9	394421
17	농성2동	142096.3	239247.6
18	광천동	269186.7	297473.4
19	유덕동	2085689	619530.1
20	상무1동	346271.7	478376.2

그림 4-2-12. 행정동 GRDP 추계 과정

3. 독립변수 찾기: 산업군집특성 변수 선정 및 결과

산업군집특성을 "지역화경제(규모의 외부경제)에 따른 동종산업의 특화, 도시화경제(범위의 외부경제)에 따른 이종산업의 다양화로 나타나는 집적외부경제의 산업분포특성"으로 정의하였다. 이를 측정하기 위해 지역화경제 측면에서는 산업특화도, 도시화경제 측면에서는 산업 다양성지수를 활용하여 독립변수를 도출하였다.

표 4-2-2. 독립변수: 지역화경제(특화)와 도시화경제(다양성) 측정 지표

독립변수	수 식	내 용
특화지수 (LQ)	$RZI_j = Max_i\left(\frac{S_{ij}}{S_j}\right)$	전국 대비 지역의 업종별 LQ 값 중 가장 높은 값, 지역의 상대적인 업종 특화 정도
다양화지수 (DI)	$RDI_j = \frac{1}{\sum_i \lvert S_{ij} - S_i \rvert}$	전국 대비 지역의 업종별 비중차이, 지역의 상대적인 업종 다양성 정도
S_{ij}: j지역에서 i산업이 차지하는 비율, S_i: 전국에서 i산업이 차지하는 비율		

자료: 이희연(2010), 이동희 외(2013), 이정란(2017) 측정지표 인용 재구성

1) 독립변수 원데이터 찾기

2016년을 기준으로 자치구 사업체 통계자료를 수집하여, 행정동별 인구수, 산업별 종사자수와 사업체수를 산업군집특성 변수(특화지수, 다양성지수)로 활용하였다. 광주광역시 5개 자치구 홈페이지 정보공개 등 통계자료를 공개하고 있으며, 사업체 기초통계(2016년 기준)를 찾아 다운로드 할 수 있다. 본 장에서는 광주광역시 남구 2017년 사업체 기초통계(2016년 기준) 자료를 대상으로 사례를 제시하고자 한다.

○ 광주광역시 남구 홈페이지 〉 통계자료 〉 사업체 기초통계

○ 2017년 사업체조사보고서 다운로드

그림 4-2-13. 원데이터 찾기: 사업체조사보고서 찾기

사업체구분 및 읍면동별 사업체수 종사자수(산업중분류)를 파일을 열어 산업중분류 행정동별 사업체수와 종사자수를 편집하여 분석자료로 사용한다.

그림 4-2-14. 산업 중분류 사업체수 종사자수 다운로드

2) 독립변수_LQ, DI 값 도출과정

LQ와 DI 계산식을 엑셀수식으로 작성하여 각 행정동별로 산업체수를 기준으로 산업중분류를 대상으로 LQ와 DI지수 도출 할 수 있다. 본 장에서 그 샘플이 되는 계산식을 간단하게 아래와 같이 표현하였다.

I15 =(((D5/$C5))/((D$4)/(C4)))

샘플							大 특정산업 집적				
지역	전체	산업A	산업B	산업C	산업D	산업E	산업A	산업B	산업C	산업D	산업E
광주	1000	500	200	150	100	50					
가	100	70	10	10	5	5	1.400	0.500	0.667	0.500	1.000
나	100	10	10	5	5	70	0.200	0.500	0.333	0.500	14.000
다	100	40	40	10	5	5	0.800	2.000	0.667	0.500	1.000
라	100	10	5	5	40	40	0.200	0.250	0.333	4.000	8.000
마	100	49	20	15	10	6	0.980	1.000	1.000	1.000	1.200
바	100	20	20	20	20	20	0.400	1.000	1.333	2.000	4.000

그림 4-2-15. 행정동별 LQ값 도출 샘플 예시

I5 =ABS((D5/$C5)-(D$4/C4))

	샘플							小 동종집적, 大 이종집적				
	지역	전체	산업A	산업B	산업C	산업D	산업E	산업A	산업B	산업C	산업D	산업E
전지역	광주	1000	500	200	150	100	50					
j지역	가	100	70	10	10	5	5	0.200	0.100	0.050	0.050	0.000
	나	100	10	10	5	5	70	0.400	0.100	0.100	0.050	0.650
	다	100	40	40	10	5	5	0.100	0.200	0.050	0.050	0.000
	라	100	10	5	5	40	40	0.400	0.150	0.100	0.300	0.350
	마	100	49	20	15	10	6	0.010	0.000	0.000	0.000	0.010
	바	100	20	20	20	20	20	0.300	0.000	0.050	0.100	0.150

그림 4-2-16. 행정동별 DI값 도출 샘플 예시

3) 독립변수 결과

산업중분류 19개를 선행연구를 통헤 6개 그룹으로 분류하여 행정동별로 기간제조업, 지식제조업, 인프라산업, 지식서비스산업, 유통서비스산업, 공공서비스산업으로 LQ와 DI지수를 도출하였다. 본장에서는 충장동의 기간제조업을 대상으로 LQ지수를 도출하는 값을 제시하였으며, 〈그림 4-2-16〉의 DI 샘플 도출식을 활용하여 DI값도 도출하면 된다.

	A	B	C	D	E	F	J	K	L	M
200										
201			TT	기간제조업 (10종)	지식제조업 (14종)	인프라산업(4종	기간제조업 (10종)	지식제조업 (14종)	인프라산업(4종	지식서비스산업(21종)
202		LQ	전산업	C(13,14,15,20,24,28,29,30,31,32)	C(10,11,12,16,17,18,19,21,22,23,,25,26,27,33)	D.전기, 가스, 증기 및 수도 사업 (35 ~ 36) F.건설업 (41 ~ 42)	C(13,14,15,20,24,28,29,30,31,32)	C(10,11,12,16,17,18,19,21,22,23,,25,26,27,33)	D.전기, 가스, 증기 및 수도 사업 (35 ~ 36) F.건설업 (41 ~ 42)	E.하수·폐기물 처리, 원료 재생 및 환경복원업 (37 ~ 39) G.도매 및 소매업(45~47) J.출판, 영상, 방송통신 및 정보
203			585078	46502	37842	5323				
204		충장동	25532	405	307	184	0.200	0.186	0.792	1.089
205		동명동	2015	27	52	161	0.189	0.399	0.878	1.054
206		계림1동	4754	41	89	251	0.109	0.289	0.580	1.336

그림 4-2-17. 행정동별 기간제조업의 LQ값 도출 예시

4. 통제변수 찾기: 노동·자본·기술·도시공간요소

본 연구에서 도시생활권 지역 내 총생산에 영향을 미치는 산업군집 특성을 측정하기 위해 생산함수의 변수 중에 지역화경제요소와 도시화경제요소를 제외한 노동요소, 자본요소, 기술요소, 도시공간요소를 통제변수로 설정하였다. 각 통제변수의 설명은 다음 표와 같다.

표 4-2-3. 통제변수: 노동, 자본, 기술, 도시공간요소

통제변수		변수설명
노동요소 (사업체 생산력)		종사자수/사업체수 *행정동별 비중 추정
자본요소 (행정동 자본량)		1인당 지방세액×주민등록인구 *기초단체별 지방세액을 행정동별로 추정
기술요소 (산업집적 규모)		(종사자수/인구)×(사업체수/면적) *각 행정동별 비중 추정
공간요소	형태적 공간 (균등분포)	(1/허쉬만-허핀달 지수) *행정동별 산업대분류 사업체수 기준
	기능적 공간 (커뮤니티중심성)	총 목적통행량의 Community Centrality *목적통행량의 사회네트워크분석

자료출처: 저자 작성

공간요소 형태적 공간균등분포를 사례로 충장동의 산업체 수를 샘플로 허쉬만-허핀달 지수를 도출하는 과정을 다음과 같이 제시하였다. 아래와 같이 엑셀 수식을 통해 각 통제변수들을 도출하여 최종 분석에 사용하였다.

구분		순위정렬	점유율	엔트로피		HHI
산출식		내림차 정렬	$Si = \frac{qi}{Q}$	$E = -\sum_{i=1}^{N} Si * log_{10}Si$		$H = \sum_{i=1}^{N}(Si)^2$
연번	산업분류(19개)	Xi(사업체)	Si	$log_{10}(Si)$	Si x $log_{10}(Si)$	$(Si)^2$
1	도매 및 소매업(45~47)	2491	0.431	-0.366	-0.158	0.186
2	숙박 및 음식점업 (55 ~ 56)	927	0.160	-0.795	-0.127	0.026
3	협회 및 단체, 수리 및 기타 개인 서비스업(94~96)	543	0.094	-1.027	-0.096	0.009
4	제조업 (10 ~ 33)	347	0.060	-1.222	-0.073	0.004
5	금융 및 보험업 (64 ~ 66)	224	0.039	-1.412	-0.055	0.002
6	교육 서비스업(85)	216	0.037	-1.428	-0.053	0.001
7	전문, 과학 및 기술 서비스업 (70 ~ 73)	185	0.032	-1.495	-0.048	0.001
8	부동산업 및 임대업 (68 ~ 69)	181	0.031	-1.504	-0.047	0.001
9	사업시설관리 및 사업지원 서비스업 (74 ~ 75)	161	0.028	-1.555	-0.043	0.001
10	예술, 스포츠 및 여가관련 서비스업(90~91)	151	0.026	-1.583	-0.041	0.001
11	보건업 및 사회복지 서비스업(86~87)	101	0.017	-1.758	-0.031	0.000
12	운수업(49~52)	91	0.016	-1.803	-0.028	0.000
13	출판, 영상, 방송통신 및 정보서비스업 (58 ~ 63)	77	0.013	-1.876	-0.025	0.000
14	건설업 (41 ~ 42)	74	0.013	-1.893	-0.024	0.000
15	공공행정, 국방 및 사회보장 행정(84)	10	0.002	-2.762	-0.005	0.000
16	전기, 가스, 증기 및 수도사업 (35 ~ 36)	3	0.001	-3.285	-0.002	0.000
17	농업, 임업 및 어업 (01 ~ 03)	0	0.000	0.000	0.000	0.000
18	광업 (05 ~ 08)	0	0.000	0.000	0.000	0.000
19	하수 · 폐기물 처리, 원료재생 및 환경복원업 (37 ~ 39)	0	0.000	0.000	0.000	0.000
Total		5782			0.857	0.231

그림 4-2-18. 행정동 허쉬만-허핀달 지수 도출 예시

5. 공간회귀 최종변수

본 연구에서 도시생활권 지역 내 총생산과 산업군집특성에 대한 공간회귀분석을 위해 다음과 같은 최종변수를 사용하였다. 종속변수는 지역 내 총생산(GRDP), 통제변수로는 노동요소(사업체 생산력), 자본요소(행정동 자본량), 기술요소(산업집적 규모 CI), 도시공간요소(균등분포, 커뮤니티 중심지수), 독립변수로는 6개산업그룹의 산업특화성(LQ), 산업다양성(DI)을 사용하였다.

구분	변수명		단위	변수설명	참고연구
종속변수	지역내총생산(GRDP)		백만원	ln(행정동 총생산(GRDP))(2016)	김민곤(2019) 이영성(2008)
통제변수	사업체생산력 (노동요소)		비율	ln(종사자수/사업체수)(2016)	문동진외 (2014)
	행정동 자본량 (자본요소)		천원	ln(1인당 지방세액X주민등록인구)(2016)	문동진(2016)
	산업집적 규모 (기술요소)		지수	ln((종사자수 비중/인구비중)X(사업체수 비중/면적 비중))(2016)	김민곤(2019) 이동희(2013)
	균등분포 (형태적 도시공간)		지수	ln(1/산업 대분류 사업체수 허쉬만-허핀달지수(2016))	이정란(2017) 정민철(2016)
	커뮤니티 중심성 지수 (기능적 도시공간)		지수	총 목적통행량(PA)의 Community Centrality(2016)	임재빈(2008) 이세원(2015)
독립변수	산업 입지 패턴	산업 특화성 (지역화경제)	지수	ln(산업 대분류 산업별 종사자수 LQ계수(2016))	이희연(2010) 조은설(2014) 이정란(2015)
			지수	ln(산업 중분류 기간제조업 종사자수 LQ계수(2016))	
			지수	ln(산업 중분류 지식제조업 종사자수 LQ계수(2016))	
			지수	ln(산업 중분류 인프라산업 종사자수 LQ계수(2016))	
			지수	ln(산업 중분류 지식서비스업 종사자수 LQ계수(2016))	
			지수	ln(산업 중분류 유통서비스업 종사자수 LQ계수(2016))	
			지수	ln(산업 중분류 사회서비스업 종사자수 LQ계수(2016))	
		산업 다양성 (도시화경제)	지수	ln(산업 대분류 산업별 종사자수 DI계수(2016))	
			지수	ln(산업 중분류 기간제조업 종사자수 DI계수(2016))	
			지수	ln(산업 중분류 지식제조업 종사자수 DI계수(2016))	
			지수	ln(산업 중분류 인프라산업 종사자수 DI계수(2016))	
			지수	ln(산업 중분류 지식서비스업 종사자수 DI계수(2016))	
			지수	ln(산업 중분류 유통서비스업 종사자수 DI계수(2016))	
			지수	ln(산업 중분류 사회서비스업 종사자수 DI계수(2016))	

자료: 선행연구를 통한 본 연구의 주요변수(종속변수, 통제변수, 독립변수)를 정리하여 연구자 작성

그림 4-2-19. 공간회귀분석 최종변수

4-3 방법론 이해하기

1. 공간회귀 분석

1) 공간 데이터의 특성

공간데이터가 가지고 있는 가장 두드러진 특징은 공간적 자기상관성이다. 즉, 공간적으로 인접해 있을수록 유사한 특성을 지니게 되고 상관성이 높아지는 것이다. 공간적 자기상관성을 측정하는데 중요한 점은 공간적 인접성(spatial neighborhood)에 대한 정의와 측정방법이다. 일반적인 공간적 인접성은 특정지점(point)으로부터 일정거리(임계치 거리)내에 위치한 모든 지역으로 단순하게 정의되거나 특정지역에 가장 가까이 위치한 n개의 지역으로 단순하게 정의된다. 또한 면(polygons) 데이터의 경우 지역들이 물리적 인접성을 토대로 측정될 수 있다(이희연·노승철, 2012).

2) 공간계량모델 개념

공간계량모델(spatial econometrics models)은 어떤 특정한 현상의 공간분포와 그러한 공간분포 패턴에 영향을 미치는 요인들을 분석하는데 있어서 공간 데이터가 갖는 공간 효과를 통제함으로 모델의 추정결과에 대한 신뢰도를 높이고자 하는 모델이라고 볼 수 있다. 공간계량모델도 기본적으로는 선형 회귀모델이므로, 매우 차별적인 공간패턴을 보이고 있는 종속변수의 분산에 영향을 미치는 설명력이 높은 설명변수들을 추출하는 것이다. 공간적 자기상관을 통제하는 공간회귀모델의 대표적인 것은 공간시차모델, 공간오차모델이 있다. 공간적

이질성 문제를 다루는 모델로는 공간확장모델, 공간체제모델, 지리가중회귀모델 등이 있다(이희연·노승철, 2012).

2. 공간가중행렬과 모델

1) 공간가중행렬(spatial weighted matrix)의 개념과 구축

공간상에서의 이웃관계는 공간가중행렬을 통해 구조화된다. 공간가중행렬은 연구대상지역 내 다수의 지점들이 서로 공간적으로 인접하고 있는 가를 파악할 수 있는 행렬을 의미한다. 공간적 인접도나 인접거리로 나타내는 공간 가중치 W(n×n)은 점 또는 지역들 간의 잠재적 상호작용의 강도를 의미한다. 공간가중행렬을 구축하는 경우 공간인접성(spatial contiguity)을 기준으로 행렬을 구축하는 방법과 공간 거리(spatial distance)를 기준으로 하는 방법이 있다. 먼저 공간인접성을 기준으로 공간가중행렬을 구축에도 두 지역의 경계선(변)이 공유되는 경우(Rook방법), 두 지역이 모서리를 공유하는 경우(Bishop방법) 두 지역이 변 또는 모서리를 공유는 경우(Queen방법)가 있다(이희연·노승철, 2012).

2) 공간시차모델

공간시차모델(spatial lag model)은 종속변수가 공간적 자기상관성을 갖고 있는 경우 사용된다. 공간시차모델의 기본개념은 인접한 지역의 관측치에 대한 영향력을 통제하기 위해서 주변지역들이 종속변수에 미치는 영향력을 변수화하여 새로운 설명변수로 회귀모델에 추가로 투입하는 모델이라고 할 수 있다. 즉, 인접 관측치와의 관계를 모델에 추가하여 주변에 이웃하는 지역들에 대한 평균치를 공간가중행렬로 구축하는 것이다. 따라서 해당지역에서 나타나고 있는 특정한 현상은 그 지역 내에의 다른 요인들에 의해 영향을 받거나 또는 이웃하는 주변지역으로부터 영향을 받아 변화될 수 있음을 내포한다(이희연·노승철, 2012).

3) 공간오차모델

공간오차모델(spatial error model)은 오차에서 공간적 자기상관성이 존재하는 경우 활용된다. 오차의 공간적 자기상관은 공간 데이터를 구축하는 경우 빈번한 문제이다. 오차에서 공간적 자기상관성이 발생하는 이유는 여러 가지이다. 공간오차모델의 개념은 오차들 사이에 존재하는 공간 종속성을 통제하기 위해 각각의 오차 공분산을 만들어서 회귀모델 내에서 공간적 상호작용의 영향을 고려하는 것이다. 이와 같이 공간오차모형의 경우 독립변수가 주변지역의 독립변수들의 영향을 받는 공간적 종속성을 제어하기 위해 오차항에 공간가중치 행렬을 추가하는 것이다(이희연·노승철, 2012).

4-4 GeoDa 사례보기

이번 장에서는 공간회귀모델 실습을 GeoDa를 활용해 공간시차모델과 공간오차모델 실행해보자. 본 장에서는 GeoDa프로그램을 활용하여 도시재생사업계획 수립 시 고려해야하는 지역산업군을 도출한 사례를 보고자 한다.

따라서, 본 실습내용은 A지역의 산업군집 특성이 지역 내 총생산에 미치는 공간적 영향관계 분석을 실행하고자 한다. 여기서 독립변수 선정에 대한 이론적 배경이나 변수 측정에 대한 설명보다는 공간회귀모델의 실행 과정을 보고자 한다.

1. GeoDa프로그램 설치 및 데이터 구축

본 실습에서는 도시생활권의 지역 내 총생산에 영향을 미치는 산업군집 특성을 각 도시생활권 인접지역의 영향을 통제하여 공간적 영향을 분석하는 사례를 GeoDa프로그램을 활용하여 살펴보고자 한다.

1) GeoDa 프로그램설치

실습을 위해 GeoDa 프로그램을 다운받아 설치해보도록 하자. GeoDa 프로그램은 공간 데이터를 분석하기 위해 Lus Anselin 교수에 의해 만들어졌으며, 입력된 공간 데이터를 통해 기술적 통계분석에서부터 공간계량모델까지 분석이 가능하다.

GeoDa프로그램은 http://geodacenter.github.io 에서 다운받아 사용할 수 있다.

○ http://geodacenter.github.io 클릭하여 Download 클릭

○ Download For windows 클릭

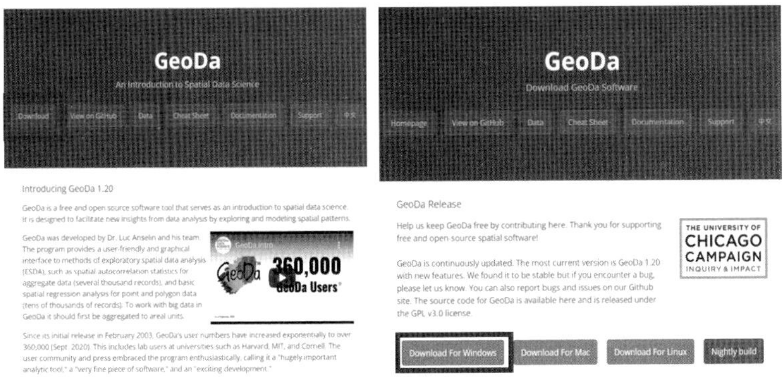

그림 4-4-1. GeoDa 프로그램 다운로드

○ 최신 혹은 원하는 버전을 찾아 클릭하여 다운로드

○ 본 실습은 GeoDa 1.14 버전을 활용하여 실행

그림 4-4-2. GeoDa 버전선택 및 설치실행

2) 데이터 구축

GeoDa 프로그램은 공간 데이터를 분석하기 때문에 지리적 위치를 알 수 있는 공간정보가 필요하다. 따라서 분석하고자 하는 데이터의 속성데이터와 각 지역의 행정경계를 나타내는 공간데이터가 함께 연계된 데이터 구축이 반드시 필요하다. shp파일은 공간데이터로 행정동이 표시된 지도파일이며, dbf 파일은 각 종속변수와 독립(통제)변수들인 속성데이터 파일이다.

구분	변수명		변수설명(2016년 기준)	GeoDa 분석변수명
종속변수	지역내총생산(GRDP)		ln(행정동 총생산(GRDP))	ln_V_P
통제변수	사업체생산력(2016) (기술요소)		ln(종사자수/사업체수)	ln_P/C
	행정동 자본량(2016) (자본요소)		ln(1인당 지방세액X주민등록인구)	ln_incom
	산업집적 규모(2016) (규모경제)		ln((종사자수 비중/인구비중)X(사업체수 비중/면적 비중))	ln_CI
	형태적	균등분포 (2016)	ln(1/산업 대분류 사업체수 허쉬만-허핀달지수(2016))	ln_1/HHI_C
	기능적	커뮤니티 중심성 지수 (2016)	총 목적통행량(PA)의 Community Centrality(2016)	ln_TT_CC
독립변수	산업입지패턴	산업 특화성 (지역화경제)	ln(산업 대분류 산업별 종사자수 LQ계수)	ln_IB_P_ML
			ln(산업 중분류 기간제조업 종사자수 LQ계수)	ln_G1_LQ_P
			ln(산업 중분류 지식제조업 종사자수 LQ계수)	ln_G2_LQ_P
			ln(산업 중분류 인프라산업 종사자수 LQ계수)	ln_G3_LQ_P
			ln(산업 중분류 지식서비스업 종사자수 LQ계수)	ln_G4_LQ_P
			ln(산업 중분류 유통서비스업 종사자수 LQ계수)	ln_G5_LQ_P
			ln(산업 중분류 사회서비스업 종사자수 LQ계수)	ln_G6_LQ_P
		산업 다양성 (도시화경제)	ln(산업 대분류 산업별 종사자수 DI계수)	ln_IB_P_RD
			ln(산업 중분류 기간제조업 종사자수 DI계수)	ln_G1_DI_P
			ln(산업 중분류 지식제조업 종사자수 DI계수)	ln_G2_DI_P
			ln(산업 중분류 인프라산업 종사자수 DI계수)	ln_G3_DI_P
			ln(산업 중분류 지식서비스업 종사자수 DI계수)	ln_G4_DI_P
			ln(산업 중분류 유통서비스업 종사자수 DI계수)	ln_G5_DI_P
			ln(산업 중분류 사회서비스업 종사자수 DI계수)	ln_G6_DI_P

자료: 연구자 작성

그림 4-4-3. GeoDa 분석변수명 설정

속성데이터, 종속변수는 A생활권의 지역 내 총생산[4]이며, 독립변수는 A생활권의 산업군집특성[5]으로 LQ지수(동종산업의 특화성), DI지수(이종산업의 다양성)이다. 통제변수는 기술요소(종사자수/사업체수), 자본요소(지방세액×생산인구), 규모경제(산업집적 CI지수), 형태적 균등분포(1/HHI), 기능적 커뮤니티 중심지수이다.

	A	B	C	D	E	F	G	H	I	J	K
1	N	Z	URZ	TT_BSO(3)	ln_V_P	ln_P/C	ln_incom	ln_CI	ln_1/HHI_(	ln_TT_CC	n_IB_P_ML(
2	1	충장동	1	2	13.890	1.485	15.538	5.766	1.465	-2.596	1.414
3	2	동명동	1	2	11.120	1.116	15.529	1.995	1.859	0.510	1.051
4	3	계림1동	1	3	12.035	1.41	15.948	2.617	1.642	0.353	1.401
5	4	계림2동	0	2	11.199	1.024	16.272	1.065	1.847	0.193	0.937
6	5	산수1동	1	2	11.177	0.906	15.936	1.333	1.872	0.224	0.794
7	6	산수2동	1	2	10.792	0.787	16.395	-0.033	2.038	0.526	0.862
8	7	지산1동	1	2	11.370	1.116	15.596	1.582	1.757	0.106	2.569
9	8	지산2동	0	2	11.788	1.68	15.746	0.578	1.983	0.063	2.538
10	9	서남동	1	2	13.087	2.012	15.303	3.804	1.946	-2.596	1.030
11	10	학동	1	2	12.385	1.609	15.954	2.177	1.548	-0.609	1.547
12	11	학운동	1	2	11.584	1.265	16.594	-1.796	1.850	0.176	1.327
13	12	지원1동	1	2	11.194	1.398	16.065	-0.154	2.091	0.595	1.112
14	13	지원2동	0	2	11.716	1.672	16.340	-3.088	1.810	0.617	2.273
15	14	양동	1	2	12.434	1.115	15.379	3.365	0.930	-0.452	1.605
16	15	양3동	0	2	10.226	0.965	15.476	-0.584	1.932	0.841	1.027
17	16	농성1동	1	2	13.041	2.138	15.962	2.509	2.141	-0.186	1.807
18	17	농성2동	1	2	11.864	1.41	15.580	1.998	1.978	0.581	2.916
19	18	광천동	0	2	12.503	1.842	16.124	1.807	1.902	-2.596	1.256
20	19	유덕동	0	1	14.551	2.665	16.279	0.884	2.041	0.019	1.809
21	20	상무1동	0	1	12.755	1.488	17.003	1.688	1.979	-2.596	1.056
22	21	상무2동	1	1	13.051	1.641	17.095	1.241	2.011	-0.526	1.870

그림 4-4-4. 속성데이터: 종속변수, 독립변수, 통제변수

4) 기초자치단체 경제활동별 GRDP(2016) 활용하여 산업대분류의 종사자수 비중으로 행정동 지역 내 총생산을 추계함.

5) 산업 중분류 99개 산업분류체계를 중심으로 산업집적활성화기본계획을 고려하여 최종 6개 산업군으로 재분류하였다.

공간데이터는 광주광역시 95개 행정동[6]간 발생하는 목적통행량(PA)[7]을 사회네트워크 분석[8]을 통해 3개 권역의 공간 데이터(shp파일)로 도출하여 원도심권역의 공간데이터만 사용하였다.

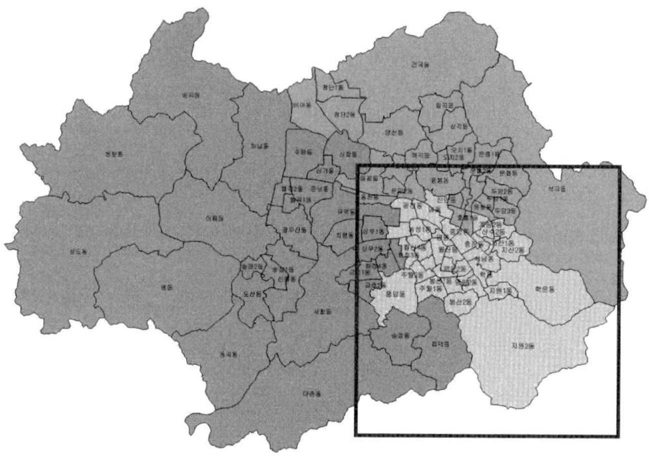

그림 4-4-5. 광주광역시 도시생활권 3권역(원도심권역)

3) 속성과 공간데이터 연계 구축

GeoDa는 공간데이터를 분석하기 때문에 표준들의 지리적 위치를 알 수 있는 공간정보가 필요하다. 공간회귀모델을 추정하기 위해서는 사용하던 테이블 속성자료와 각 지역의 행정경계를 나타내는 공간데이터가 함께 연계되어 있는 파일을 사용한다. 본 실습에서는 QGIS 프로그램을 활용하여 shape파일을 구축하여 사용하였다.

---

6) 행정동 공간데이터.

7) 2016년 광주광역권 목적통행 PA자료(국가교통DB) 재구성.

8) NetMiner 4의 응집구조 분석으로 3권역 도시생활권 추출.

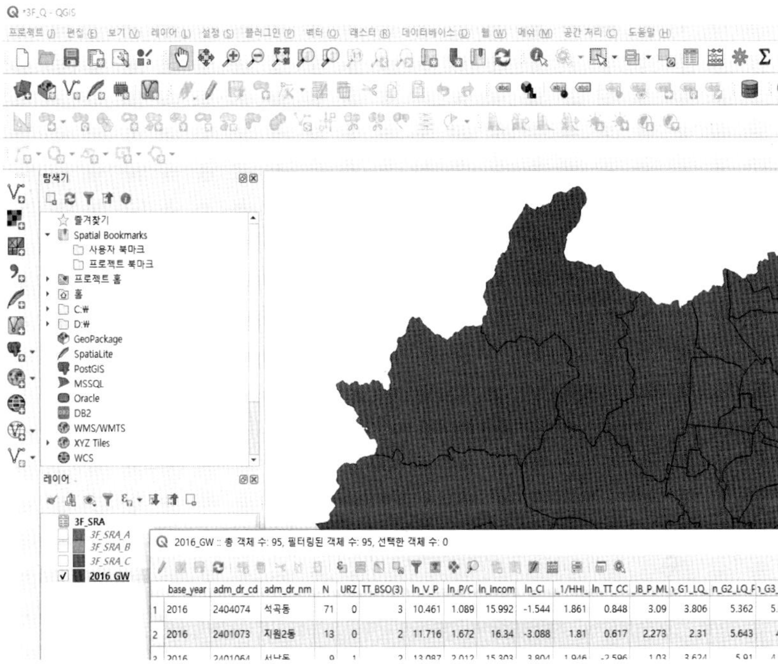

그림 4-4-6. QGIS를 활용한 속성과 공간데이터 결합

2. 데이터 불러오기 및 공간가중행렬 구축

1) 데이터 불러오기

GeoDa 프로그램에서 지도와 함께 속성데이터를 불러오기 위해서는 shp파일, dbf파일, shx파일, 세 개의 파일이 한 폴더안에 있어야만 한다. shp파일은 공간데이터로 지도파일이며, dbf파일은 지역에 대한 종속변수와 설명변수들로 속성데이터이며, shx파일은 각 지역의 인덱스(index)파일로 shp파일과 dbf파일을 연결시키기 위한 파일이다.

그림 4-4-7. 메뉴바, 파일오픈창, 버전확인

File → Drop files here 창에 불러올 데이터를 드러그해서 넣으면 활성화 된다. 이미 작성된 실습데이터 파일을 드러그해서 넣으면 지도가 나타난다. 여기서 GeoDa에서는 파일경로에 한글이 있으면 인식을 하지 못하기 때문에 폴더 이름과 파일이 저장된 경로는 모두 영문으로 바꾸어야 한다.

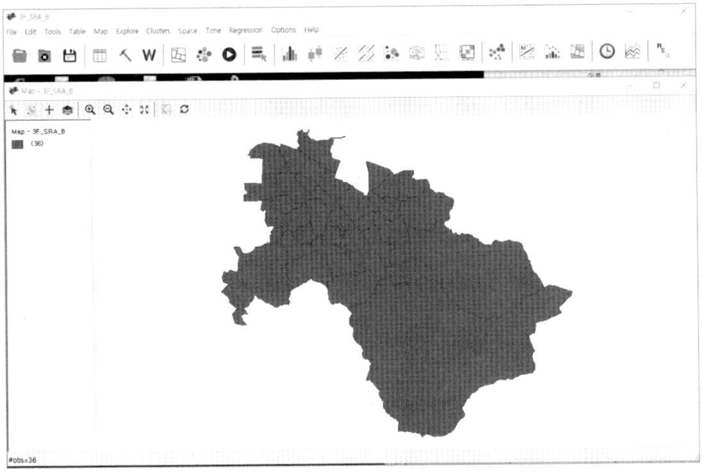

그림 4-4-8. shape파일 로딩_원도심 지역

불러온 데이터의 속성자료의 내용을 확인하기 위해 테이블 아이콘을 클릭하면 해당자료를 확인할 수 있다.

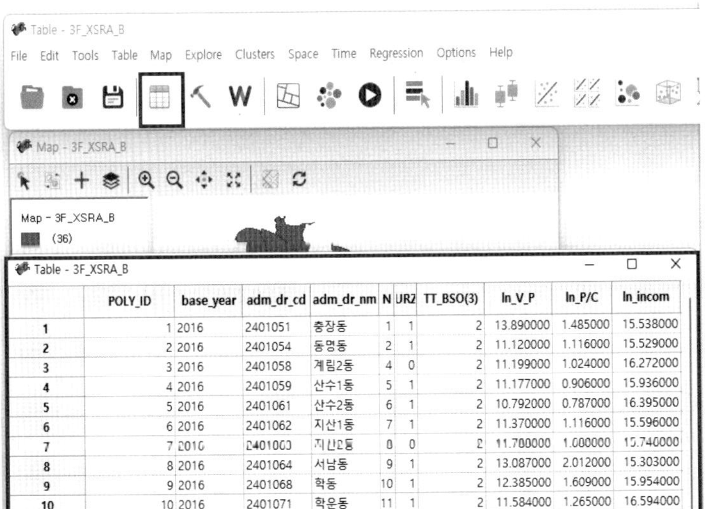

	POLY_ID	base_year	adm_dr_cd	adm_dr_nm	N	URZ	TT_BSO(3)	ln_V_P	ln_P/C	ln_incom
1	1	2016	2401051	충장동	1	1	2	13.890000	1.485000	15.538000
2	2	2016	2401054	동명동	2	1	2	11.120000	1.116000	15.529000
3	3	2016	2401058	계림2동	4	0	2	11.199000	1.024000	16.272000
4	4	2016	2401059	산수1동	5	1	2	11.177000	0.906000	15.936000
5	5	2016	2401061	산수2동	6	1	2	10.792000	0.787000	16.395000
6	6	2016	2401062	지산1동	7	1	2	11.370000	1.116000	15.596000
7	7	2016	2401063	지산2동	8	0	2	11.700000	1.000000	15.740000
8	8	2016	2401064	서남동	9	1	2	13.087000	2.012000	15.303000
9	9	2016	2401068	학동	10	1	2	12.385000	1.609000	15.954000
10	10	2016	2401071	학운동	11	1	2	11.584000	1.265000	16.594000

그림 4-4-9. 공간과 속성데이터가 결합된 파일 확인

2) 공간가중행렬 구축

지역 간 인접관계를 정의하는 공간 가중행렬(spatial weight matrix)의 구축은 어느 정도 군집된 패턴에 대한 공간적 자기상관성을 측정하는데 필요하다. 공간가중행렬 구축 방법에는 크게 인접성, 거리, 가장 이웃하는 지점의 수를 기준으로 구축하는 방법이 있다.

공간가중행렬을 만들기 위해서 Tools → Weights Manager → Create를 차례로 클릭 or Create weights 아이콘을 클릭하면 Weights File creation 대화창이 나타난다. 대화창에서 'Input shape'의 오른쪽 '열기'를 클릭하여 해당 지도파일을 선택한다.

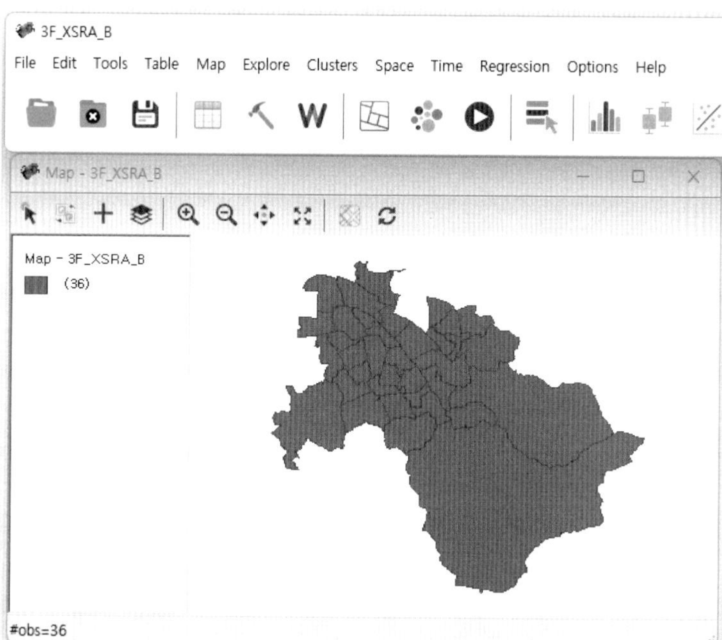

그림 4-4-10. 지도파일 선택_파일열기

각 지역에 대한 고유 ID를 부여하여야 한다. 이를 위해 Weights File ID Variable에서 드롭다운 버튼을 클릭하여 지역을 구분하는 'ID'변수를 선택하여야 한다. ID가 인식이 안되는 경우, Add new id variable에서 ID변수이름 입력한 뒤 Save to DBF file를 클릭하고 저장 확인 메시지가 나오면 '예', '확인'을 차례로 클릭하여 ID가 데이터 테이블에 새로운 열(column)로 저장되도록 한다.

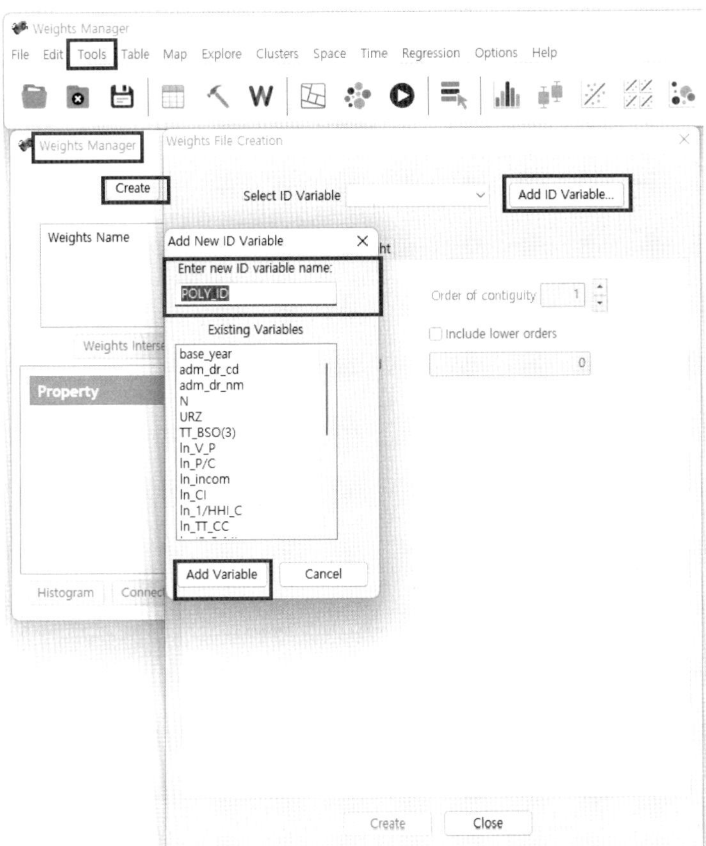

그림 4-4-11. 지역 고유 ID 생성

공간가중행렬 구축방법은 크게 인접성(CONTIGUITY WEIGHT), 거리(DISTANCE WEIGHT), 가장 이웃하는 지점의 수(K-nearest Neighbors)의 3가지 선택방법이 있다.

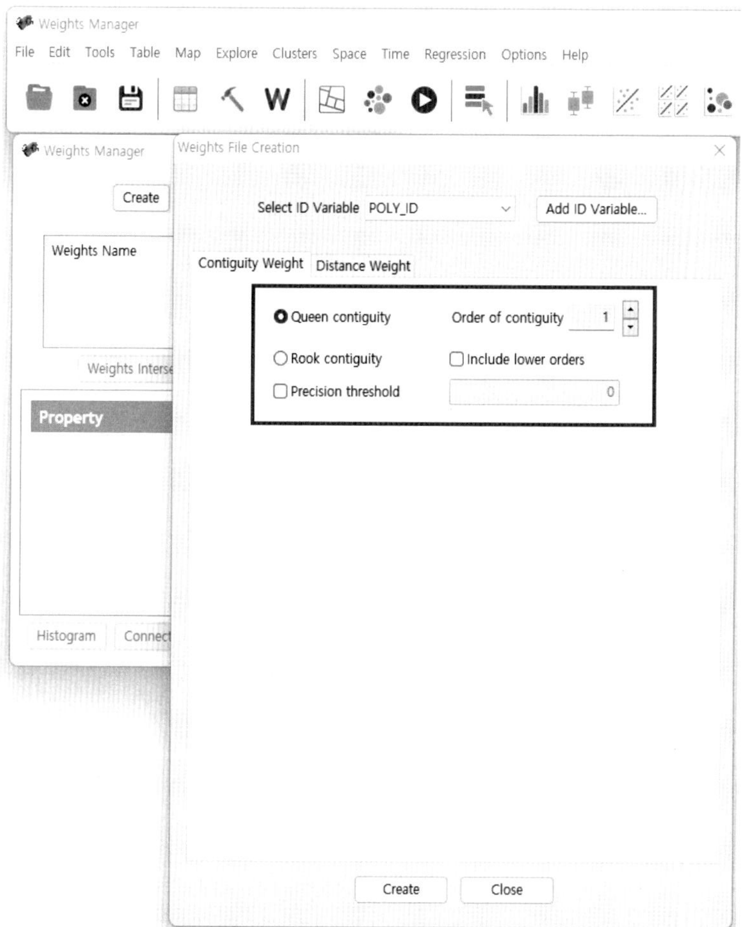

그림 4-4-12. 공간가중행렬 구축 실행 메뉴 3가지

CONTIGUITY WEIGHT는 인접지역을 선택하는 것으로 지역 간 경계선의 인접 여부를 기준으로 한다. CONTIGUITY WEIGHT 방법에도 인접지역 선택방법으로 ROOK과 QUEEN방법으로 선택할 수 있다. 또한 The order of contiguity는 인접 차수를 말한다. 인접차수 1은 지역과 직접 경계선을 공유하고 있는 지역만 선택하는 방법이며, 인접차수 2는 직접적으로 인접한 지역에 인접한 지역까지 선택한다.

DISTANCE WEIGHT는 지역의 중심점으로부터 거리를 측정하여 인접지역을 선택한다. K-nearest Neighbors는 지역으로부터 가장 가까운 지점의 수를 연구자가 미리 설정하고 그 지역 수 만큼을 인접지역으로 선택한 것이다.

본 실습에서는 행정동 간 목적통행량(PA)의 응집구조·클러스터 분석을 통해 생활권을 도출하였기 때문에, 공간가중행렬 구축은 인접지역을 선택하는 DISTANCE WEIGHT 방법을 사용하였다. DISTANCE WEIGHT방법의 경우 지역 간 영향력이 미치는 최대거리를 의미하는 임계거리(Threshold Distance)의 결정이 중요하다.

○ Input Shape File에 해당 파일을 선택 → POLY_ID를 설정 → Threshold Distance 앞에 버튼을 클릭 → 거리가중행렬을 설정할 수 있는 창이 활성화 됨

GeoDa 프로그램은 자동적으로 각 지역별 중심점(centroid)의 X, Y 좌표를 생성하고 이를 이용하여 중심점 간 거리를 계산하여 지역 간 거리 행렬을 생성한다. 임계거리가 설정되면 Create 버튼 클릭하여 확장자 gwt인 공간가중행렬 파일을 저장하고 메모장을 열어 내용을 확인할 수 있다.

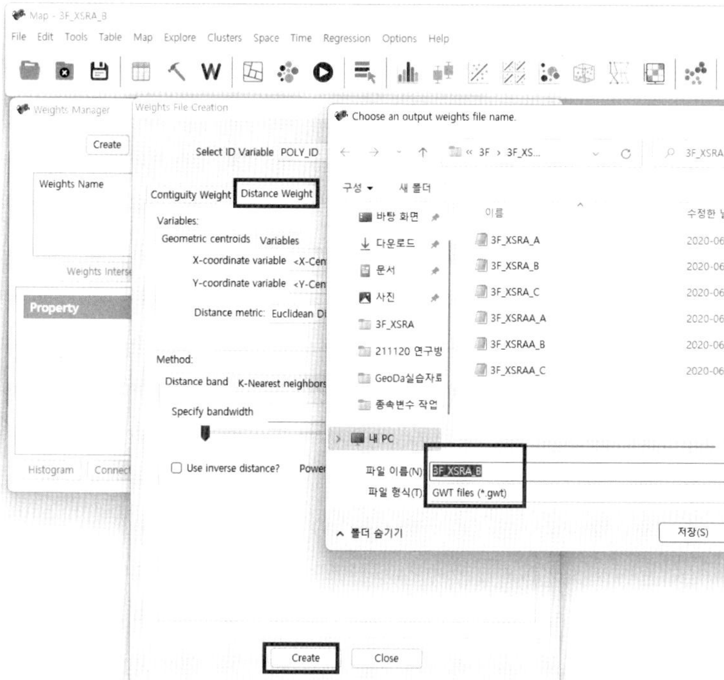

그림 4-4-13. DISTANCE WEIGHT방법으로 공간가중행렬 생성

3. 공간회귀모델 추정 및 비교

도시생활권 공간회귀분석은 유의성이 높은 공간오차모델(Spatial error)모형으로 최종 분석하였고, 이는 GeoDa프로그램을 활용하여 선형회귀모델(OLS), 공간시차모델(Spatial lag), 공간오차모델(Spatial error)을 비교하여 선택한 최종모델이다.

GeoDa 프로그램을 실행시키면 메뉴바(bar)만 나타난다. 회귀모델을 실행하기 위해서는 'Methods'메뉴를 선택하면 'regress'메뉴가 나타난다. Regression 대화창에서 Weight Files은 구축한 공간가중행렬을 입력하는 곳이다. Regression 창에서 Weight Files 옆에 있는 열기버튼 클릭,

미리 구축한 공간가중행렬을 불러들인 후, OLS 선형 회귀모델과 공간회귀모델(공간시차모델, 공간오체모델)을 비교하기 위해 Models 메뉴에서 Classic, Spatial Lag, Spatial Error를 각각 차례로 선택하여 Run 하면 바로 결과창에 추정결과를 구할 수 있다.

1) OLS 선형 회귀모델 추정

○ Regression → Weight File 열기 (공간가중행렬 입력) → Classic 클릭 → Run → 저장

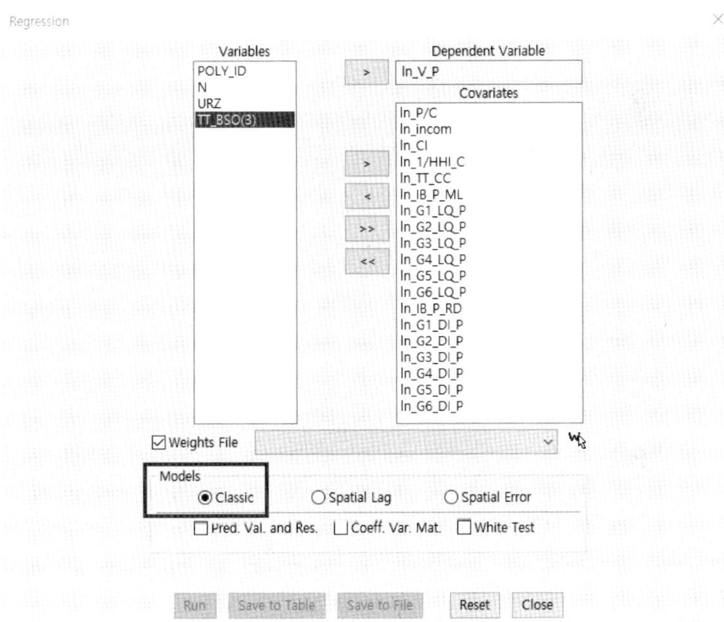

그림 4-4-14. Regression_Classic

```
REGRESSION
----------
SUMMARY OF OUTPUT: ORDINARY LEAST SQUARES ESTIMATION
Data set            :  3F_XSRA_B
Dependent Variable  :      ln_V_P  Number of Observations:  36
Mean dependent var  :    11.9058  Number of Variables   :  20
S.D. dependent var  :   0.772527  Degrees of Freedom    :  16

R-squared           :   0.946179  F-statistic           :     14.8044
Adjusted R-squared  :   0.882267  Prob(F-statistic)     :8.27157e-007
Sum squared residual:    1.15632  Log likelihood        :     10.8072
Sigma-square        :  0.0722701  Akaike info criterion :     18.3857
S.E. of regression  :   0.268831  Schwarz criterion     :      50.056
Sigma-square ML     :    0.03212
S.E of regression ML:   0.179221

-----------------------------------------------------------------------
       Variable     Coefficient     Std.Error    t-Statistic  Probability
-----------------------------------------------------------------------
         CONSTANT    0.0583016      3.15386      0.0184858     0.98549
          ln_P/C      1.42388      0.239149       5.95393     0.00002
        ln_incom     0.637794       0.16003       3.98547     0.00106
           ln_CI     0.184887     0.0772826       2.39235     0.02936
      ln_1/HHI_C    -0.598599      0.378887      -1.57989     0.13370
        ln_TT_CC    -0.159039      0.126656      -1.25568     0.22726
       ln_IB_P_ML   0.0907307      0.147601      0.614702     0.54739
      ln_G1_LQ_P    0.0297781     0.0306711      0.970885     0.34606
      ln_G2_LQ_P    0.0257681      0.139162      0.185166     0.85543
      ln_G3_LQ_P    0.0918378      0.126528      0.725828     0.47843
      ln_G4_LQ_P   -0.0937898      0.359917     -0.260587     0.79774
      ln_G5_LQ_P      0.14106      0.351187      0.401666     0.69324
      ln_G6_LQ_P    0.0812657      0.119852      0.678048     0.50743
      ln_IB_P_RD     0.446776      0.544054      0.821198     0.42360
      ln_G1_DI_P      0.12117      0.170389      0.711134     0.48724
      ln_G2_DI_P   -0.0942646      0.138975     -0.678286     0.50728
      ln_G3_DI_P   -0.0150018     0.0139099       -1.0785     0.29680
      ln_G4_DI_P    0.0341681      0.132218      0.258423     0.79938
      ln_G5_DI_P   -0.0778949      0.124273     -0.626803     0.53963
      ln_G6_DI_P    0.0735094     0.0457067       1.60829     0.12732
-----------------------------------------------------------------------
```

그림 4-4-15. Regression Classic 결과

2) 공간시차모델 추정

○ Regression → Weight File 열기 (공간가중행렬 입력) → Spatial Lag 클릭 → Run → 저장

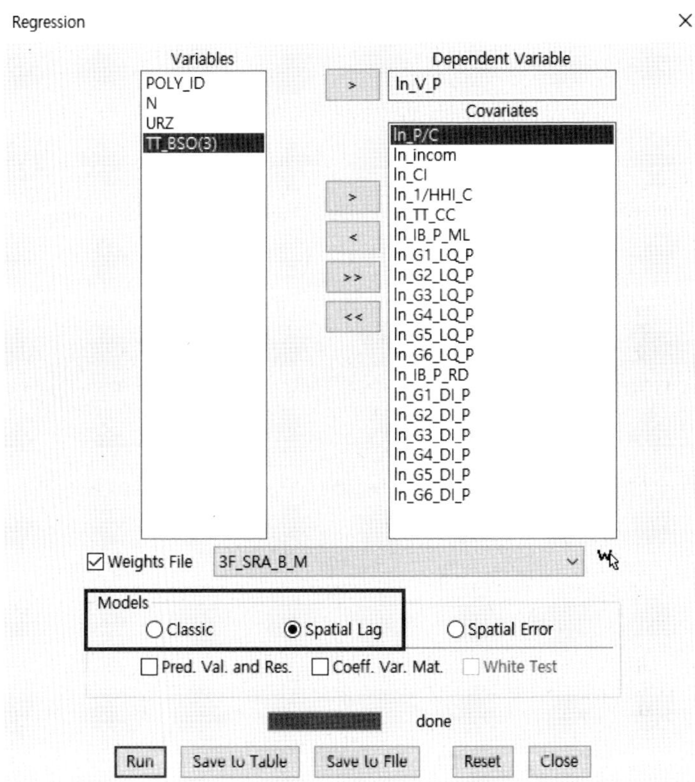

그림 4-4-16. Regression_Spatial Lag

REGRESSION

SUMMARY OF OUTPUT: SPATIAL LAG MODEL - MAXIMUM LIKELIHOOD ESTIMATION
Data set : 3F_XSRAA_B
Spatial Weight : 3F_XSRAA_B
Dependent Variable : ln_V_P Number of Observations: 36
Mean dependent var : 11.9058 Number of Variables : 21
S.D. dependent var : 0.772527 Degrees of Freedom : 15
Lag coeff. (Rho) : -0.832287

R-squared : 0.968476 Log likelihood : 19.8759
Sq. Correlation : - Akaike info criterion : 2.24823
Sigma-square : 0.0188134 Schwarz criterion : 35.5021
S.E of regression : 0.137162

Variable	Coefficient	Std.Error	z-value	Probability
W_ln_V_P	-0.832287	0.224126	-3.71347	0.00020
CONSTANT	8.41462	2.73508	3.07655	0.00209
ln_P/C	1.31447	0.141067	9.31809	0.00000
ln_incom	0.77876	0.0680093	11.4508	0.00000
ln_CI	0.319486	0.0355096	8.99717	0.00000
ln_1/HHI_C	-0.855761	0.15372	-5.56699	0.00000
ln_TT_CC	-0.0328792	0.0493191	-0.666663	0.50499
ln_IB_P_ML	0.150023	0.0653055	2.29725	0.02160
ln_G1_LQ_P	0.0730556	0.0372766	1.95983	0.05002
ln_G2_LQ_P	-0.040638	0.061004	-0.666153	0.50531
ln_G3_LQ_P	-0.0785931	0.0534373	-1.47075	0.14136
ln_G4_LQ_P	0.0916473	0.134834	0.679703	0.49669
ln_G5_LQ_P	0.0327716	0.127088	0.257866	0.79651
ln_G6_LQ_P	-0.175295	0.071295	-2.45873	0.01394
ln_IB_P_RD	0.704568	0.21987	3.20448	0.00135
ln_G1_DI_P	-0.249863	0.108633	-2.30005	0.02145
ln_G2_DI_P	0.31434	0.113999	2.7574	0.00583
ln_G3_DI_P	-0.022822	0.0468572	-0.487055	0.62622
ln_G4_DI_P	0.0310715	0.124353	0.249865	0.80269
ln_G5_DI_P	0.115466	0.109138	1.05798	0.29006
ln_G6_DI_P	-0.219559	0.0973055	-2.25638	0.02405

그림 4-4-17. Regression_Spatial Lag 결과

3) 공간오차모델 추정

○ Regression → Weight File 열기 (공간가중행렬 입력) → Spatial Error 클릭 → Run → 저장

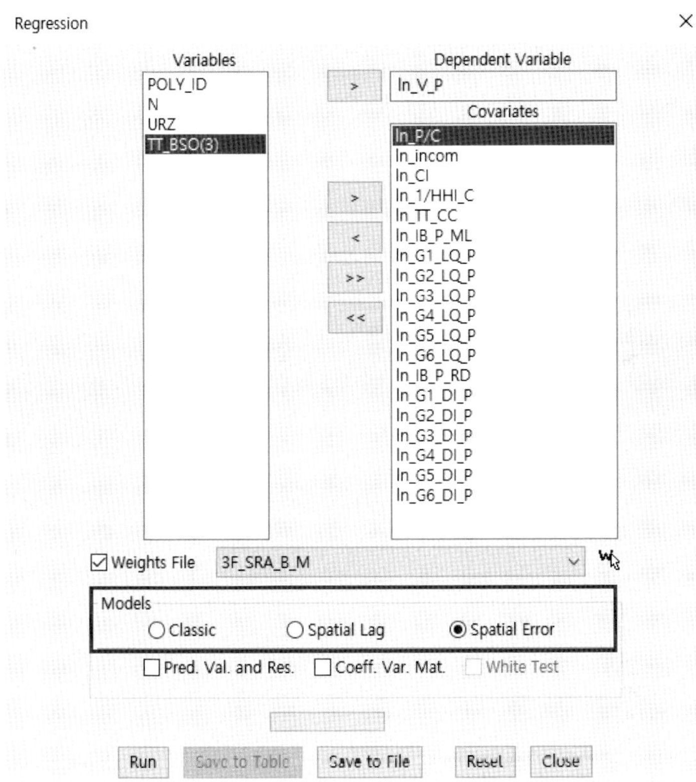

그림 4-4-18. Regression_Spatial Error

REGRESSION

SUMMARY OF OUTPUT: SPATIAL ERROR MODEL - MAXIMUM LIKELIHOOD ESTIMATION

Data set : 3F_XSRAA_B

Spatial Weight : 3F_XSRAA_B

Dependent Variable : ln_V_P Number of Observations: 36

Mean dependent var : 11.905833 Number of Variables : 20

S.D. dependent var : 0.772527 Degrees of Freedom : 16

Lag coeff. (Lambda) : 22.855519

R-squared : 0.724661 R-squared (BUSE) : -

Sq. Correlation : - Log likelihood : 17.042973

Sigma-square : 0.164321 Akaike info criterion : 5.91405

S.E of regression : 0.405366 Schwarz criterion : 37.5844

Variable	Coefficient	Std.Error	z-value	Probability
CONSTANT	-0.174999	1.49609	-0.116971	0.90688
ln_P/C	1.22688	0.219787	5.58214	0.00000
ln_incom	0.728071	0.0940418	7.74199	0.00000
ln_CI	0.300122	0.0507406	5.91483	0.00000
ln_1/HHI_C	-0.634011	0.202933	-3.12424	0.00178
ln_TT_CC	0.0161804	0.0786638	0.20569	0.83703
ln_IB_P_ML	-0.0722425	0.0726758	-0.994039	0.32020
ln_G1_LQ_P	0.0701383	0.0469877	1.4927	0.13552
ln_G2_LQ_P	-0.113412	0.085318	-1.32929	0.18375
ln_G3_LQ_P	-0.111107	0.0719333	-1.54458	0.12245
ln_G4_LQ_P	0.436302	0.188399	2.31583	0.02057
ln_G5_LQ_P	-0.129305	0.146321	-0.883708	0.37685
ln_G6_LQ_P	-0.247402	0.110611	-2.23669	0.02531
ln_IB_P_RD	-0.0927455	0.312673	-0.296622	0.76676
ln_G1_DI_P	-0.0454829	0.19634	-0.231654	0.81681
ln_G2_DI_P	0.4981	0.127124	3.91822	0.00009
ln_G3_DI_P	-0.0111694	0.051672	-0.21616	0.82886
ln_G4_DI_P	0.450478	0.136828	3.2923	0.00099
ln_G5_DI_P	-0.335261	0.152038	-2.20511	0.02745
ln_G6_DI_P	-0.449471	0.130023	-3.45686	0.00055
LAMBDA	22.8555	1.12973	20.231	0.00000

그림 4-4-19. Regression_Spatial Error 결과

4) 공간회귀모델 적합도

본 연구는 공간시차모델과 공간오차모델을 추정하여 모형의 적합도(R2, AIC, SC 등)를 검정하였다. 모형의 적합도는 일반적으로 공간오차모형이 선형모형보다 AIC와 SC가 감소하고 로그우드가 증가하면 좋아졌음을 의미한다.

구분		R2	AIC	SC	Log likelihood	Jarque −Bera	Breusch −Pagan	LM −Lag	LM −Error
A	O	0.978	22.447	51.597	9.776	1.008 *	21.903 *	0.190	1.709 *
	L	0.979	20.172	48.471	9.913		23.326		
	E	0.984	9.599	37.623	15.200		26.284 *		
B	O	0.956	10.788	42.458	14.606	0.806 *	19.324 *	6.990	0.378 ***
	L	0.968	5.914	37.584	17.042		13.734		
	E	0.974	2.248	35.502	19.875		55.475 ***		
C	O	0.919	36.047	63.393	1.976	0.738 *	21.461 *	5.480	0.888 *
	L	0.937	31.418	60.131	4.597		12.255		
	E	0.970	30.804	58.150	5.291		63.846 ***		

자료 : GeoDa프로그램을 통한 공간회귀분석 결과를 재구성함
주 : A-상무신도심-송정부도심 서부생활권, B-원도심-백운부도심 남부생활권, C-첨단부도심 북부생활권
주 : O-일반선형회구모형, L-공간시차모형, E-공간오차모형 (***1%, **5%, *10% 유의수준)

그림 4-4-20. 원도심권(B) 공간회귀모델 적합도

따라서 원도심 생활권(B)의 모형의 적합도는 일반선형회귀모형(O), 공간시차모형(L), 공간오차모형(E)의 로그우드, R2, AIC, SC의 값들을 비교하여 검증하였다. 로그우드 값은 일반선형회귀모형(O)이 14.606, 공간시차모형(L)이 17.042, 공간오차모형(E)이 19.875으로 나타나 모형의 적합도가 증가하였다. AIC값은 일반선형회귀모형(O)이 22.447, 공간시차모형(L)이 20.172, 공간오차모형(E)이 9.599 순으로 작아짐을

확인하였다. SC값은 일반선형회귀모형(O)이 51.597, 공간시차모형(L)이 48.471, 공간오차모형(E)이 37.623으로 값이 감소하는 것으로 나타나 적합도가 높아진 것으로 확인되었다.

본 연구의 목적은 도시생활권 GRDP에 영향을 미치는 산업군집 특성을 분석하여 도시재생사업과 연계할 수 있는 산업군을 도출하는 것이다. 이를 위해 원도심생활권(B)의 선형회귀모형(OLS)을 먼저 수행한 결과, 모형의 설명력(R2 0.956)은 유의하며, 회귀모형의 정규성(Jarque-Bera 통계량 0.806(p = 0.10)), 등분산성(Breusch-Pagan 통계량은 19.324(p = 0.10)), 공간적 독립성(LM-Error가 1%수준 유의)이 유의한 결과를 보였다. 따라서 본 연구는 최종적으로 공간오차 모형을 선택(LM-Error값 〉 LM-Lag값)하여 공간적 종속성을 통제하여 결과를 해석하였다.

4-5 결과정리 및 해석하기

1. 결과정리: 지역연계산업군 도출

광주광역시 원도심 생활권의 지역 내 총생산에 영향을 미치는 산업 군집과 특성 분석하여 도시재생계획에서 원도심의 쇠퇴한 지역을 활성화시킬 수 있는데 필요한 지역산업군을 도출하였다.

공간회귀모형			선형회귀모델 (OLS)	공간시차모델 (Spatial lag)	공간오차모델 (Spatial error)
공간효과	ρ (rho)			−0.832***	
	λ (Lambda)				22.856***
	상수항		−0.568	8.415**	−0.175
통제변수	기술요소(종사자수/사업체수)		1.484***	1.314***	1.227***
	자본요소(지방세액×생산인구)		0.734***	0.779***	0.728***
	규모경제(산업집적 CI)		0.237***	0.319***	0.300***
	형태적 균등분포(1/HH_C)		−0.984**	−0.856***	−0.634**
	기능적 커뮤니티 중심성 지수		−0.074	−0.033**	0.016
독립변수	특화	산업대분류 LQ	0.132	0.150**	−0.072
		기간제조업 LQ	0.085	0.073**	0.070
		지식제조업 LQ	−0.132	−0.041	−0.113
		인프라산업 LQ	−0.104	−0.079	−0.111
		지식서비스업 LQ	0.128	0.092	0.436**
		유통서비스업 LQ	−0.227	0.033	−0.129
		공공 · 사회서비스업 LQ	−0.210	−0.175**	−0.247**
	다양	산업대분류 DI	0.644	0.705***	−0.093
		기간제조업 DI	−0.309	−0.250**	−0.045
		지식제조업 DI	0.336	0.314**	0.498***
		인프라산업 DI	−0.086	−0.023	−0.011
		지식서비스업 DI	0.076	0.031	0.450***
		유통서비스업 DI	0.078	0.115	0.335**
		공공 · 사회서비스업 DI	−0.292	−0.220**	−0.449***
모델의 설명력	R^2		0.956	0.968	0.974

*** 1%, **5% *10% 유의 수준임 / 종속변수 : ln_V(행정동 GRDP)

그림 4-5-1. 선형·공간시차·공간오차 회귀모델 비교

먼저 산업 특화측면에서 원도심생활권은 지식서비스산업(21종)의 집적분포가 지역 내 총생산에 정(+)영향을 미치는 것으로 분석되었다. 산업의 다양성측면에서는 지식서비스업군(21종), 지식제조업군(10종), 유통서비스업(11종)이 원도심생활권의 지역 내 총생산에 정(+)영향을 미치는 것으로 확인되었다. 특히 지식서비스업군(21종)은 산업의 집적분포와 다양분포 모두 유의하지만, 다양분포의 영향계수값(0.498)이 높아 원도심생활권의 지역 내 총생산에 지대한 영향을 미치는 것으로 확인되었다.

2. 해석하기: 지역산업 연계형 도시재생계획 수립 방향 제시

광주 원도심생활권 지역 내 총생산에 영향을 미치는 산업군집의 다양성에 의미가 있는 산업군은 유통서비스업, 지식서비스업, 지식제조업으로 도출되었다. 본 장에서 충장동 일원을 예시로 도시재생계획 수립방향 제시하였다.

먼저, 충장동 일원의 도시재생사업의 비전은 도시재생전략계획에서 찾아볼 수 있는데, 역사문화산업을 기반 한 도심부 골목형 도심재생이다. 충장동 일원의 잠재자원은 충장로, 금남로, 지하상가의 원도심 상권이며, 근대 역사문화자원이 풍부하다.

먼저 지식제조업, 지식서비스업, 유통서비스업의 다양한 분포가 지역 내 총생산에 정(+)영향을 미치는 생활권이기 때문에, 지식서비스업이나 지식제조업측면에서는 크게 광학기기 및 시계제조업, 의료 및 정밀기기, 종이제품제조업 등이 지역 내 총생산에 정(+)영향을 미치는 생활권이다. 이에 도시재생계획을 수립할 때 의료관련 제조업, 도심형산업(광학기기·시계제조업)을 지원 육성하는 거점시설과 인프라시설, 창업지원프로그램의 연계사업 발굴이 필요하다.

유통서비스업측면에서는 오래된 원도심 상권인 충장로, 금남로, 지하상가에 형성된 다양한 소매업과 음식점업 관련 창업육성 앵커시설 조성과 거점시설을 운영할 수 있는 예비창업자 또는 소상공인들을 대상으로 브랜드공간창출과 특화거리 조성을 제안한다.

4-6 마치며

1. GeoDa 공간회귀분석 사례 소개를 마치며

본 학위논문을 작성하며 어려웠던 점은 변수측정 및 분석단위가 행정동(95개)으로 한정되어 쇠퇴지역(도시재생활성화지역)을 대상으로 한 결과를 도출하는데 한계점이 있었다. 또한, 도시생활권 지역 내 총생산에 영향을 미치는 산업들의 분포의 특징을 분석할 때는 산업분류를 세세분류까지 분석해야 유의한 산업군들을 도출할 수 있는데, 자료취득의 한계로 인한 산업중분류기준으로 분석한 것이 한계점이었다.

GeoDa프로그램을 통한 공간회귀분석 사례를 공유한 이번 장에서는 과정 위주로 제시하여 그 방법론의 이론적 배경이나 모델의 검정, 통계적 유의도가 적합한지에 대한 설명과 해석은 다소 부족하기 때문에 관련 연구와 문헌, 사례를 통한 보완이 필요하다.

속성데이터와 공간데이터를 결합하는 다양한 방법들이 있기 때문에 오픈소스를 활용한 프로그램에 대한 사례도 보완이 필요하다. 공간회귀분석을 위해서는 반드시 공간데이터와 속성데이터가 결합된 형태의 데이터를 필요하기 때문에 이에 대한 사전 데이터 가공을 위한 프로그램 사용이 용이하다.

GeoDa 프로그램을 사용하기 위한 제언을 3가지로 정리하면 다음과 같다. 첫 번째, 연구목적에 부합하는 공간과 속성데이터를 결합하는 사전작업이 필요하다. 두 번째, 공간회귀분석에 대한 개념과 관련 툴(GeoDa 프로그램 등)에 대한 이해를 선행연구 및 관련 자료를 통해 숙지하는 것이 중요하다. 세 번째, 분석결과를 통계적으로 유의한지, 모형이 적합한지에 대한 검정과 시사점 도출을 위한 결과해석 능력이 필요하다.

2. 학위논문 심사의견 및 개선내용

본 학위논문의 심사 주요내용은 연구의 목적에 대한 명확화, 변수 측정을 위한 도시생활권 개념정리, 광주광역시 현황분석, 가설설정과 변수의 추가 보완 등 이었다.

이번 장에서는 공간분석에 대한 4장 분석의 틀을 중심으로 심사의견과 개선내용을 중심으로 3가지 포인트를 기술하고자 한다. 먼저, 공간회귀분석 변수의 범위가 되는 도시생활권의 명확한 개념과 구체화를 필요하다는 의견은 도시권과 생활권 개념을 고려하여 도시생활권을 재정의하였으며, 사회네트워크 분석결과와 기존의 도시기본계획상 중심지체계를 비교하여 도시생활권 범위를 설정하였다. 두 번째, 생산인구를 반영한 자본요소 측정에 대한 보완과 LQ지수 값에 대한 확인이 필요하다는 심사의견은 주민등록인구를 활용하였으며, LQ지수 값을 수정하고 기초통계량을 제시하였다. 세 번째, 공간회귀분석의 결과를 활용한 시사점 도출이 필요하다는 의견에는 도시생활권 내 지역 내 총생산에 정의 영향을 미치는 지역산업군을 도출하여 이를 도시재생활성화계획 수립시 활용할 수 있도록 방향을 제시하였다.

표 4-6-1. 심사의견 및 개선내용: 공간분석 측면

심사의견	개선내용
• 도신생활권 재전의 필요	• 도시권과 생활권을 고려한 도시생활권 개념 정의 • 사회네트워크 분석결과와 도시기본계획의 중심지 체계를 반영한 도시생활권 범위 설정
• 자본요소 변수 중 생산인구 검토 필요	• 자본요소: 지방세액 × 주민등록인구
• 도시화경제 측면에서 산업 다양성 범위	• 권역별 산업대분류(19개 산업)의 산업다양성 변수 추가
• LQ 지수에 대한 값 검토	• 분석값 기술오류 수정, 기초통계량 정리
• 공간회귀분석결과를 활용한 시사점 도출 필요	• 지역산업 연계형 도시재생계획 수립 방향 제시

자료: 저자작성

참고문헌

문창용(2020), “도시생활권 산업군집특성이 지역 내 총생산에 미치는 공간적 영향연구: 광주광역시 도시재생활성화지역 지역산업연계를 중심으로”, 전남대학교 대학원 박사학위 논문.

김영수(2002), 「지역산업의 생산성과 결정요인분석: 지식기반제조업을 중심으로」, 산업연구원.

이상호(2014), 「산업집적 구조변화와 지역노동시장 성과」, 한국노동연구원.

이희연·노승철(2012), 「고급통계분석론」, 경기: 법문사.

한국교통연구원(2018), 교통수요분석 기초자료 배포 설명자료.

광주광역시 홈페이지, https://www.gwangju.go.kr.

국가공간정보포털, https://www.nsdi.go.kr.

국가교통정보센터, https://www.its.go.kr.

국가통계포털, https://www.kosis.kr.

도시재생종합종보체계, https://www.city.go.kr.

제5장

구조방정식모형 (SEM)

김주진
전남대학교 지역개발학과 박사수료
전라남도 정책기획관실 전문위원

본 학위논문은 도서(島嶼) 관광에 대한 관심이 증가하면서 개발사업에 대한 주민 인식을 살펴보기 위하여 진행되었다. 본 장에서는 구조방정식모형이 무엇인지를 살펴보고, 관련 독립변수와 종속변수 자료 수집 방법에 대해서 설명한다. 또한 구조방정식모형을 AMOS를 통해서 도출하는 과정을 설명한다. 분석결과를 해석하고, 이후 학위논문 작성과정 및 심사과정에서 발생한 문제 해결과정을 설명하면서 마무리한다.

5-1 학위논문 소개

구조방정식모형은 저자의 석사학위논문 “어촌마을 개발의 영향 인식과 지역 애착도가 주민 개발 지지도에 미치는 영향 연구”를 기반으로 AMOS프로그램을 활용한 구조방정식모형 사례를 소개하고자 한다. 학술지로는 국토계획에 2020년 4월(제55권 제2호)에 게재되었다.

도시·지역개발학 석사학위논문

어촌마을 개발의 영향 인식과 지역 애착도가 주민 개발 지지도에 미치는 영향 연구

-보길도 명품어촌테마마을을 사례로-

전남대학교 대학원

지 역 개 발 학 과

김 주 진

2019년 02월

그림 5-1-1. 학위논문 표지(전남대학교 대학원)

먼저, 본 학위논문 및 학술지 논문에 대한 이해를 위하여 연구배경, 연구목적, 연구과정 및 방법, 연구결과 및 시사점에 대해 간단하게 설명하고자 한다.

1. 연구배경

“어촌마을 개발의 영향 인식과 지역 애착도가 주민 개발 지지도에 미치는 영향 연구”는 높은 경제적, 사회적, 환경적 파급효과를 지닌 관광산업 중에서도 해양관광자원에 초점을 맞추어 진행했다. 연구 시점인 2017년에는 국내 어촌지역을 대상으로 10대 명품어촌테마마을을 조성하는 대규모 사업이 추진되었고, 시범사업지로 전라남도 완도군 보길도가 선정되었다. 이에 시범사업지를 대상으로 향후 조성될 명품어촌테마마을에 대한 시사점을 제공하고자 하였고, 시범사업지와 주변 지역 간의 교통망에 따른 주민들의 인식 및 태도 등을 살펴보고자 진행하였다.

2. 연구목적

본 연구는 명품어촌테마마을 시범사업지를 사례로 하여 향후 어촌테마마을로 지정·추진될 어촌지역에 시사점을 제시하고, 이와 함께 전국적으로 연륙·연도교 건설의 파급효과를 살펴보고자 진행하였다. 특히 어촌마을이라는 특정한 지역에 추진되는 사업인 만큼 지역주민들의 지지와 역할이 매우 중요하다고 판단되어 연구대상을 지역주민으로 한정하고, 연구지역을 명품어촌테마마을 개발사업 시범지구인 보길도와 인접 도서 지역인 노화도, 소안도로 설정하였다. 본 연구를 통해 개발을 추진하는 주체와 수혜를 받는 주민들 간의 갈등을 최소화할 수 있는 개발 방향을 제시하고, 연도교 연결 여부에 따라 지역주민들 간 지지도에 차이가 있는지 검증하였으며, 추가적으로 어촌마을과 같이 지역적 특성을 가진 농촌마을을 대상으로 한 선행연구와 비교하여 차이점을 살펴보기 위해 진행되었다.

그림 5-1-2. 연구 대상 지역

3. 연구과정 및 방법

본 연구를 위해 먼저 어촌관광과 어촌체험마을의 도입 배경부터 현황, 추진상황 등을 살펴보았고, 선행연구 검토를 통해 어촌관광과 관련된 연구가 다른 분야의 관광연구에 비해 부족하다는 것을 인식하였다. 이에 어촌관광연구에 대한 필요성을 제시하면서 어촌관광과 관광개발을 연계한 연구를 진행하였다.

어촌관광 중 어촌체험마을 개발사업에 대한 주민들의 인식과 지역애착도, 태도 등을 살펴보기 위하여 지역주민을 대상으로 한 설문지를 구성하였고, 개발사업지를 비롯해 연구대상범위를 3개 섬으로 설정하여 설문조사를 실시하였다. 이후 수집된 데이터를 이용하여 3개 집단(지역)으로 구분하고 각각의 영향 인식 및 애착도와 지지도간의 차이를 살펴보고자 구조방정식모형(SEM)을 사용하였다. 도출된 결과를 토대로 이론적 시사점을 제시하고, 이후 농촌관광개발 관련 연구와의 차별성, 연도교 연결에 대한 중요성 등 정책적 시사점을 제시하였다.

4. 연구결과 및 시사점

연구결과, 지역주민들은 명품어촌테마마을 개발 사업을 통해 발생하는 경제적 혜택, 환경적 개선에 대해 긍정적으로 인식할수록 개발에 호의적이었으며, 농촌마을과 어촌마을은 지역마다 갖고 있는 고유의 특성으로 인해 연구결과에 차이가 있는 것으로 나타났다. 마지막으로 사업대상지의 연도교 연결 여부에 따라 명품어촌테마마을 개발 사업에 따른 영향 인식과 지지도 관계에 차이가 있었는데, 사업 추진 이전부터 해당 사업에 대한 기대의 차이가 있는 것으로 볼 수 있다.

연구결과를 바탕으로 3가지의 정책적 시사점을 제시하였다. 첫째, 향후 추진될 어촌테마마을 개발 사업에 있어서 지역주민들의 경제적 혜택과 환경 보전·관리 측면에서 개발 방향이 모색되어야 한다. 먼저 주민들의 고용 창출과 소득 증대 등 경제적 혜택을 높여야 하고, 도서 지역 내 환경 문제를 최소화함과 동시에 갯벌이나 어장 등에 대한 보존을 바탕으로 하여 개발 사업의 목적을 달성해야 한다. 둘째, 사업이 성공적으로 추진되기 위해서는 공청회나 간담회, 주민 대상 교육 프로그램 등을 공식적으로 운영함으로써 본 사업을 통해 주민들이 얻을 수 있는 경제적, 환경적 혜택을 제시하여 설득해야 한다. 셋째, 사업지 주변의 섬 지역과 상생 발전하기 위해서는 연도교 건설이 필요하다. 섬과 같은 도서 개발 사업 추진 시에는 사업지와 인접한 지역, 즉 간접적으로 수혜를 받는 지역과의 거리, 수혜 지역과의 접근수단 등을 고려하고 지역 간에 갈등을 최소화할 수 있는 균형발전과 소득 분배를 위한 방안을 모색해야 한다.

5-2 자료 찾기 따라하기

관광개발에 따른 영향 연구는 1990년대부터 주목받기 시작했다. 지역을 대상으로 하는 관광 프로그램에 대한 성공적인 개발의 전제 조건 중 하나가 지역주민들의 인식하는 영향과 지지도이기 때문이다. 저자는 본 연구를 위해서 관광개발 영향과 지지도를 변수로 설정하였다.

1. 독립변수 찾기

먼저 독립변수인 관광개발 영향은 지역개발의 일환인 관광개발로 인해서 발생하는 영향 또는 효과라고 볼 수 있다. 관광지를 비롯하여 관광지 주변에 조성되는 숙박시설, 음식점, 편의시설, 놀이공원 등은 관광지를 활성화할 뿐만 아니라 지역경제까지 영향을 미치기 때문에 고부가가치 산업의 하나이며, 세계 각국에서 적극적으로 육성하고 있는 중요한 핵심산업이다. 관광개발은 관광객들에게는 즐거움과 추억, 경험 등을 제공하고, 지역주민들에게는 경제적 편익, 일자리, 기반시설 확충 등의 효과를 제공한다. 그러나 관광개발이 긍정적인 효과만을 제공하지는 않는다. 앞서 언급한 긍정적인 효과 외에도 빈부격차를 유발하거나, 범죄 발생, 환경 훼손, 젠트리피케이션 등의 부정적인 효과가 나타나기도 한다.

이처럼 관광 영향(Tourism impact)은 관광으로 인한 긍정적 측면, 부정적 측면을 모두 포함하고 있으며, 관광시설 및 자원 개발, 주민과 관광객 접촉 등의 상호작용을 통해서 나타나는 모든 결과라고 할 수 있다.

관광개발 영향은 연구자에 따라 경제적, 사회적, 문화적, 환경적, 정치적, 물리적 영향 등으로 분류되고 있으며, 다수의 연구자들은 관광개발 영향을 경제적 영향, 사회문화적 영향, 환경적 영향으로 구분하고 있다.

관광개발은 앞서 언급한 것과 같이 관광객뿐만 아니라 지역주민들에게 여러 가지 혜택과 일부 불편함을 제공한다. 관광개발을 성공적으로 추진하기 위해서는 지역주민들이 해당 사업을 적극적으로 지지해주고, 부분적으로 참여해주는 것이 필요하다. 만약 주민들에게 사업에 대한 수혜를 인식시켜주고, 관광개발에 대한 이해 집단, 즉 지역주민의 통합력을 증대시켜 참여와 지지를 유발한다면 성공적인 관광개발이 될 수 있다.

관광개발 영향의 대표적인 효과는 경제적인 측면이라고 할 수 있다. 일반적으로 관광개발에 대한 영향이라고 했을 때, 다수의 사람들은 경제적인 효과를 연상한다. 관광개발로 하여금 외부에서 투자가 이루어지고, 이에 따른 각종 기반시설 등이 신축 또는 개선된다. 이렇게 시설이 개선되어지면 관광객들이 모여들게 되고 결국 해당 지역은 활성화된다.

경제적 영향은 긍정적인 측면에서 지역에 많은 혜택을 제공하기 때문에 관광개발의 중요한 영향으로 다루어지고 있다. 특히 관광개발에 있어서 중요한 주민들의 태도에도 큰 영향을 미치고 있기 때문에 관광개발 영향에 있어서 경제적인 측면을 적극적으로 고려해야 한다. 본 연구에서는 경제적 혜택, 즉 경제적 영향(효과)을 외부 투자 확대 및 사업 활성화, 관광객 소비 증가, 지역 소득 증가, 지역주민 고용 기회 확대, 지역 경기 활성화 등 5가지 영향으로 구분하였다.

표 5-2-1. 관광개발에 따른 경제적 측면의 영향(독립변수1)

구분	내용	비고
경제적 영향 (효과)	사업 활성화	
	관광객 소비 증가	
	지역주민 소득 증가	
	지역주민 고용 창출	
	지역경기 활성화	

사회문화적 영향은 사람과 사람 간에 상호작용을 통한 영향으로써, 관광적 측면에서는 관광지에 거주하고 있는 지역주민과 관광객 간의 상호작용에 따른 영향이라 할 수 있다. 일반적으로 사회적인 영향과 문화적인 영향은 엄격하게 서로를 구분하기에는 한계가 있다는 의견이 있어 많은 연구들에서는 사회문화적 영향으로 통합하여 연구되고 있다.

사회문화적 영향은 측정 결과를 경제적 영향과 같이 수치로 계량화하거나 통계적 기법에 의해 객관화하기에는 한계가 있기 때문에 일반적으로 지역주민들의 주관적·심리적 지각 또는 태도에 대한 측정을 통해 간접적으로나마 파악되고 있다.

사회문화적 영향은 관광개발 과정에서 발생하는 현상과 지역주민, 관광객들 간에 직·간접적인 접촉으로 발생하는 영향으로 지역주민의 생활방식, 가치관, 소비패턴 등의 변화에 따라 나타난다. 이에 본 연구에서는 사회문화적 영향(효과)을 여가 기회 증가, 시설 및 서비스 개선, 주민 삶의 질 향상, 지역이미지 향상 등 4가지 영향으로 구분하였다.

표 5-2-2. 관광개발에 따른 사회문화적 측면의 영향(독립변수2)

구분	내용	비고
사회문화적 영향 (효과)	여가 기회 증가	
	시설 및 서비스 개선	
	주민 삶의 질 향상	
	지역이미지 향상	

환경적 영향은 관광개발로 인하여 개발 대상 지역에 발생하는 긍정적 또는 부정적인 효과로 볼 수 있다. 관광개발은 일정 부분 개발지역의 환경적 변화를 유발하게 되는데, 경제적 효과와는 다르게 주민들의 부정적인 인식이 강하다. 관광개발로 인해 발생하는 폐기물의 처리가 미흡하여 숲이나 갯벌, 바다 등을 오염시킬 수 있고, 산에 있는 나무들을 베어 산림이 훼손되는 사례가 빈번히 발생한다. 그러나 최근에는 생태관광의 개념이 도입되면서 자연친화적 개발이 추진되고 있다.

이처럼 세계적으로 환경에 대한 관심이 높아지면서 정부에서는 저탄소 녹색성장의 10대 정책방향 중 녹색국토를 조성하기 위한 환경친화적 국토개발 제도가 도입되고 있다. 이에 본 연구에서는 환경적 영향(효과)을 긍정적인 측면에서의 효과로 한정하여 환경 청결 유지, 환경 보존의식 증가, 생활환경 개선 등으로 구분하였다.

표 5-2-3. 관광개발에 따른 환경적 측면의 영향(독립변수3)

구분	내용	비고
환경적 영향 (효과)	환경 청결 유지	
	환경 보존의식 증가	
	생활환경 개선	

2. 종속변수 찾기

개발 지지도는 지역사회 개발에 대한 지역주민의 태도를 말한다. 지역사회 개발에 있어서 태도(Attitude)는 사업을 추진할 때, 개발대상지 주민들에게 사업의 목적을 설득시켜 주체적으로 참여시키기 위한 가장 중요한 개념으로 볼 수 있다.

관광개발 추진에 있어서 태도는 개발과정 속에서 발생하는 영향 인식이나 정서적 대응, 판단, 찬반에 대한 행동 등으로 정의할 수 있다. 관광개발로 인해서 긍정적이거나 부정적인 영향이 나타나게 되는데, 지역주민들은 긍정적인 영향을 편익으로, 부정적인 영향을 비용으로 인식한다. 만약 편익을 비용보다 높게 인식할 경우 관광개발에 대해 호의적인 태도를 보이는 반면, 비용을 편익보다 높게 인식할 경우 부정적인 태도를 보이게 된다. 따라서 관광개발로 하여금 지역주민들이 얻는 편익이 높을수록 해당 개발을 지지하고 참여하는 태도를 지지도라고 할 수 있다.

지역주민들의 개발태도, 즉 지지도는 관광사업을 추진하는데 있어 지속가능하게 하는 중요한 요소이다. 이는 지역주민들이 관광개발에 대해 긍정적으로 인식할 경우, 추가적인 개발 등에 대해서도 우호적인 태도를 보이기 때문이다. 이에 종속변수를 선정하는데 있어 선행연구를 참고하여 개발 지지도를 어촌테마마을 사업에 대한 기대, 지역발전을 위한 관광객 유치 동의, 관광발전을 위한 참여, 관광개발 사업 적극 지지, 향후 추가 개발사업 진행 동의, 어촌테마마을 사업에 참여 등 총 6개 변수로 구성하여 측정하였다.

표 5-2-4. 관광개발 지지도(종속변수)

구분	내용	비고
개발 지지도	어촌테마마을 사업에 대한 기대	
	지역발전을 위한 관광객 유치 동의	
	관광발전을 위한 참여	
	관광개발 사업 적극 지지	
	향후 추가 개발사업 진행 동의	
	어촌테마마을 사업에 참여	

3. 데이터 수집

데이터 수집은 명품어촌테마마을 시범사업지로 선정된 보길도를 비롯해 인접 도서지역인 노화도와 소안도에서 실시하였다.

설문조사 문항은 크게 어촌마을 개발에 따른 영향 인식과 지역 애착도, 개발사업 지지도, 응답자 특성 등으로 구분하였으며, 총 48개의 문항으로 구성되었다. 본 장에서 사용할 변수는 영향 인식 12개 문항, 개발 지지도 6개 문항, 응답자 특성 7개 문항을 활용하였다.

전남대학교
CHONNAM NATIONAL UNIVERSITY

번호

보길도 명품어촌테마마을 개발 사업에 대한 지역주민 의견조사

안녕하십니까, 저는 전남대학교 지역개발학과 석사과정에 재학 중인 학생으로 "**어촌마을 개발에 따른 영향 인식과 지역 애착도가 지역주민의 개발 지지도에 미치는 영향**"에 관한 연구를 위하여 의견조사를 실시하고 있습니다. 조사결과는 익명으로 처리되며, 통계적 목적으로만 사용됩니다. 바쁘시더라도 적극적인 협조를 부탁드립니다. 설문에 대한 응답은 맞고 틀리는 것이 없습니다. 감사합니다.

· 소　　속 : 전남대학교 일반대학원 지역개발학과
· 지도교수 : 신우진
· 연 구 자 : 석사과정 김주진

◆ 명품어촌테마마을이란?

- 문재인정부의 100대 국정과제 추진과 관련하여 해양수산부에서 관련 정책과제 실행을 위한 조성사업으로 고품격 국민만족 어촌마을 조성을 위하여 **어촌마을에 거주하고 있는 주민들의 삶의 질을 향상**시키면서 어촌마을을 찾는 **외부 관광객들까지 고품격화된 어촌주민의 삶의 공간을 함께 공유**하고, **관광객들의 편의를 위해 제공되는 시설 및 정보를 편리하고 쉽게 이용을 유도**하여 해양관광의 주요 접점 기능을 담당하는 마을로 해양수산부에서는 지자체 공모를 통해 1개소당 100억원 이내의 자금을 지원하는 사업임
- 본 사업은 **색채(아름다운 어촌), 문화(역사·문화 어촌), 레저(해양레저 어촌), 웰빙(휴식·치유 어촌) 등 4개의 마을 테마**로 구분되며, 테마에 따라 **마을 도색, 문화공간 조성, 레저선박 접안시설 설치, 관광객 편의시설 조성** 등이 추진되며, **어구보관시설, 공동작업장, 상하수도 등 마을의 기반시설 설치도 병행**하여 각종 어구나 시설들이 어지럽게 방치되어 있던 상황을 깨끗하게 개선함
- 2017년 12월에 완도군 보길도가 명품어촌테마마을 시범사업지구로 첫 지정되었음

그림 5-2-1. 학위논문 설문지 문항(1페이지)

Ⅰ. 다음은 명품어촌테마마을 개발 사업에 따른 **영향**을 묻는 문항입니다.

	문항	전혀 그렇지 않다	그렇지 않다	보통이다	그렇다	매우 그렇다
경제적 영향	어촌마을 개발로 외부투자와 사업이 활성화 될 것이다					
	어촌마을 개발로 관광객들의 소비지출이 증가할 것이다					
	어촌마을 개발로 지역주민의 소득이 증가할 것이다					
	어촌마을 개발로 지역주민들의 고용이 창출될 것이다					
	어촌마을 개발로 지역 경기가 좋아질 것이다					
	부동산(토지, 임대료 등) 가격이 상승할 것이다					
	어촌마을로 인한 이익이 외부로 유출될 것이다					
	어촌마을 개발은 지역주민의 과소비를 증가시킬 것이다					
사회문화적 영향	지역주민의 여가활동 기회가 증가할 것이다					
	지역 기반시설과 공공서비스가 개선될 것이다					
	지역주민의 삶의 질 향상에 기여할 것이다					
	개발로 인하여 지역이미지가 향상될 것이다					
	지역주민들의 사생활이 침해될 것이다					
	지역의 범죄와 사고 발생 빈도가 증가할 것이다					
	관광객과 지역주민들간의 갈등이 발생할 것이다					
	지역의 미풍양속이 저해될 것이다					
	지역주민들간의 소통이 단절될 것이다					
환경적 영향	지역 환경이 청결한 상태로 유지될 것이다					
	지역주민들의 자연환경 보존의식이 증가할 것이다					
	지역의 생활환경이 개선될 것이다					
	소음, 공해, 쓰레기, 대기오염 등이 증가할 것이다					
	교통난과 주차난이 증가할 것이다					
	지역 생태계와 자연환경이 훼손될 것이다(갯벌, 해변 등)					
	관광객으로 인하여 지역이 혼잡해질 것이다					

그림 5-2-2. 학위논문 설문지 문항(2페이지)

II. 다음은 귀하의 **지역 애착도**에 대한 문항입니다.

	문항	전혀 그렇지 않다	그렇지 않다	보통이다	그렇다	매우 그렇다
정체성	내가 거주하는 지역은 나의 가치를 설명하기에 충분하다					
	다른 사람에게 내가 거주하는 지역에 대해 많은 것을 이야기를 할 수 있다					
	나의 거주 지역에 사는 것을 자랑스럽게 생각한다					
	내가 거주하는 지역은 나에게 매우 특별한 곳이다					
의존성	내가 거주하는 지역은 현재 내가 하고 있는 일을 하기에 가장 적합한 곳이다					
	내가 거주하는 지역은 내가 하고 싶은 일을 하면서 살기에 가장 좋은 곳이다					
	내 생활의 많은 부분이 거주 지역을 중심으로 이루어진다					
친분성	거주하는 지역에는 친한 사람들이 많이 거주하고 있다					
	편하게 이야기를 나눌 수 있는 이웃이 있다					
	우리 지역의 공식적인 일(마을 회의, 반상회, 자원봉사 등)에 적극적으로 참여하고 있다					

V. 다음은 **명품어촌테마마을을 비롯하여 지역 내 개발 사업에 대한 지지도**를 묻는 문항입니다.

	문항	전혀 그렇지 않다	그렇지 않다	보통이다	그렇다	매우 그렇다
개발지지노	어촌테마마을 사업에 대한 기대가 크다					
	지역의 발전을 위해서는 관광객들을 유치하여야 한다					
	지역의 관광발전을 위하여 최선을 다할 것이다					
	지역의 발전을 위하여 관광개발 사업을 지지한다					
	향후 추가적인 개발 사업이 진행되어야 한다					
	어촌테마마을 사업에 대한 참여가 가능하다면 참여하겠다					

그림 5-2-3. 학위논문 설문지 문항(3페이지)

Ⅵ. 다음은 귀하의 **일반사항**을 묻는 문항입니다.

▪ 귀하의 성별은 어떻게 되십니까?

① 남 성　　② 여 성

▪ 귀하의 결혼 유무는 어떻게 되십니까?

① 미 혼　　② 기 혼

▪ 귀하의 연령은 어떻게 되십니까?

① 10대 이하　② 20대　③ 30대　④ 40대　⑤ 50대　⑥ 60대　⑦ 70대 이상

▪ 귀하의 최종 학력은 어떻게 되십니까?

① 초등학교 졸업 이하　② 중학교 졸업　③ 고등학교 졸업

④ 대학교 재학/졸업　⑤ 대학원 재학/졸업

▪ 귀하의 직업은 어떻게 되십니까?

① 어업　② 농업　③ 축산업　④ 전문직　⑤ 관광·서비스직　⑥ 공무원　⑦학생

⑧ 생산직　⑨ 사무직　⑩ 자영업(상점 운영)　⑪ 무직/퇴임　⑫기타(　　　　)

▪ 귀하의 거주지는 어디십니까?

① 보길도(　　　　리)　② 노화도(　　　　리)　③ 소안도(　　　　리)

▪ 귀하의 거주 기간은 어떻게 되십니까?

(　　　　)년

▪ 현재 귀하께서 거주하고 있는 지역(거주 읍·면)이 고향이십니까?

① 예(고향이다)　② 아니오(고향이 아니다)

- 거주하고 있는 지역이 고향이 아니라면 고향은 어디십니까?

(　　　　　　　　)

응답해주셔서 다시 한 번 감사의 말씀드립니다.

그림 5-2-4. 학위논문 설문지 문항(4페이지)

설문조사는 도서 지역 특성상 지역주민들을 대면하기 어려운 점을 감안해 읍·면사무소 등 관공서를 비롯해 상가나 은행, 식당 등을 방문하는 주민들을 대상으로 조사하였다. 설문조사요원은 연구자를 포함한 3인이 3일간에 걸쳐 도서별 130부씩 총 390부를 배포한 후 379부를 회수했다.

표 5-2-5. 조사 지역 및 표본수

조사 지역	배포	회수	비고
전라남도 완도군 보길도(面)	130매	124매	
전라남도 완도군 노화도(邑)	130매	128매	
전라남도 완도군 소안도(面)	130매	127매	
합계	390매	379매	

수집된 379개의 데이터는 Excel 프로그램을 활용하여 코딩화하여 다음과 같이 정리하였다.

	A	C	D	E	F	G	H	I	J	K	L	M	N
1	번호	사업 인지 여부	투자 및 사업 활성화	관광객 소비증가	소득 증가	고용 창출	세수 증대	빈부격차 감소	경기 활성화	부동산 가격	생활비 증가	이익 유출	주민 과소비
2	1	2	4	4	4	4	4	3	4	4	4	4	4
3	2	1	4	4	3	3	3	3	3	4	3	3	3
4	3	1	3	4	4	3	3	2	3	2	2	2	2
5	4	1	4	4	4	4	4	3	4	4	3	3	3
6	5	2	4	4	4	3	4	4	4	4	3	2	2
7	6	1	5	5	4	4	4	3	5	4	3	2	2
8	7	1	3	3	3	2	4	3	4	4	3	2	4
9	8	1	3	3	4	3	3	2	2	4	3	2	2
10	9	2	3	4	4	4	4	3	4	4	3	3	3
11	10	1	3	4	4	4	4	4	4	4	4	4	4
12	11	2	4	4	4	4	3	2	3	3	3	3	3
13	12	2	3	4	4	4	4	2	3	4	2	2	2
14	13	2	4	4	4	4	4	2	4	4	4	3	2
15	14	2	4	4	3	4	4	3	3	4	3	4	3
16	15	2	3	3	1	1	3	1	3	5	3	1	1
17	16	2	5	5	5	5	5	3	5	5	3	2	2
18	17	2	3	4	3	3	3	2	3	4	4	4	3
19	18	2	2	3	3	2	3	2	3	4	3	4	2
20	19	1	5	5	5	5	5	2	5	5	5	3	5
21	20	2	3	3	3	3	4	4	4	4	3	3	3
22	21	1	5	5	5	5	5	5	5	4	4	4	4
23	22	2	4	4	4	3	3	2	4	4	4	3	4
24	23	1	4	4	4	3	3	2	4	4	4	3	4
25	24	2	3	3	3	4	3	3	3	5	5	4	3
26	25	2	3	4	4	3	3	2	4	4	4	3	4
27	26	2	4	4	3	3	4	4	4	4	4	4	3
28	27	1	5	5	5	5	5	5	5	3	3	2	2
29	28	2	3	4	3	3	3	3	3	3	3	4	2
30	29	1	4	4	4	3	3	4	3	3	2	2	2

그림 5-2-5. 데이터 코딩화(Excel)

5-3 방법론 따라하기

1. 구조방정식모형이란

구조방정식모형(Structure Equation Model)은 통계적 분석방법의 한 종류로써 경로분석과 확인적 요인분석이라는 두 가지의 통계기법이 하나로 결합된 형태라고 볼 수 있다. 이 모형은 구조를 이루고 있는 여러 변수들간의 인과·상관관계를 한눈에 설명할 수 있다.

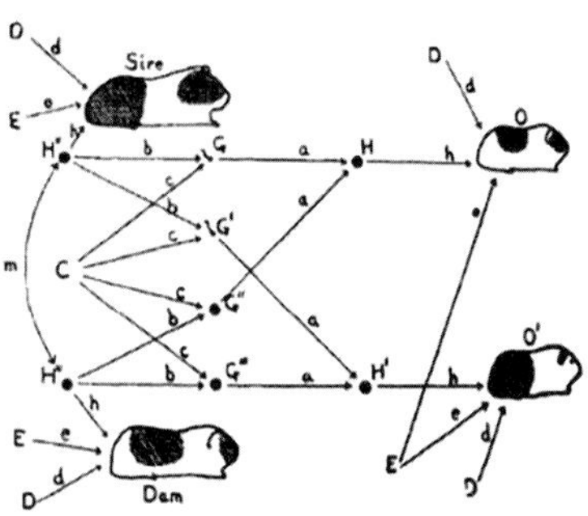

〈Wright의 경로분석〉

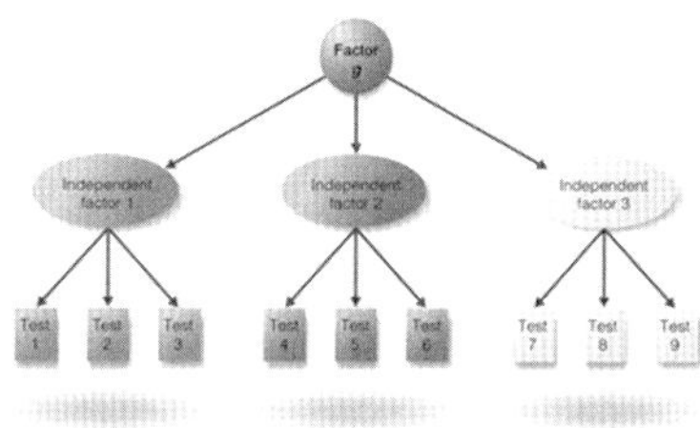

〈Chales Spearman의 요인분석〉

출처: 우종필(2014), "구조방정식모델 오해와 편견", p.68.

그림 5-3-1. 경로분석과 확인적 요인분석

구조방정식모형은 사회 현상이나 각종 경제 현상 등을 연구할 때, 각 요인 또는 변수들 간의 매우 복잡한 인과관계를 파악하기 위하여 주로 사용하고 있다. 구조방정식모형은 인과관계와 유의성을 검정하여 여러 개의 독립변수와 종속변수 간 상관성 및 인과관계 등을 동시에 검증할 수 있다는 특징을 가지고 있어, 1차원적 분석방법인 회귀분석이나 상관분석, 요인분석 등을 하나로 종합한 통계 기법이라고 할 수 있다.

또한 회귀분석, 상관분석, 요인분석은 독립변수의 측정오차를 무시하지만, 구조방정식모형은 측정오차를 포함시키고 있다. 이에 따라 추정값들의 신뢰 및 조정이 좀 더 가능하여 정확한 분석에 접근할 수 있다. 이 외에도 직접효과와 간접효과, 총효과를 알 수 있고, 일반 통계 모형에는 없는 잠재변수를 사용하여 측정하지 않은 개념적인 변수를 생성하고 이들 간의 관계를 측정한다. 또한 동시에 여러 분석이 가능하며, 여러 방향 및 다수의 독립·종속변수와의 관계를 볼 수 있어 다양한 분석 결과를 도출할 수 있다(허준, 2013).

2. 구조방정식모형의 종류

구조방정식모형은 사회학은 물론, 경영학, 행정학, 정치학, 교육학, 심리학 등 다양한 사회과학 연구에 활발하고 적용되고 있는데, 이는 탐색적 요인분석, 분산분석, 다중회귀분석, 확인적 요인분석, 군집분석, 다차원분석 등을 일반 선형모형으로 통합하였기 때문이다.

구조방정식의 추정방법은 크게 공분산 기반 구조방정식모형(CB-SEM)과 PLS 기반 구조방정시모형(PLS-SEM)이 있다. 공분산 기반 구조방정식모형(CB-SEM)은 최대우도를 이용하여 측정변수간의 공분산을 추정하는 방법이다. CB-SEM 분석 시 사용되는 통계 프로그램은 AMOS, LISREL, Mplus, STATA 등이 있다.

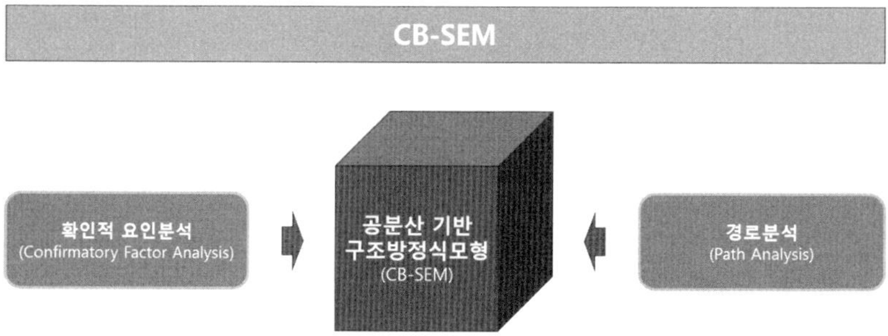

그림 5-3-2. 공분산 기반 구조방정식모형(CB-SEM)

PLS 기반 구조방정식모형(PLS-SEM)은 최소제곱을 이용하여 설명되지 않는 오차(잔차분산)를 최소화하는 방법이다. PLS-SEM 분석 시 사용되는 통계 프로그램은 SmartPLS, PLS-Graph, VisualPLS 등이 있다.

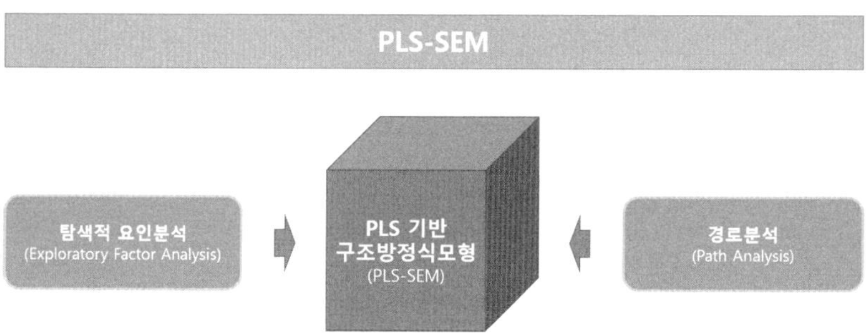

그림 5-3-3. PLS 기반 구조방정식모형(PLS-SEM)

본 장에서의 구조방정식모형은 회귀분석과 상관분석, 요인분석을 기본으로 하여, 확인적 요인분석과 경로분석을 결합한 공분산 기반 구조방정식모형(CB-SEM)을 활용하였다.

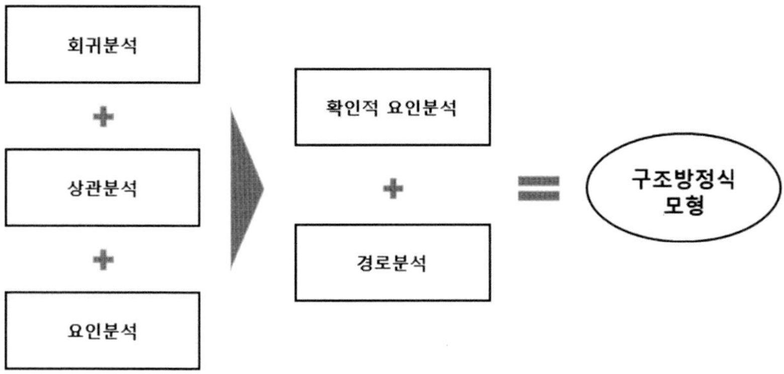

그림 5-3-4. 구조방정식모형의 개념

3. AMOS로 구조방정식모형(SEM) 분석 따라하기

앞에서 작성한 독립변수와 종속변수에 기초하여 변수의 특성을 살펴보기 위해 SPSS를 통해 빈도 분석, 기술통계 분석을 실시했고, 변수의 타당도와 신뢰도를 검증하고자 SPSS, AMOS를 이용하여 탐색적 요인분석, 확인적 요인분석, 신뢰도 분석을 실시했다.

분석에 앞서, Excel 프로그램에 코딩화했던 데이터들을 불러오기 위하여 SPSS프로그램을 실행하고 [파일] - [열기] - [데이터]를 클릭한 후 파일 유형을 Excel로 선택하여 [붙여넣기]를 클릭한다. 자료를 불러오면 〈그림 5-3-5〉와 같이 데이터가 SPSS에 로드된다.

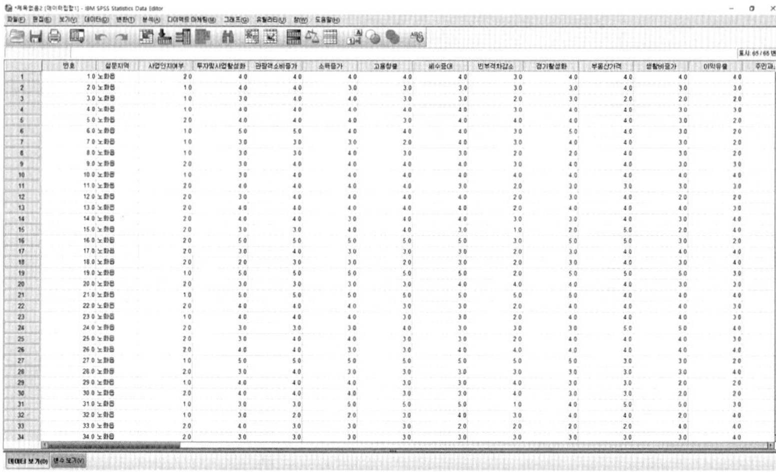

그림 5-3-5. 데이터 불러오기(SPSS)

구조방정식모형(SEM) 분석을 위해서는 앞서 언급한 것과 같이 빈도 분석, 기술통계 분석, 탐색적 요인분석, 신뢰도 분석 등을 선행되어야 하나 본 장에서는 AMOS 구동을 중점적으로 다루고자 SPSS 구동 방법은 생략하기로 한다.

표 5-3-1. 분석 방법

구분	분석 방법	통계프로그램
변수 특성	빈도 분석, 기술통계 분석	SPSS
변수 타당도 및 신뢰도	탐색적 요인분석, 확인적 요인분석, 신뢰도 분석	SPSS, AMOS
변수간의 인과관계	구조방정식모형(SEM)	AMOS

SPSS에서 기초통계분석을 비롯해 탐색적 요인분석과 신뢰도 분석을 수행하여 유사한 변수들을 동일집단으로 묶어주고, 신뢰도를 확보했다는 가정 하에 AMOS를 이용한 분석과정을 단계별로 설정하고자 한다.

먼저 변수들 간에 있어서 기존 관계를 설정하고, 그 관계가 성립하는지를 확인하기 위해 확인적 요인분석을 실시한다. AMOS 프로그램을 구동하면 아래의 그림과 같이 Paper Size가 Portrait - Letter로 기본 설정되어 있다.

그림 5-3-6. AMOS 메인 화면

확인적 요인분석을 실시하기 위해서는 연구자가 모형을 그려야 한다. 먼저 자료를 불러오기 위해 Select data file[ ]을 클릭한 후 [Data Files] - [File Name] 탭으로 이동하여 자료를 AMOS로 가져온다.

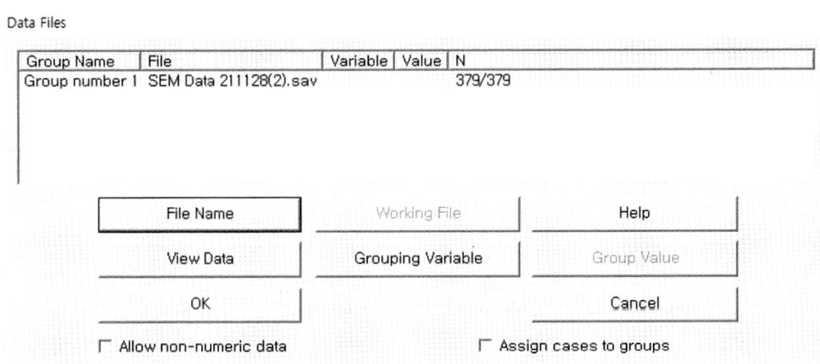

그림 5-3-7. 자료 가져오기(AMOS)

자료를 가져온 후 독립변수인 경제적 영향, 사회문화적 영향, 환경적 영향, 주민 지지도의 확인적 요인분석 모형을 그리기 위해서는 좌측 바로가기 메뉴에서 Draw a latent variable or add an indicator to a latent variable[ ]을 클릭하면 된다. 원하는 모형을 그리기 위하여 비관측변수와 관측변수 개수만큼 클릭하여 모형을 그려준다.

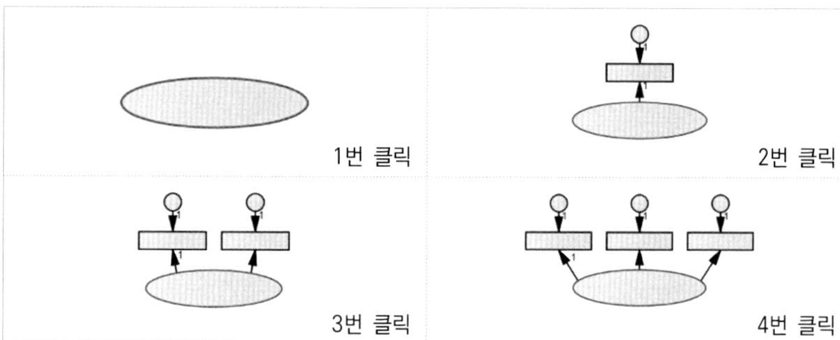

그림 5-3-8. 모형 그리기[ ]

관측 변수(Opserved variables)의 위치를 요인의 상단에서 좌측 또는 우측, 하단으로 옮기려면 Rotate the indicators of a latent variable[ ]을 선택한 후 모형을 클릭하면 시계 방향으로 변환된다.

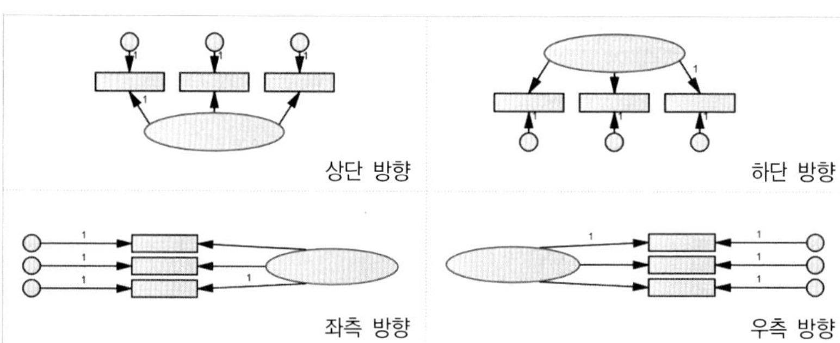

그림 5-3-9. 관측변수 방향 회전하기[ ]

[ ] 버튼을 이용하여 경제적 영향, 사회문화적 영향, 환경적 영향, 개발 지지도 등 4개의 비관측변수를 그린 후 각각 관측변수 5개, 4개, 3개, 6개를 만든다. 4개의 비관측변수의 경우 변수명이 별도로 설정되지 않기 때문에 직접 변수명을 부여해줘야 한다. 비관측변수 모형을 선택하면 객체 속성(Object Properties) 창이 열리게 된다.

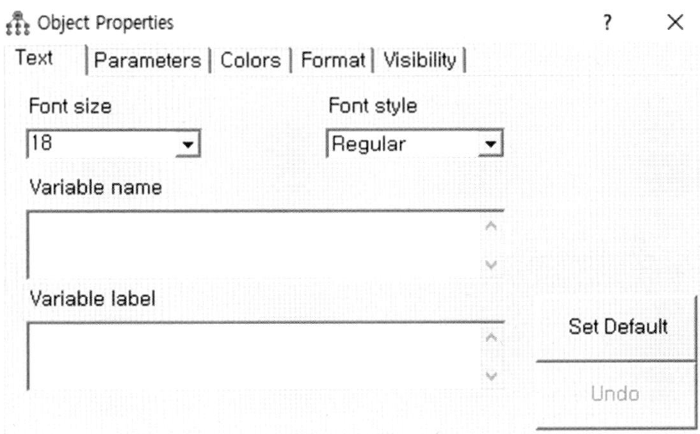

그림 5-3-10. 객체 속성(Object Properties)

변수 이름(Variable name)의 텍스트 상자에 비관측변수의 이름을 입력해주면 된다. 본 장에서는 경제적 영향, 사회문화적 영향, 환경적 영향, 개발 지지도가 비관측변수이기 때문에 각각 Economic, Social, Environmental, Support를 입력해주면 다음 〈그림 5-3-11〉과 같이 모형이 만들어진다.

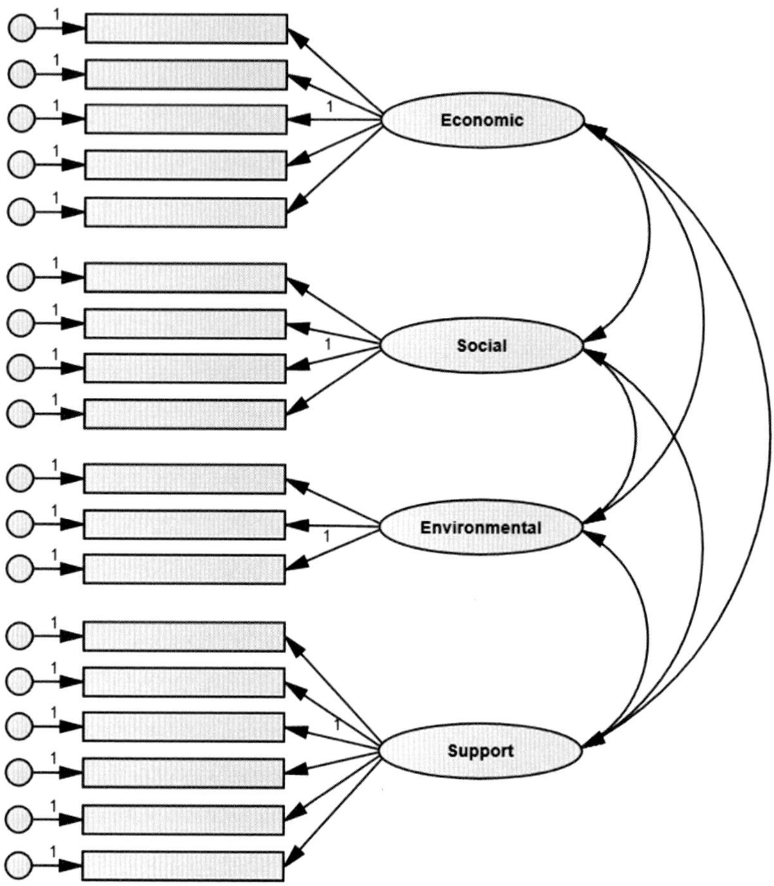

그림 5-3-11. 확인적 요인분석을 위한 개체 그리기

경제적 영향 요인은 5개, 사회문화적 요인은 4개, 환경적 요인은 3개, 주민 지지도는 6개 변수로 구성되었다. 조사된 데이터를 모형 안에 입력해야 하므로, List variables in data set[ ]을 클릭하여 자료를 관측변수(직사각형)에 순차적으로 삽입하면 된다.

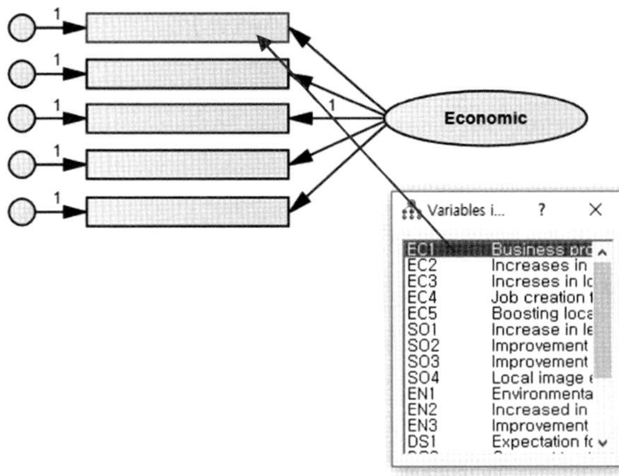

그림 5-3-12. 데이터 집합의 변수 목록[▤]에서 관측변수 삽입하기

삽입한 후 요인변수간의 상관성을 살펴보기 위하여 Select one object at a time[☝]을 선택하여 비관측변수 개체를 선택한다. 그 다음 Draw covariance[↔]을 클릭하여 공분산을 그린다.

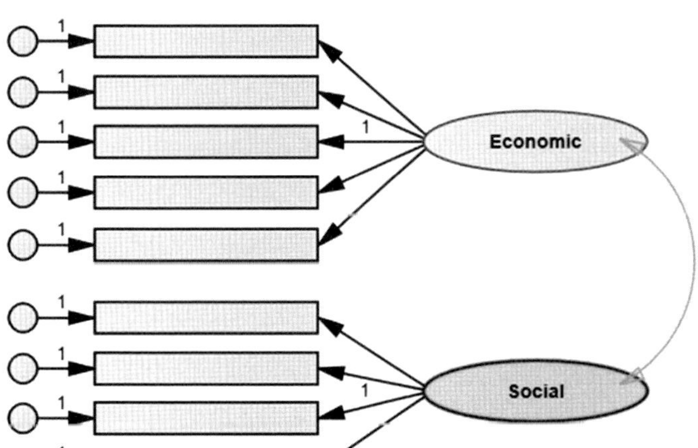

그림 5-3-13. 공분산(Covariance) 그리기

마지막으로 확인적 요인분석을 실시하려면 관측변수 좌측에 있는 오차항에 이름을 부여해야 한다. 오차항 이름 부여는 [Plugins] - [Name Unobserved Variables]를 클릭하게 되면 아래 그림과 같이 모형이 구축된다.

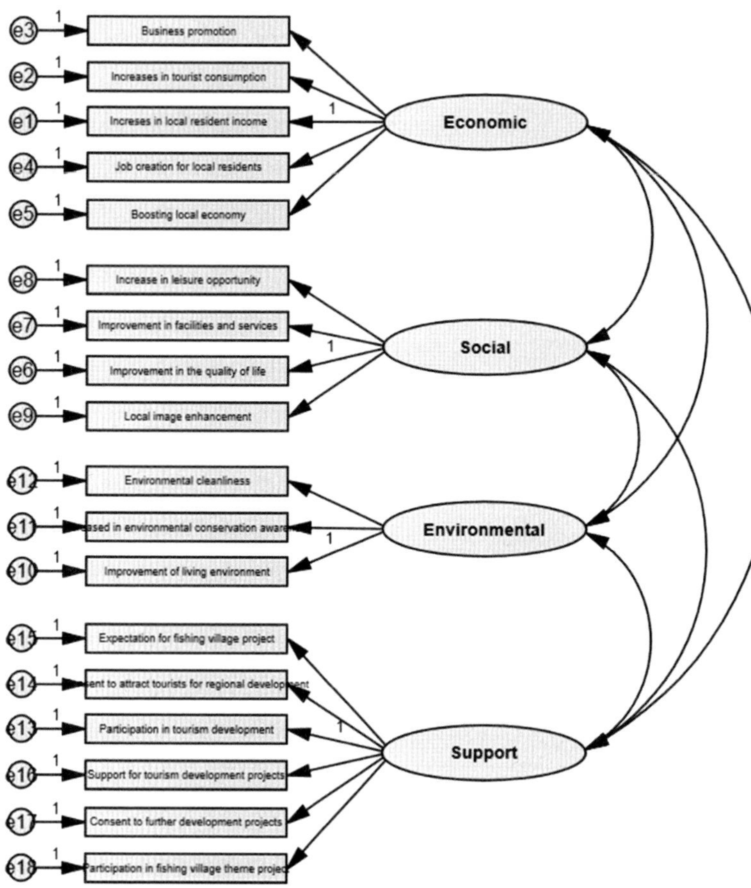

그림 5-3-14. 확인적 요인분석 모형 만들기

다음으로 구축한 확인적 요인분석 모형을 분석하기 위해서는 Analysis Properties[ ]를 클릭한 후 분석 방법을 설정해준다.

[Output] 탭에서 Standardized estimates(표준화 계수), Squared multiple correlations(다중상관제곱), Modification indices(수정 지수), Covariances of estimates(공분산 계수), Correlations of estimates(상관관계 계수)를 선택해준다.

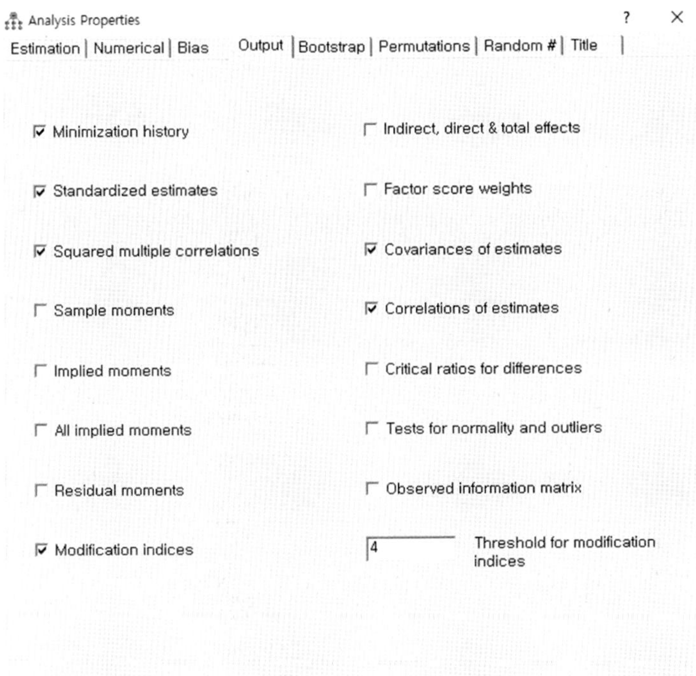

그림 5-3-15. 분석 방법 설정하기(Output)

분석 방법 설정이 완료된 후 Calculate estimates[ ] 비튼을 눌러 분석을 실시하면 분석 결과 창이 나타난다. 좌측 결과 화면에는 분석 요약(Analysis Summary), 추정값(Estimates), 모형 적합도(Model Fit) 등이 나타나게 되며, 클릭하게 되면 세부적인 정보를 확인할 수 있다.

그림 5-3-16. Amos 분석 결과(Amos Output) 좌측 화면

우측 결과 화면에는 세부적인 정보가 나타나게 된다.

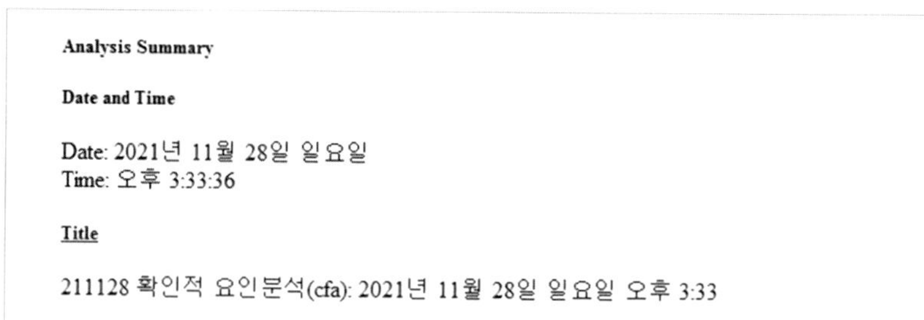

그림 5-3-17. Amos 분석 결과(Amos Output) 우측 화면

확인적 요인분석 모형에 대한 계수값을 살펴보기에 앞서, 모형의 적합도를 선행적으로 살펴보아야 한다. 모형의 적합도는 [Model Fit]에서 살펴볼 수 있는데, 연구자마다 모형의 적합도를 보는 기준이 다르기 때문에 각자의 연구에서 필요한 부분 등을 중점적으로 살펴보면 된다.

본 장에서는 CMIN, RMR, GFI, Baseline Comparisons, RMSEA를 중점적으로 살펴보았다.

CMIN에서는 'CMIN', 'P', 'CMIN/DF', RMR, GFI에서는 'RMR', 'GFI', 'AGFI', Baseline Comparisons에서는 'NFI', 'IFI', 'TLI', 'CFI', RMSEA에서는 'RMSEA'를 기준으로 모형의 적합도를 판단하였다.

CMIN

Model	NPAR	CMIN	DF	P	CMIN/DF
Default model	42	283.418	129	.000	2.197
Saturated model	171	.000	0		
Independence model	18	4857.020	153	.000	31.745

RMR, GFI

Model	RMR	GFI	AGFI	PGFI
Default model	.036	.924	.899	.697
Saturated model	.000	1.000		
Independence model	.373	.204	.111	.183

Baseline Comparisons

Model	NFI Delta1	RFI rho1	IFI Delta2	TLI rho2	CFI
Default model	.942	.931	.967	.961	.967
Saturated model	1.000		1.000		1.000
Independence model	.000	.000	.000	.000	.000

RMSEA

Model	RMSEA	LO 90	HI 90	PCLOSE
Default model	.056	.047	.065	.119
Independence model	.285	.278	.292	.000

그림 5-3-18. AMOS 모형 적합도

다음으로, 각 요인변수(비관측변수)에 대한 요인 타당도를 살펴보아야 한다. 연구 특징 또는 연구자마다 중점적으로 보는 요인이 다르지만 일반적으로 추정치(Estimate), 표준오차(S.E.), 다중상관제곱(SMC), 비표준화계수에서 표준화오타를 나눈 C.R.값 등을 확인하며, 추가적으로 개념신뢰도(CCR), 분산추출지수(AVE)를 확인해야 한다. 계산식은 다음과 같다.

$$개념신뢰도(CCR) = (\sum 표준화추정치)^2 / [(\sum 표준화추정치)^2 + (표준화측정오차합)]$$

$$분산추출지수(AVE) = (\sum 표준화추정치^2) / [(\sum 표준화추정치^2) + (표준화측정오차합)]$$

먼저, 회귀 가중치(Regression Weights)를 보면 다음과 같이 확인할 수 있는데, 여기서 Estimate값은 비표준화 계수로써 각 관측변수들에 대해 표준화하지 않은 값이라고 할 수 있다. 여기서는 'S.E.', 'C.R.', 'P' 값만을 확인하면 된다.

Regression Weights: (Group number 1 - Default model)

			Estimate	S.E.	C.R.	P	Label
EC3	<---	Economic	1.000				
EC2	<---	Economic	.943	.057	16.491	***	par_1
EC1	<---	Economic	.947	.060	15.834	***	par_2
EC4	<---	Economic	1.003	.057	17.663	***	par_3
EC5	<---	Economic	.979	.060	16.401	***	par_4
SO3	<---	Social	1.000				
SO2	<---	Social	.948	.051	18.456	***	par_5
SO1	<---	Social	.992	.058	17.165	***	par_6
SO4	<---	Social	.914	.049	18.773	***	par_7
EN3	<---	Environment	1.000				
EN2	<---	Environment	1.092	.067	16.353	***	par_8
EN1	<---	Environment	1.002	.072	13.925	***	par_9
DS3	<---	Support	1.000				
DS2	<---	Support	1.042	.051	20.395	***	par_10
DS1	<---	Support	1.070	.054	19.916	***	par_11
DS4	<---	Support	1.059	.048	22.141	***	par_12
DS5	<---	Support	1.016	.048	21.092	***	par_13
DS6	<---	Support	1.063	.051	20.953	***	par_14

그림 5-3-19. 분석 결과: 회귀 가중치(Regression Weights)

다음으로 표준화 회귀 가중치(Standardized Regression Weights)는 명칭 그대로 회귀계수 값을 표준화한 값이다.

Standardized Regression Weights: (Group number 1 - Default model)

			Estimate
EC3	<---	Economic	.825
EC2	<---	Economic	.761
EC1	<---	Economic	.738
EC4	<---	Economic	.800
EC5	<---	Economic	.758
SO3	<---	Social	.854
SO2	<---	Social	.802
SO1	<---	Social	.763
SO4	<---	Social	.811
EN3	<---	Environment	.814
EN2	<---	Environment	.843
EN1	<---	Environment	.708
DS3	<---	Support	.848
DS2	<---	Support	.832
DS1	<---	Support	.820
DS4	<---	Support	.873
DS5	<---	Support	.849
DS6	<---	Support	.846

그림 5-3-20. 분석 결과: 표준화 회귀 가중치(Standardirzed Regression Weights)

다음은 다중상관제곱(Squared Multiple Correlations)으로 일반적으로 탐색적 요인분석과 같이 0.5 이상일 경우 요인화하기에 의미 있는 변수로 볼 수 있다.

Squared Multiple Correlations: (Group number 1 - Default model)

	Estimate
DS6	.715
DS5	.721
DS4	.762
DS1	.673
DS2	.693
DS3	.719
EN1	.501
EN2	.711
EN3	.662
SO4	.658
SO1	.582
SO2	.643
SO3	.730
EC5	.575
EC4	.641
EC1	.545
EC2	.579
EC3	.681

그림 5-3-21. 분석 결과: 다중상관제곱(Squared Multiple Correlations)

확인적 요인분석을 통해서 모형의 적합도를 살펴보고, 각 비관측변수(요인변수)에 대한 요인 타당도를 확보했다면 본격적으로 인과관계를 살펴보는 구조방정식모형을 구축해야 한다.

확인적 요인분석 모형에서는 관측변수의 수가 많기 때문에 Paper를 세로형(기본 설정)을 활용하였으나, 독립변수가 종속변수에 미치는 경로를 그리기 위해서는 가로형으로 설정하는 것이 편리하다. 이에 Paper Size를 조정하는 방법을 살펴보겠다.

Paper Size는 [View] - [Interface Properties] - [Paper Size] 탭으로 이동하여 조정할 수 있다.

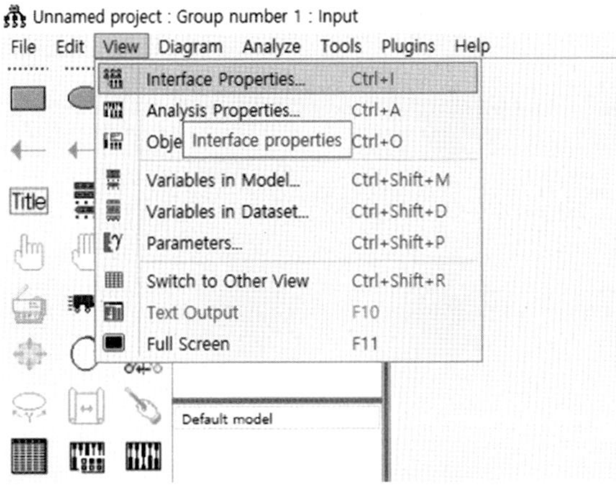

그림 5-3-22. View 탭 선택하기

Paper Size탭으로 이동하면 Portrait(A4, A5, A6, Legal, Letter)와 Landscape(A4, A5, A6, Legal, Letter)로 변경할 수 있는데, 본 장에서는 Landscape - A4로 설정하였다.

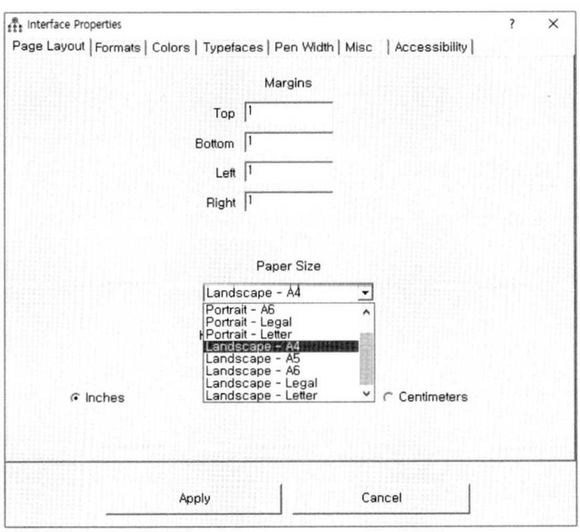

그림 5-3-23. 인터페이스 설정(Interface Properties)

Paper Size를 조정하면 〈그림 5-3-24〉와 같이 가로형 A4 사이즈로 변환된다.

그림 5-3-24. Landscape A4 설정 화면

변수 간의 인과관계를 살펴보기 위하여 독립변수인 경제적 영향, 사회문화적 영향, 환경적 영향 요인 변수를 좌측에 배치하고, 종속변수인 주민 지지도는 우측에 배치한다. 마지막으로 독립변수가 종속변수에 미치는 경로[←]를 그려주어 다음과 같이 모형을 구축한다.

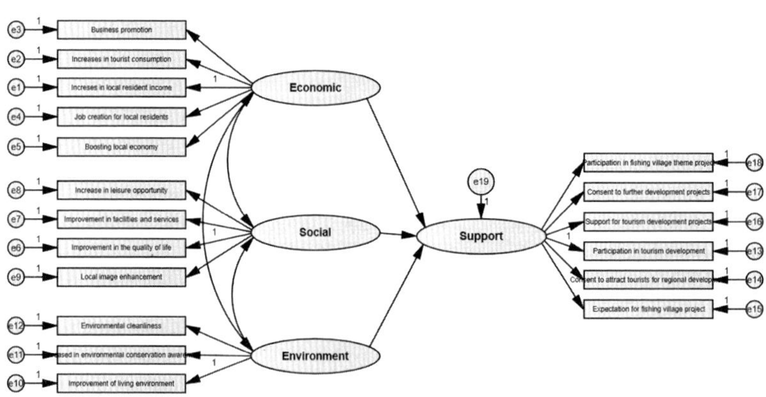

그림 5-3-25. 구조방정식모형 그리기

모형 구축 후 Analysis Properties[]를 클릭하여 분석 방법을 설정하고, Calculate estimates[] 버튼을 눌러 분석을 실시한다. 이후 분석 결과를 보기 위하여 View Text[]를 클릭한다.

Amos Output(결과 화면)을 보면 여러 가지 카테고리가 나타나게 된다. 연구자의 연구목적 등에 따라서 다르지만, 저자의 연구에서 주로 살펴본 항목은 다음과 같다.

① Notes for Model

Notes for Model에서는 본 모형의 기본적인 정보를 제공하는 탭으로 모형의 카이스퀘어(Chi-square)와 자유도(Degrees of freedom), 유의확률(Probability level) 등을 살펴볼 수 있다.

Notes for Model (Default model)

Computation of degrees of freedom (Default model)

Number of distinct sample moments:	171
Number of distinct parameters to be estimated:	42
Degrees of freedom (171 - 42):	129

Result (Default model)

Minimum was achieved
Chi-square = 283.418
Degrees of freedom = 129
Probability level = .000

그림 5-3-26. Notes for Model

② Estimates

Estimates에서는 비표준화 회귀계수를 비롯해 공분산, 상관관계, 분산, 다중상관제곱 등을 살펴볼 수 있는 탭이다.

Estimates (Group number 1 - Default model)

Scalar Estimates (Group number 1 - Default model)

Maximum Likelihood Estimates

Regression Weights: (Group number 1 - Default model)

			Estimate	S.E.	C.R.	P	Label
Support	<---	Economic	.477	.084	5.687	***	par_15
Support	<---	Social	-.068	.089	-.761	.447	par_16
Support	<---	Environment	.331	.063	5.256	***	par_17
EC3	<---	Economic	1.000				
EC2	<---	Economic	.943	.057	16.491	***	par_1
EC1	<---	Economic	.947	.060	15.834	***	par_2
EC4	<---	Economic	1.003	.057	17.663	***	par_3
EC5	<---	Economic	.979	.060	16.401	***	par_4

그림 5-3-27. Estimates

③ Model Fit

Model Fit에서는 앞서 설명한 것과 같이 모형의 적합도를 볼 수 있는 탭으로 CMIN, RMR, GFI, Baseline Comparisons, RMSEA 등을 통해서 모형의 적합도를 확인할 수 있다.

Model Fit Summary

CMIN

Model	NPAR	CMIN	DF	P	CMIN/DF
Default model	42	283.418	129	.000	2.197
Saturated model	171	.000	0		
Independence model	18	4857.020	153	.000	31.745

RMR, GFI

Model	RMR	GFI	AGFI	PGFI
Default model	.036	.924	.899	.697
Saturated model	.000	1.000		
Independence model	.373	.204	.111	.183

Baseline Comparisons

Model	NFI Delta1	RFI rho1	IFI Delta2	TLI rho2	CFI
Default model	.942	.931	.967	.961	.967
Saturated model	1.000		1.000		1.000
Independence model	.000	.000	.000	.000	.000

그림 5-3-28. Model Fit

[Amos Output(결과 화면)] - [Notes for Model], [Estimates], [Model Fit] 에서 연구자가 살펴보고자 하는 결과값들을 문서에 별도로 저장한다.

5-4 결과 해석 따라하기

1. 모형 적합도 해석 따라하기

분석 결과를 해석하기에 앞서, 연구자가 구성한 연구모형이 적합한지 검증하는 것이 가장 선행되어야 한다. 분석 결과 값이 유의하더라도 연구모형이 적합하지 않다면 분석 결과가 유의하다고 볼 수 없기 때문이다.

먼저 본 장에서 사용한 구조방정식모형(SEM)은 연구자마다, 연구주제에 따라 적합도 기준을 다르게 설정하고 있는데, 일반적으로 다른 연구방법론에 비해 모형 적합도를 검증하는데 다소 까다롭다. 본 연구에서는 모형 적합도를 최대한 많이 살펴봄으로써 연구모형의 신뢰성과 타당성을 확보하도록 노력했다.

먼저, 구조방정식모형 적합성을 확인하기 전에 탐색적 요인분석과 확인적 요인분석, 신뢰도 분석 등을 통해서 각 개별 변수와 변수들 간에 신뢰성과 타당성을 확보해야 한다. 본 장에서는 신뢰성 및 타당성 검증을 제외하고 구조방정식모형에 대한 모형 적합도만 살펴보도록 하겠다.

구조방정식모형의 적합성을 평가는 크게 절대적합지수(Absolute Fit Index)와 증분적합지수(Incremental Fit Index), 간명적합지수(Comparative Fit Index)를 주로 적용하고 있다. 그러나 본 연구에서는 절대적합지수와 증분적합지수를 이용하여 연구모형에 대한 적합도 평가를 실시하였다. 절대적합지수는 카이제곱(CMIN, χ^2), 유의수준(p), 표준카이제곱(CMIN/DF), 기초적합지수(GFI), 조정된 적합지수(AGFI), 평균제곱잔차제곱근(RMR), 근사평균오차제곱근(RMSEA)을 살펴보았고, 증분적합지수에서는 표준적합지수(NFI), 증대적합지수(IFI), 비표준적합지수(TLI), 비교적합지수(CFI)를 살펴보았다(표 5-4-1 참조).

표 5-4-1. 연구모형 적합도

구분	적합지수	최적 모형	연구 모형
절대적합지수	카이제곱(CMIN, x^2)	-	283.418
	p	p > 0.05	0.000
	표준카이제곱(CMIN/DF)	CMIN/DF < 3	2.197
	기초적합지수(GFI)	0.9 ≤ GFI ≤ 1	0.924
	조정된 적합지수(AGFI)	0.9 ≤ AGFI ≤ 1	0.899
	평균제곱잔차제곱근(RMR)	0 ≤ RMR ≤ 0.05	0.036
	근사평균오차제곱근(RMSEA)	RMSEA < 0.1	0.056
증분적합지수	표준적합지수(NFI)	0.9 ≤ NFI ≤ 1	0.942
	증대적합지수(IFI)	0.9 ≤ IFI ≤ 1	0.967
	비표준적합지수(TLI)	0.9 ≤ TLI ≤ 1	0.961
	비교적합지수(CFI)	0.9 ≤ CFI ≤ 1	0.967

절대적합지수를 살펴보면, CMIN값이 283.418(p = 0.000)로 나타났고, CMIN/DF값은 2.197로 최적모형 기준인 3 이하로 나타났으며, 나머지 절대적합지수는 GFI = 0.924, AGFI = 0.899, RMR = 0.036, RMSEA = 0.056으로 나타났다. 증분적합지수에서는 NFI = 0.942, IFI = 0.967, TLI = 0.961, CFI = 0.967로 본 연구모형이 기준에 적합한 것으로 볼 수 있다.

그러나 0.9라는 기준은 절대적인 기준이 아니라고 할 수 있는데 앞서 언급한 것처럼 연구 주제, 연구자마다 기준이 상이하며, 기초적합지수(GFI)와 조정된 적합지수(AGFI)의 경우 표본 특성의 비일관성에 영향을 많이 받는 지수이기 때문에 표본의 특성으로부터 자유로운 비교적합지수(CFI)를 기준으로 판단하기도 한다(송지준, 2015). 만약 분석과정에 있어서 0.9에 미치지 못한 0.84, 0.87로 결과가 나오더라도 다른 적합지수를 확인해 연구모형의 타당성을 주장하는 것도 하나의 방법이다.

본 연구모형의 적합성을 전체적으로 살펴보면, 최적 모형의 기준 수치에 모두 부합되는 모형이라고 할 수 있으며, 이후 분석결과를 해석하기에 적절한 연구모형이자 수용 가능한 연구모형이라고 볼 수 있다.

2. 분석결과 해석 따라하기

명품어촌테마마을 개발에 따른 경제적, 사회문화적, 환경적 영향이 주민 지지도에 미치는 영향관계 검증의 적합여부는 임계값인 C.R.값(±1.96)과 유의 수준을 나타내는 p값($p<0.05$)으로 판단하였다.

명품어촌테마마을 개발에 따른 경제적 영향과 환경적 영향은 주민 지지도에 유의한 영향을 미치는 것으로 나타났다. 세부적으로 살펴보면, 경제적 영향이 주민 지지도에 정(+)의 영향($\beta=0.494$, $p<0.001$)을 미치는 것으로 나타났다. 환경적 영향 또한 주민 지지도에 정(+)의 영향($\beta=0.348$, $p<0.001$)을 미치는 것으로 나타났으며, p값이 모두 0.000으로 통계적으로 유의하다고 판단할 수 있다. 반면에 사회문화적 영향의 경우 표준화 계수값이 음의 값($\beta=-0.071$)으로 나타났으나, 유의확률(p)이 0.049로 통계적으로 유의하지 않은 것으로 판단할 수 있다.

표 5-4-2. 어촌마을 개발의 영향 인식이 개발 지지도에 미치는 영향 검증 결과

경로			표준화 경로계수	표준오차	C.R.값	유의확률
경제적 영향	→	개발 지지도	0.494	0.093	5.60	0.000
사회문화적 영향	→		-0.071	0.105	-0.76	0.449
환경적 영향	→		0.348	0.067	5.26	0.000

이러한 분석결과를 해석해보면, 지역주민들이 명품어촌테마마을 개발사업 추진 시 경제적 영향을 매우 중요하게 생각하고 있음을 알 수 있어, 주민들이 인식하는 편익, 즉 경제적인 혜택을 높이는 것이 매우 중요하다는 것을 의미한다. 또한 환경적 영향이 유의하게 나타난 것은 도서라는 특성으로 인해서 보길도, 노화도, 소안도 주민들은 환경 보존에 많은 관심을 가지고 있다는 것을 알 수 있다.

다음으로 본 연구의 중요한 부분인 거주지역의 조절효과에서는 개발 영향 인식이 주민 지지도에 미치는 영향에 있어서 주민들이 거주하는 지역에 따라 차이가 있는지 살펴보았다. 명품어촌테마마을이 조성되는 보길도, 보길도와 연도교로 연결되어 있는 노화도, 연결되지 않은 소안도를 비교하였다. 지역주민들의 거주 지역을 자유모델과 통제모델로 분석한 결과, 적합도에서 표준적합지수(NFI)값이 0.9 미만으로 나타났으나, 증대적합지수(IFI), 비표준적합지수(TLI), 비교적합지수(CFI) 값이 0.9 이상으로 나타나 연구모형은 수용가능하다고 판단했다.

표 5-4-3. 연구모델(모형) 적합도 비교

구분	연구모델(모형) 적합도
자유모델	CMIN = 659.123, p = 0.000, CMIN/DF = 1.703, NFI = 0.877, IFI = 0.945, TLI = 0.934, CFI = 0.944, RMSEA = 0.043
통제모델	CMIN = 667.105, p = 0.000, CMIN/DF = 1.698, NFI = 0.875, IFI = 0.945, TLI = 0.935, CFI = 0.944, RMSEA = 0.043

먼저, 자유모델을 살펴보면, 보길도 주민이 인식하는 경제적 영향과 환경적 영향이 주민 지지도에 미치는 경로계수는 각각 0.494(p = 0.000), 0.348(p = 0.000)로 유의한 정(+)의 영향을 미치는 것으로 분석되었다.

다음으로, 노화도 주민이 인식하는 경제적 영향이 주민 지지도에 미치는 경로계수는 0.700(p=0.000)으로 유의한 정(+)의 영향을 미치는 것으로 나타났다.

마지막으로, 소안도 주민이 인식하는 경제적 영향과 환경적 영향이 주민 지지도에 미치는 경로계수는 각각 0.379(p=0.025), 0.397(p=0.003)로 유의한 정(+)의 영향을 미치는 것으로 분석되었다.

표 5-4-4. 영향 인식과 지지도 간 거주지역의 조절효과(자유모델) 분석

경로				표준화 경로계수	표준오차	C.R. 값	유의확률
보길도	경제적 영향	→	개발 지지도	0.494	0.093	5.60	0.000
	사회문화적 영향	→		-0.071	0.105	-0.76	0.449
	환경적 영향	→		0.348	0.067	5.26	0.000
노화도	경제적 영향	→		0.700	0.154	4.53	0.000
	사회문화적 영향	→		0.069	0.205	0.34	0.736
	환경적 영향	→		0.193	0.126	1.54	0.124
소안도	경제적 영향	→		0.379	0.169	2.25	0.025
	사회문화적 영향	→		-0.148	0.203	-0.73	0.466
	환경적 영향	→		0.397	0.132	3.02	0.003

제약모델에서는 경제적 영향과 환경적 영향의 인식이 주민 지지도에 유의한 영향을 미치는 것으로 나타났다. 경제적 영향이 주민 지지도에 정(+)의 영향(β=0.566, p〈0.001)을, 환경적 영향은 주민 지지도에 정(+)의 영향((β=0.389, p〈0.001)을 미치는 것으로 보여지며, 모두 p값이 0.000으로 결과값이 통계적으로 유의함을 알 수 있다.

표 5-4-5. 영향 인식과 지지도 간 거주지역의 조절효과(제약모델) 분석

경로			표준화 경로계수	표준오차	C.R.값	유의확률
경제적 영향	→	개발 지지도	0.566	0.094	6.03	0.000
사회문화적 영향	→		-0.131	0.100	-1.30	0.193
환경적 영향	→		0.389	0.066	5.90	0.000

분석 결과를 종합해보면 먼저 경제적 영향과 지지도 간의 영향관계에 있어서 노화도, 보길도, 소안도 순으로 높게 나타났으며, 모두 통계적으로 유의한 것으로 볼 수 있다. 사회문화적 영향과 지지도 간의 영향관계의 경우 모두 통계적으로 유의하지 않은 것으로 분석되었다. 환경적 영향과 지지도 간의 영향관계에서는 보길도, 소안도, 노화도 순으로 높게 나타났는데, 노화도의 경우 통계적으로 유의하지 않은 것으로 나타났다.

따라서 명품어촌테마마을 개발사업은 사업 대상 지역인 보길도와 연도교로 연결되어 있는 노화도 주민들이 경제적 영향 부분을 크게 인식하고 있었으며, 다음으로 보길도, 소안도 순으로 나타났다. 환경적 영향 부분에 있어서는 보길도와 소안도 지역주민들이 인식하고 있었으나, 노화도 지역주민의 경우 통계적으로 유의하지 않아, 사업대상지와 사업대상지와 연도교 연결, 사업대상지와 연도교 미연결 등 3가지 지리적 위치에 따라 영향 인식에 차이가 있었으며, 이는 도시 지역 간 연도교 개통 여부에 따라 영향 인식에 차이가 있다고 할 수 있다.

5-5 마치며

1. 구조방정식모형 설명을 마치며

이 논문이 작성되기까지 선행연구 검토부터 지도교수님과 많은 논의를 해왔다. 처음 석사과정에 입학하고 관광개발 영향에 대한 연구를 진행해 학술대회에 참가하는 과정 속에서 대학원생 세션에서 최우수상을 수상하게 되었고, 해당연구의 확장하여 본 연구를 진행하게 되었다. 관광개발 영향과 지지도 간의 관계를 살펴보는 연구가 다양하게 진행되어왔기 때문에 변수나 연구대상, 방법론 등의 차별성이 필요했다. 그래서 유·무인도가 많은 우리나라의 지역적 특성을 차별성으로 설정하면서 연구를 진행했다.

이 논문의 조사·연구를 시작했던 2018년에 어촌 지역을 대상으로 한 국책 프로젝트가 기획·추진되면서 정부뿐만 아니라, 섬을 보유하고 있는 지방·기초자치단체에서 많은 관심을 가지게 되었다. 이 중 명품어촌테마마을 조성사업은 섬 지역에서도 어촌지역을 활성화하고자 추진되었다. 현재는 어촌뉴딜300이라는 사업명으로 추진되고 있으며 구체적인 사업내용 등이 많이 변경되었다. 이후에도 섬에 대한 중앙부처의 관심이 높아지면서 한국섬진흥원이 목포시에 설립되었고, 신안군을 비롯한 일부 도서지역에 연륙교·연도교가 건설되고 있다.

이 책의 주 목적은 논문 작성법이 아닌 연구방법론을 실제로 따라해볼 수 있도록 하는 것이다. 구조방정식모형은 앞서 설명했던 것처럼 회귀분석과 경로분석, 상관분석, 요인분석 등을 결합한 복합형 연구모형이라고 할 수 있다. 회귀분석이나 상관분석, 요인분석 등은 인터넷에 자세하고 친절하게 설명되어 있어서 수월하게 할 수 있었지만, 그 당시에 구조방정식모형은 생각보다 인터넷에 자료가 많지 않았고 대부분 구조방정식모형에 대한 이론적인 설명 등이 즐비했다. 유튜브에서도 강의를 하는 유튜버가 시연하는 데이터를 직접 사용해 볼 수 없었고, 내가 분석하고자 하는 데이터와도 특성이 달랐기 때문에 어려움이 많았다.

그리고 분석을 해석하다보면 수치나 적합도 등 생소한 용어들이 많이 나올 때면 도서관에 가서 구조방정식모형에 대한 책들을 읽어보았고, 유튜브도 찾아보았다. 이처럼 분석에 많은 시간을 할애했었기 때문에 몇 가지 조언을 하고 싶다.

첫째, 연구방법론에 많은 시간을 할애해야 한다. 연구방법론을 다루는데 있어서 많은 시간을 할애하는 것은 당연하다. 구조방정식모형의 거듭된 실패로 구조방정식모형 분석이 아닌 회귀분석을 고민하기도 했다. 하지만 포기하지 않고 문제 해결을 위해 공부하고, 찾아보다보니 결국 원하는 결과를 얻을 수 있었다. 그래서 가장 이야기해주고 싶은 부분은 나의 연구를 위한 방법론을 정했다면 원하는 결과가 나올 때까지 공부를 하고, 분석을 했으면 한다는 것이다. 시간을 할애하고, 고생한 만큼 습득한 내용이 값질 것이고, 쉽게 잊어버리지도 않게 되어 나만의 분석 도구를 갖게 되는 것이다. 그리고 주변 사람들이 방법론에 대해서 질문했을 때 방법론에 대하여 답변을 할 수 있다.

둘째, 연구대상지역을 선정할 때에는 많은 고민 끝에 결정해야 한다. 연구의 특성에 따라 다르겠지만, 연구대상지역을 선정하고 데이터를 수집하고 난 뒤, 연구대상지역을 변경한다면 시간 소비가 엄청나다. 그리고 만약 여기서 소개하고 있는 논문과 같이 도서지역 등을 대상으로 하면 시간, 비용 등이 많이 들게 된다. 이러한 요소들을 종합적으로 고려해서 신중하게 선정하는 것이 좋다.

셋째, 연구방법론 서적을 구매하여 여러번 실습해보는 것이 중요하다. 구조방정식모형을 사용하는 방법을 다룬 책들은 무수히 많다. 하지만 모든 책의 내용이 동일하지 않기 때문에 하나의 책으로 모든 것을 이해하려하기 보다는 여러 개의 책을 비교해보고, 본인의 연구 주제와 맞으면서 쉽게 따라할 수 있는 책을 2~3권 정도는 구매하는 것을 추천한다.

위의 3가지 조언은 사실 매우 일반적이고 평범하다. 하지만 내가 학위논문을 작성하면서 가장 크게 와 닿았던 부분이었다. 그래서 이 내용을 꼭 전달해주고 싶었다.

2. 학위논문 심사 주요의견 및 개선내용

학위논문 심사 중 주로 연구모형에 대해서 의견을 주셨다. 그 중에서도 가장 기억에 남는 것은 변수의 조작적 정의와 모형 구축의 타당성이었다. 특히 변수의 조작적 정의에 있어서 논문 심사를 통해 많이 배웠던 것 같다. 단순히 선행연구에서 제시한 조작적 정의, 즉 요인변수명을 그대로 활용하기보다는 그동안의 연구자들이 요인변수명을 왜 저렇게 조작했는지, 그리고 명명은 적합한지를 고민해볼 필요가 있다.

그리고 구조방정식모형을 구축했을 때, 모형이 타당한지를 살펴볼 필요가 있다. 모형의 타당성을 확보하기 위해 적합도지수 등을 살펴볼 생각을 하게 되는데, 구조방정식모형은 일반적인 회귀분석과 같이 변수1과 변수2의 영향관계가 있는지 검증하기 보다는 선행연구에 근거하여 인과관계가 있는 변수들을 활용하여 보다 복잡한 모형을 구축하여 분석하는 방법이라 생각한다. 본인이 여러 개의 변수를 이용해서 복잡한 모형을 구축하고 이들 간의 영향관계를 살펴보고자 한다면 구조방정식모형을 사용하는 것을 추천한다.

표 5-5-1. 연구모델(모형) 적합도 비교

의견	답변
• 가설 검증모형(그림)에 대한 설명 필요	⇒ 검증모형 수정 및 설명 추가
• 분석방법이 많아 통계논문으로 볼 수 있어 정책적 시사점 강화 필요	⇒ 분석결과에 따른 학술적 및 정책적 시사점 추가 보완
• 농촌지역과 어촌지역간의 비교 필요	⇒ 농촌지역 대상 유사연구와 비교하여 이에 대한 시사점을 작성
• 타 연구와 차별화될 수 있는 방안 제시	⇒ 선행연구 검토를 통해 4가지 차별성 제시
• 요인변수들에 대한 명칭 변경	⇒ 요인변수명에 대하여 선행연구에 근거하여 요인명을 변경

참고문헌

김주진(2017), “어촌마을 개발의 영향 인식과 지역 애착도가 주민 지지도에 미치는 영향 연구: 보길도 명품어촌테마마을을 사례로”, 전남대학교 대학원 석사학위 논문.

김주진·신우진(2020), “도서지역 물리적 연결이 관광개발 영향 인식과 주민 지지도 관계에 미치는 영향: 완도군 보길도 명품어촌테마마을 조성 사업을 사례로”, 국토계획, 55(2), pp.45-58.

우종필(2014), 「구조방정식모델 오해와 편견」, 한나래: 서울.

송지준(2015), 「논문작성에 필요한 SPSS AMOS 통계분석방법」, 서울: 21세기사.

허준(2013), 「허준의 쉽게 따라하는 AMOS 구조방정식모형-기초편」, 서울: 한나래출판사.

IBM SPSS Amos, https://www.ibm.com.

제6장

생존분석

강민수
전남대학교 도시·지역개발학 박사과정
소상공인시장진흥공단
광주호남운영지원팀 대리

본 학위논문은 자영업자 8업종의 생존율을 역세권과 비역세권, 상권과 비상권, 복합상권과 비복합상권과의 공간적인 비교적 연구를 진행하였다. 연구 방법은 R을 통한 생존분석을 진행하였다. R을 통하여 분석을 도출하는 과정과 그 결과를 분석한 것을 설명한다. 그리고 학위논문 심사 과정에서 나타난 문제점들을 어떻게 수정하고 반영하였는지를 설명한다.

6-1 학위논문 소개

생존분석은 저자가 전남대학교 도시·지역개발학 석사학위논문을 기반으로 작성하였다. 먼저, 본 학위논문에 대한 이해가 필요하기에 연구배경, 연구목적, 연구자료, 연구방법, 결론에 대하여 설명을 하고자 한다.

도시·지역개발학 석사학위논문

자영업자 업종별 생존율에 관한
공간적 비교연구
- 광주광역시 주요상권과 지하철 역세권을 중심으로 -

전 남 대 학 교 대 학 원
지 역 개 발 학 과

강 민 수

2020년 2월

그림 6-1-1. 학위논문 표지(전남대학교 대학원)

1. 연구배경

통계청에서 2019년에 발표한 경제활동인구조사의 자영업자 현황에 따르면 2010년에 5,643천명에서 시작하여 2012년에 5,768천명까지 증가하였다. 자영업자가 가장 많았던 2012년을 기준으로 2018년까지 자영업자 수가 감소하고 있는 추세이다. 이러한 상황을 감안하여 중앙부처와 지자체에서는 자영업자 폐업의 맞춤형 정책을 지원하고 있다. 자영업자 생존과 폐업에 관한 관심이 지속적으로 나타나면서 자영업자의 생존 정책들에 대한 논의가 활발해지고 있다.

전국 단위의 자영업자 생존율에 관한 연구는 진행이 되고 있지만 지방 단위의 자영업자 생존율에 대한 연구는 많이 부족한 실정이다. 2019년에 통계청에서 경제활동인구조사의 자영업자 현황을 연도별로 분석하였지만 지방 단위의 자영업자 현황과 실태조사가 이루어지지 않은 것을 확인 할 수 있다.

2. 연구목적

본 연구의 목적은 광주광역시 자영업자 현황을 생존분석과 GIS를 활용하여 공간적인 비교분석을 진행하여 광주광역시 자영업자의 실태를 분석하고 해당지역 자영업자의 활성화를 위한 정책적인 방향을 제시하는 것이다.

3. 연구의 범위

연구의 범위는 시간적, 공간적, 내용적으로 3가지로 구분하여 연구를 하였다. 시간적 범위는 2016년부터 2018년까지이다. 자료는 공공데이터포털에 제공되는 소상공인시장진흥공단의 연도별 상가업소정보를 활용하였다. 생존분석 시점을 6개월(반기)마다 분석을 진행하여 자영업자 생존시점을 보다 세밀하게 연구하였다.

내용적 범위는 연도별 상가업소정보를 기초로 하여 광주광역시의 업종별 현황을 추출하여 생활서비스업, 관광·여가·오락업, 소매업, 부동산업, 음식업, 숙박업, 의료업, 학문·교육업과 같이 8개 업종의 생존에 관한 분석을 진행한다.

공간적 범위는 광주광역시 역세권, 주요상권과 비상권, 복합상권과 비복합상권이다. 광주광역시 소태역부터 평동역까지 20개역으로부터 직선거리 500m까지의 역세권으로 설정하고 나머지는 비역세권으로 설정한다. 공공데이터포털에 공유된 전국주요상권현황 중 광주광역시의 32개의 상권을 주요상권으로 설정하고 나머지는 비상권으로 설정한다. 복합상권은 역세권 중 지하철 역세권과 상권이 겹쳐지는 22개이다. 지하철 역세권에서 복합상권의 부분을 제외한 곳이 비복합상권으로 설정한다.

4. 연구과정 및 방법

자영업자에 대한 주요 연구들은 전국 대상 또는 수도권 중심으로 진행이 되어있다. 자영업자에 대한 정책지원이 큰 틀의 개념에서 표준화된 정책이 필요하지만 지역별 특성이 반영된 정책도 반드시 필요하다. 이에 광주광역시를 선택하였고 본 연구를 통하여 광주광역시 자영업자 정책에 많은 도움이 되었으면 한다.

본 연구는 생존분석과 GIS를 통한 공간적 비교분석을 통하여 자영업자의 공간단위별 생존분석을 진행하였다. 첫째, R을 활용하여 2016년부터 2018년까지의 상가업소정보를 반기별로 분석하였다. 도출된 광주광역시 전체 업종과 업종별로 생존분석의 결과는 기초통계 자료로 활용한다.

둘째, 상권, 역세권, 복합상권 등의 공간적 개념을 도입하여 수립된 가설을 검증하는 연구를 진행하였다. QGIS를 통하여 상권과 비상권, 역세권과 비역세권, 복합상권과 비복합상권에 해당되는 자영업자들을 추출한 뒤 해당 점포에 대한 생존율분석을 하였다.

셋째, 상권과 비상권, 역세권과 비역세권, 복합상권과 비복합상권과 같이 공간적 비교분석을 진행하였다. 공간적 비교분석을 통하여 도출된 그래프를 상권과 비상권, 역세권과 비역세권, 복합상권과 비복합상권 8개 업종으로 구간별 그래프 면적에 대한 차이를 비교하였다. 또한 총 면적에 대한 그래프 면적도 비교하여 공간비교에 대한 가설검증을 하였다.

5. 연구결과 및 시사점

분석결과를 요약하면 첫째, 업종별 생존함수의 그래프는 우하향한다. 둘째. 조사기준시점으로부터 12개월~18개월인 시점에 업종별 자영업자들의 폐업이 많다. 셋째, 숙박업, 소매업, 음식업, 학문·교육업, 의료업의 경우에는 타업종과 달리 생존함수의 그래프의 기울기가 가파르다는 것이다.

광주광역시 자영업을 활성화시키고 자영업자들의 생존율을 제고시키기 위해서는 자영업자 생애주기(창업기-성숙기-폐업기)에 맞추어 정책지원을 해야 한다. 또한, 상권과 역세권에 모든 업종들의 생존율이 높은 것이 아니기에 실증 연구를 통하여 정확한 분석을 통한 정책적 지원도 필요하다.

자영업자는 다양한 종류의 업종들이 존재하지만 공공데이터포털에서 제공하는 8가지만 생존분석을 진행하였다는 점이 한계이다. 또한 광주광역시로 국한하여 연구하였기에 연구결과를 전국적으로 일반화하기에는 다소 한계점이 있다. 본 연구는 8개 업종만 진행하였지만 업종을 세분화하여 진행이 필요하다. 그리고 아파트 건축, 지하철2호선 역세권 등으로 새로운 상권이 생성된다면 이에 따른 추가적인 연구도 진행되어야 한다.

6-2 자료 찾기 따라하기

1. 생존분석 자료 찾기

생존분석은 기준시점으로부터 일정한 기간까지의 시점자료들이 필요하다. 가장 정확한 자료는 국세청의 폐업자료이다. 하지만 개인정보 상의 이유로 활용 범위가 한계가 있다. 그래서 소상공인시장진흥공단 상권업소정보를 활용하여 본 연구를 하였다.

본 연구를 추진하기 위해 2016년부터 2018년까지의 상권업소정보 자료를 6개월 단위(반기별)로 수집하였다.

공공데이터포털(www.data.go.kr) 주소로 접속하여 소상공인시장진흥공단 상가(상권)정보를 검색하게 되면 상가(상권) 정보가 나오게 된다. 그 자료를 클릭하고 들어가게 되면 6개월 단위로 데이터를 구득할 수 있다. 상가(상권)정보에 포함된 데이터의 내용은 업체명, 업체별 위치정보(점 데이터)등에 대한 내용이 포함되어 있기에 GIS를 통한 공간 및 위치 분석이 가능하다. 상가(상권)정보는 엑셀파일로 되어 있는데 상가업소번호, 상호명, 업종정보 등의 항목이 있다. 이러한 항목은 생존분석 대상을 추적할 때 꼭 필요한 항목이다. 그리고 상호별로 위도, 경도에 대한 내용도 있는데 이 위도, 경도 항목은 QGIS에서 카카오맵과 같은 지도 위에 위치(점데이터)를 구현할 때 꼭 필요한 자료이다.

○ 공공데이터포털: 공공데이터포털(www.data.go.kr) 주소로 접속

그림 6-2-1. 공공데이터 포털 화면

○ 검색창에 상가(상권)정보를 검색

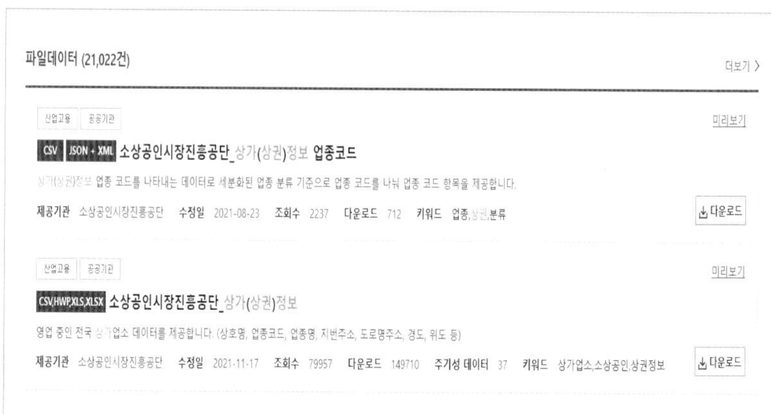

그림 6-2-2. 상가(상권)정보 검색 화면

○ 상가(상권)정보에 들어가서 필요한 자료를 클릭하여 다운

주기성 과거 데이터 (36건) 더보기 닫기

- 소상공인시장진흥공단_상가(상권)정보_20210630 등록일 : 2021-07-28
- 소상공인시장진흥공단_상가(상권)정보_20210331 등록일 : 2021-04-28
- 소상공인시장진흥공단_상가(상권)정보_20201231 등록일 : 2021-01-28
- 소상공인시장진흥공단_상가(상권)정보_20200930 등록일 : 2020-12-02
- 소상공인시장진흥공단_상가(상권)정보_20200630 등록일 : 2020-09-28

목록

그림 6-2-3. 자료 다운로드 화면

○ 다운로드한 엑셀파일에서 필요한 정보 추출하기

상가업소번	상호명	지점명	상권업종디	상권업종디	상권업종중	상권업종중	상권업종소	상권업종소	표준산업분	표준산업분	시도코드	시도명	시군구코드	시군구명
23422020	달빙고	선운점	Q	음식	Q04	분식	Q04A01	라면김밥분	I56194	분식 및 김	29	광주광역시	29200	광산구
25195570	그남자의지름신		D	소매	D05	의복의류	D05A01	일반의류	G47416	셔츠 및 기	29	광주광역시	29155	남구
23249359	휴먼세탁소		F	생활서비스	F02	세탁/가사	F02A01	세탁소/빨	S96912	가정용 세	29	광주광역시	29155	남구
25217643	에이치에스이허석영C		R	학문/교육	R04	학원-어학	R04A01	학원-외국	P85502	외국어학원	29	광주광역시	29110	동구
3179221	우리식육점		D	소매	D01	음/식료품	D01A06	육류소매	G47212	육류 소매	29	광주광역시	29140	서구
24009995	김민주헤어아트		F	생활서비스	F01	이/미용/건	F01A01	여성미용실	S96112	두발미용업	29	광주광역시	29200	광산구
20739262	오프라인컴퓨터		F	생활서비스	F03	개인/가정	F03A07	컴퓨터수리	S95121	컴퓨터 및	29	광주광역시	29140	서구
19908671	솔나무떡전문점		Q	음식	Q08	제과제빵떡	Q08A03	떡전문			29	광주광역시	29140	서구
28523680	프로미카월광주운암점		F	생활서비스	F14	자동차/이	F14A01	자동차정비/카센타			29	광주광역시	29170	북구
28503828	슈니발렌신세계백화		Q	음식	Q08	제과제빵떡	Q08A01	제과점	I56191	제과점업	29	광주광역시	29140	서구
23491097	사부자족발&부대찌기		Q	음식	Q01	한식	Q01A07	부대찌개/섞어찌개			29	광주광역시	29140	서구
24502175	서산태권도교육관		R	학문/교육	R09	학원기타	R09A01	학원(종합)	P85501	일반 교과	29	광주광역시	29170	북구
25006339	바네사		D	소매	D05	의복의류	D05A01	일반의류	G47416	셔츠 및 기	29	광주광역시	29140	서구
24268449	티스테이션송정역점		D	소매	D23	자동차/자	D23A04	타이어판매	G45211	자동차 타이	29	광주광역시	29200	광산구
28484940	지영회센터		Q	음식	Q03	일식/수산	Q03A01	횟집	I56111	한식 음식	29	광주광역시	29110	동구

그림 6-2-4. 상권업소정보 자료 구성 화면(상호명, 시도명)

지번주소	도로명코드	도로명	건물본번지	건물부번지	건물관리번호	건물명	도로명주소	구우편번호	신우편번호	동정보	층정보	호정보	경도	위도
광주광역시	2.92E+11	광주광역시	38		2.92E+24		광주광역시	506100	62402		1		126.77476	35.146865
광주광역시	2.92E+11	광주광역시	46	1	2.92E+24	조치과	광주광역시	503060	61695	1			126.91034	35.127716
광주광역시	2.92E+11	광주광역시	33		2.92E+24	송화마을휴	광주광역시	503875	61746				126.90795	35.106187
광주광역시	2.91E+11	광주광역시	23	12	2.91E+24		광주광역시	501813	61436		3		126.9249	35.148461
광주광역시	2.91E+11	광주광역시	108		2.91E+24		광주광역시	502821	62025		1		126.86913	35.14488
광주광역시	2.92E+11	광주광역시	20		2.92E+24		광주광역시	506300	62237	아			126.81978	35.220584
광주광역시	2.91E+11	광주광역시	15	1	2.91E+24		광주광역시	502802	61913		1		126.87917	35.165921
광주광역시	2.91E+11	광주광역시	238		2.91E+24	양동시장	광주광역시	502822	61924		1		126.90258	35.153895
광주광역시	2.92E+11	광주광역시	54		2.92E+24		광주광역시	500170	61222		1		126.89049	35.172101
광주광역시	2.91E+11	광주광역시	904		2.91E+24	유스퀘어(	광주광역시	502764	61937		2		126.8799	35.160565
광주광역시	2.91E+11	광주광역시	54		2.91E+24		광주광역시	502240	62040		1		126.88162	35.141615
광주광역시	2.92E+11	광주광역시	25		2.92E+24		광주광역시	500130	61052	2			126.90195	35.18953
광주광역시	2.91E+11	광주광역시	9		2.91E+24	상무아파트	광주광역시	502820	61970				126.85924	35.151592
광주광역시	2.92E+11	광주광역시	95		2.92E+24		광주광역시	506020	62451				126.78564	35.129226

그림 6-2-5. 상권업소정보 자료 구성 화면(주소, 점데이터 등)

○ 필요한 정보(위치데이터를 통해) QGIS로 구현

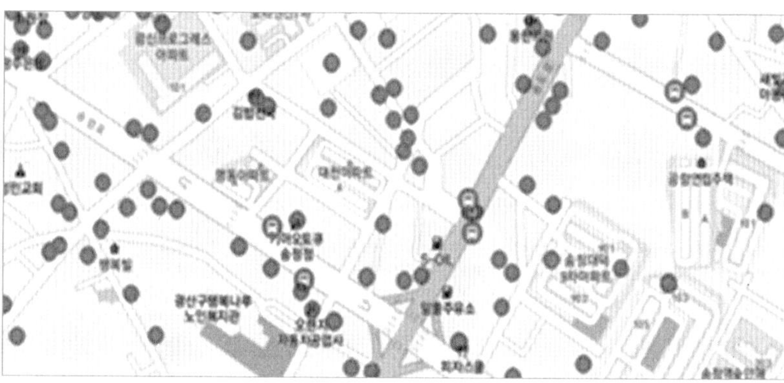

그림 6-2-6. 상권업소정보 위치 점데이터를 활용한 점포 현황(예시)

6-3 방법론 따라하기

1. 생존분석이란

생존분석이란 한 상태에 머물러 있는 시간의 길이를 분석하고 이 시간에 영향을 미치는 요인을 색출하고 그 효과의 강도를 추정하는 통계적 방법이다. 통계학계나 의학계에서는 전통적으로 이 용어를 사용하고 있다. 그러나 분야에 따라서는 다른 용어를 사용하기도 한다. 사회과학계에서는 사건사분석(event history analysis)이라고 하고, 경제학계에서는 지속기반분석(duration analysis)이라고 부른다. 이미 말한바와 같이 산업계에서는 신뢰도 분석(reliability analysis)이라고 한다(박재빈, 2006). 이처럼 통계학이나 의료보건학에서 보통 생존분석을 활용하였으나 최근에는 다양한 분야에서 적용되어지면서 주목되어지고 있다.

생존분석을 진행할 시에 필요한 구성요소로 생존시간이 있다. 생존시간이라고 하면 대상사건이 무엇이건 간에 그 사건이 일어날 때까지의 시간을 말한다. 생존분석에서는 통상적으로 사건발생까지의 시간의 길이가 측정변수이지만, 꼭 그것이 물리적인 시간이어야만 할 필요는 없다. 사건이 일어 날 때까지에 축적 되는 다른 변수를 이용하여도 된다(박재빈, 2006).

생존분석에서는 대상사건을 보편적으로 사망(death)이라고 부른다. 물론 이것은 생존분석의 시초가 사망을 대상사건으로 했기 때문이다. 사망 대신 실패(failure)라는 용어도 자주 사용한다(박재빈, 2006). 위에서 언급하였듯이 생존분석은 통계학이나 의료보건학에서 주로 사망이라고 사용하였으나 최근에는 다양한 분야에서 접목되어지기 때문에 사건이라고도 한다.

생존분석에서는 어떤 연구에 들어온 시간부터 어떤 사건이 발생할 때까지의 시간구간 데이터에 관심이 있다. 그러므로 관심 있는 반응변수는 사건이 발생할 때까지 걸리는 시간이다. 초창기 생존분석은 질병에 대한 처리 후 죽음까지 걸리는 시간 데이터를 다루는 연구로부터 발달되었다. 하지만 여러 다른 상황에서도 생존분석이 활용되고 있다(김재희, 2015).

조사대상에 대하여 생존분석을 진행하게 되면 조사기간 내에 사건이 발생하여 결과를 알 수 있는 대상도 있다. 하지만 사건이 일어나지 않고 생존분석 연구가 종료되는 연구도 있다. 생존분석의 특성은 연구기간 내에 사건발생이 일어나지 않는 경우 등이 발생하여 중도절단과 같은 불완전한 관측값을 포함한다. 생존데이터는 개인의 수명을 알게 되거나 또는 어느 유한한 기간 내에 발생한 사건만을 측정할 수 있다(김재희, 2015).

1) 생존분석 생명표법의 필수요소[1)]

생명표법은 추적관찰 기간을 일정단위로 구분한 다음 구간 사망확률과 구간 생존확률을 구하는 방법이다. 이로부터 일정 기간까지의 누적생존율도 산출 가능하다. 생명표법은 비교적 짧은 기간을 대상으로 적용하는 방법이며 연구기간을 명확하게 설정해야한다. 또한, 관측 표본대상의 수가 비교적 많아야 정확한 결과를 얻을 수 있다. 표본수는 50개 이상이 되었을 시에 생명표법을 활용한다.

분석대상의 생존여부를 조사하기 위해서는 조사시작일과 조사종료일이 반드시 필요하다. 생명표는 초기집합수, 구간, 사건, 중도절단과 같은 4가지 요소가 필요하다. 첫째, 초기 집합수는 생존분석에서 조사

1) 박재빈(2006), 「생존분석 이론과 실제」, pp.82-83.

대상의 기준점이 된다. 초기 집합수를 기준으로 지속적인 추적을 통하여 조사 종료 시점까지 생존여부를 분석한다.

둘째, 생맹표법에서 구간은 일정기간동안 조사시점까지를 연속적으로 조사대상을 관찰하기도 한다. 하지만 일정한 구간을 나누어 그 구간 내에 어떠한 변화가 나타나는지에 대한 것도 분석이 가능하다.

셋째, 초기 집합수를 기준으로 특정한 사건이 발생하는 것을 사건이라고 한다. 보통 생존분석은 의료·보건계열에서 다루어지기 때문에 발병, 사망 등이 사건이다. 최근에는 인문사회과학분야에서도 생존분석이 많이 접목되고 있다. 자영업자의 생존여부를 파악할 수 있는 '폐업'이라는 기준 시점이 있다. 본 연구에서는 폐업을 사건이라고 한다.

넷째, 생존분석을 진행하게 되면 진행기간 내에 사건이 발생하여 결과를 알 수 있는 대상이 있지만, 사건이 일어나지 않고 생존분석이 종료되는 경우가 있다. 이러한 자료를 중도절단이라고 하며 생존분석에서는 중도절단 된 자료를 연구분석에 활용한다는 것도 특징이다.

생존분석을 하게 되면 기간 내에 사건이 발생하여 결과를 알 수 있는 것도 있지만, 사건이 일어나지 않고 생존분석이 종결이 되는 경우가 있다. 이러한 대상을 중도절단이라고 한다. 생존분석에서는 중도절단 된 대상도 분석에 활용한다는 것이 주요 특징이다. 생존분석을 통하여 대상을 지속적으로 관찰하였다 하더라도 조사가 종결되는 시점까지 사건이 발생하지 않고 조사가 종료되는 경우가 있다. 이러한 대상들을 중도절단 된 자료라고 하고 중도절단 된 자료는 제1형 중도절단, 제2형 중도절단, 제3형 중도절단으로 구성된다.

미리 일정한 관찰기간을 설정하여 그 기간 이상의 상태는 무시하고, 이 기간을 초과하여 생존하는 대상은 제1형 중도절단이 된다. 제2형 중도절단은 미리 사건발생 수를 정하는 것으로 일어난다. 관찰시작전에 몇 건의 대상, 몇 %의 대상에서 사건이 발생하면 연구를 종결하겠다는 경우가 있다. 이러한 경우가 제2형 중도절단이 된다. 제3형 중도절단의 관찰조사는 일정한 기간을 두고 한다. 그러면 관찰이 종료가 됐음에도 사건이 발생하지 않은 대상이 있는 경우가 많다. 이러한 대상은 관찰이 끝난 시점까지는 생존해 있지만 사건이 후에 언제 발생할지 모른다. 이러한 생존자료는 불완전하기에 끝난 시점에서 중도절단된 것으로 본다. 관찰이 종료되기 전에 사건이 발생하지 않았음에도 어쩔 수 없이 관찰을 종료하는 경우가 있다. 주소를 옮겨 추적이 불가능하게 경우 등과 같은 연구목적 이외의 사건이 발생하여 연구대상에서 제외되기도 한다. 이러한 대상들은 임의 중도절단이라고 한다.

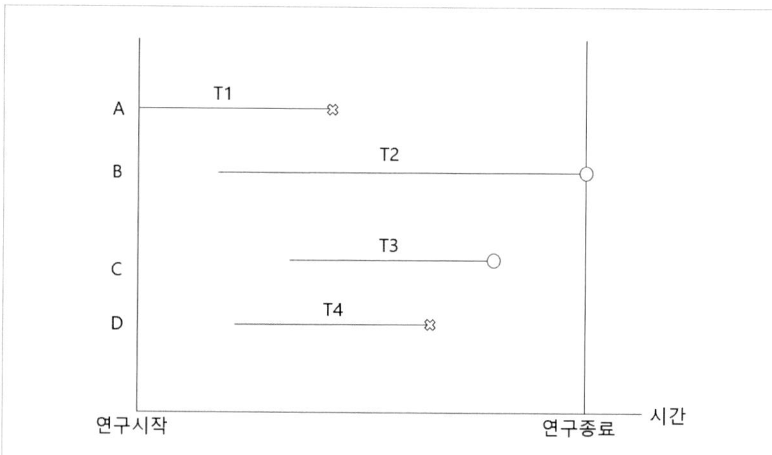

출처: 신용보증기금 산업분석부(2006)의 "보증기업 생존분석 실증연구" 일부 수정

그림 6-3-1. 생존분석시 발생하는 여러 유형들(×는 폐업, ○는 중도절단)

생존분석을 하면 위 〈그림 6-3-1〉과 같이 다양한 결과들이 나타난다. A는 관찰 시작시점에 생겨 생존기간이 T1인 업체로 중도절단이 발생하지 않았다. B는 관찰 도중에 생겨 관찰이 종결되는 시점까지 T2동안 생존한 것이다. 이러한 경우가 중도절단된 것이다. C는 관찰

도중에 생겨 생존기간이 T3이다. 이러한 대상은 중간에 관찰이 불가능해진 것으로 중도절단에 해당된다. D는 관찰도중에 생겼지만 관찰이 되어 생존기간이 T4이다.

생존분석 시에 발생하는 여러 유형들과 중도절단을 설명하기 위하여 〈그림 6-3-1〉의 유형들을 설명하였으나 본 저서의 연구에서는 2016년을 기준으로 6개월 단위(반기)마다 추적을 하였기에 T1의 경우만 존재한다.

2) 생존함수

특정의 시간을 넘겨 생존하는 확률, 즉 특정의 시간까지 사건이 발생하지 않는 확률을 생존함수라고 일컫는다. 생존시간이라는 변수를 T로, 실제로 관찰된 생존 시간의 값을 t로 표기하면 생존함수 S(t)는 아래 (1)과 같다.

$$S(t) = Pr(T \geq t) = 1 - F(t) \qquad (1)$$

전 관찰대상의 수를 N이라고 하고 이 중 t시간 이상 생존한 수가 n이었다고 하면 S(t)의 추정치는 n/N이다. 즉, t시까지 사건이 발생하지 않은 개체들이 전 개체에 대하여 차지하는 구성비가 S(t)인 것이다.

생존함수는 생존확률이라고도 부른다. 이에 반하여 시간 t까지에 사망하는 확률F(t)를 누적분포함수(Cumulative distribution function) 또는 단순히 누적확률 이라고 부른다. 따라서 F(t)는 아래 (2)와 같다.

$$F(t) = Pr(T \leq t) = 1 - S(t) \qquad (2)$$

관찰을 시작하는 시점에 t=0일 때에는 아직 사건이 발생하지 않았으므로 생존함수는 1, 즉 S(0)=1이고 t=∞일 때에는 결국 모든 개체에 사건이 발생했었을 것이므로 S(∞) = 0이다. S(t)의 곡선은 t와 더불어 점차로 감소하는 형태를 나타낸다. 곡선이 내려가는 기울기는 사망의 속도, 즉 레이트에 따라 결정된다. 레이트가 높으면 기울기가 가파르고 레이트가 낮으면 기울기는 완만하다. F(t)는 1-S(t)이기 때문에 0에서 시작하는 감소하지 않는 곡선이며 궁극적으로 1에 이른다(박재빈, 2006).

2. R로 생존분석 따라하기

1) R을 통한 생존분석

본 연구는 R을 통하여 생존분석을 하였다. 학위논문에서는 광주광역시 8개업종을 생존분석을 통해 분석을 하였으나, 본 저서에서는 생존분석에 대한 방법론을 소개하는 단계이기에 광주광역시 전체, 생활서비스업, 소매업, 음식점업으로 구분하여 총 4개 파트를 생존분석한다. 생존분석을 진행하기 위해서는 R프로그램에서 생존분석 패키지를 설치해야한다.

○ 명령어 [install.packages("KMsurv")]을 입력

```
> install.packages("KMsurv")
WARNING: Rtools is required to build R packages but is not currently installed. Please download and install the appropriate ver
sion of Rtools before proceeding:

https://cran.rstudio.com/bin/windows/Rtools/
'C:/Users/gift1/Documents/R/win-library/4.1'의 위치에 패키지(들)을 설치합니다.
(왜냐하면 'lib'가 지정되지 않았기 때문입니다)
trying URL 'https://cran.rstudio.com/bin/windows/contrib/4.1/KMsurv_0.1-5.zip'
Content type 'application/zip' length 128560 bytes (125 KB)
downloaded 125 KB

package 'KMsurv' successfully unpacked and MD5 sums checked

The downloaded binary packages are in
        C:\Users\gift1\AppData\Local\Temp\RtmpGOMQKe\downloaded_packages
```

그림 6-3-2. 명령어 입력화면(생존분석 패키지 설치)

위의 화면과 같이 R의 생존분석 방법 중 하나인 KMsurv패키지가 설치된 것을 알 수 있다. KMsurv를 통해서 분석을 하기 위해서는 구간, 구간초기집합, 사건발생수, 중도절단건수가 필요하다.

구간은 2016년 상반기부터 2018년 하반기 까지 이기에 0-5까지 총 5구간으로 지정을 해준다. 구간초기집합은 시작점인 76,972건으로 시작하여 58,777건, 45,328건, 42,238건, 41,726건, 41,119건이다. 사건발생수는 각 구간마다 18,195건, 13,449건, 3,090건, 512건, 607건이다. 중도절단의 경우 없는 것으로 가정하였기에 각 구간마다 0으로 지정하였다. 이러한 자료를 R프로그램에 입력하면 된다.

```
[명령어]
library(KMsurv)
tis ← 0:5
ninit ← 76972
ncen ← c(0,0,0,0,0)
nevent ← c(18195, 13449, 3090, 512, 607)
a ← lifetab(tis, ninit, ncen, nevent)
a
plot(a$surv, type="b", xlab = "time(year)", ylab = "survuval prob")
```

* tis: 구간, ninit: 구간초기집합, ncen: 중도절단, nevent: 사건발생수, lifetab: 생명표법 명령어, plot: 그래프 등 도출

이렇게 명령어를 입력하게 되면 아래와 같이 〈그림 6-3-3〉과 〈그림 6-3-4〉가 도출된다.

```
> library(KMsurv)
> tis <- 0:5
> ninit <- 76972
> ncen <- c(0,0,0,0,0)
> nevent <- c(18195, 13449, 3090, 512, 607)
> a <- lifetab(tis, ninit, ncen, nevent)
> a
    nsubs nlost nrisk nevent      surv         pdf     hazard     se.surv       se.pdf   se.hazard
0-1 76972     0 76972  18195 1.0000000 0.236384659 0.26806827 0.000000000 0.0015313716 0.001969395
1-2 58777     0 58777  13449 0.7636153 0.174725874 0.25837376 0.001531372 0.0013687097 0.002209270
2-3 45328     0 45328   3090 0.5888895 0.040144468 0.07057534 0.001773494 0.0007075374 0.001268829
3-4 42238     0 42238    512 0.5487450 0.006651769 0.01219570 0.001793618 0.0002929901 0.000538969
4-5 41726     0 41726    607 0.5420932          NA         NA 0.001795805           NA          NA
> plot(a$surv, type="b", xlab = "time(year)", ylab = "survuval prob")
> |
```

그림 6-3-3. 명령어 입력 후 결과도출 화면

〈그림 6-3-3〉과 같이 도출이 되면 생명표법으로 결과 값이 도출된다. 그림 상의 surv라는 항목이 있다. 이것이 생존율이다. 처음에 1로 시작하였다가 조사가 끝나는 시점에는 0.5420932도 종료되었다는 것이다. 각 구간에 해당하는 생존율을 그래프로 생성하게 되면 아래 〈그림 6-3-4〉와 같이 우하향하는 그래프가 나타난다.

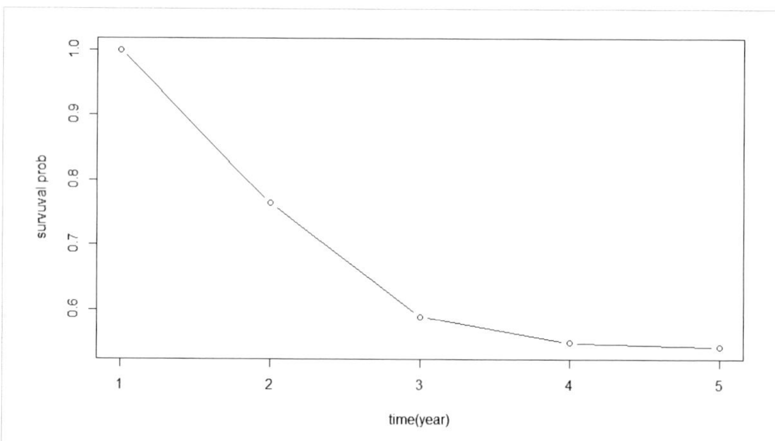

그림 6-3-4. 생존분석 그래프 도출 화면

6-4 결과 해석 따라하기

1. 분석대상 설정

2016년 6월 초기 자영업자수를 기준으로 하여 6개월 단위(반기별)로 2016년 12월, 2017년 6월, 2017년 12월, 2018년 6월, 2018년 12월 자료들과 비교를 하여 중복되는 것들은 생존으로 보았다. 이러한 방법을 통해 자영업자들을 반기별로 추적하여 생존분석을 할 수 있도록 구간, 구간별 초기 자영업자수, 중도절단 된 자영업자수, 폐업한 자영업자수를 구하였다.

학위논문에서는 생존분석의 기준이 될 수 있는 광주광역시 2016년 초기 자영업자 8개 업종의 수를 확정하였다. 하지만 본 저서에서는 대표적으로 광주광역시 전체로만 예를 들도록 하겠다.

표 6-4-1. 광주광역시 2016년 초기 자영업자수

(단위: 개)

구분	2016년 초기 자영업자수
광주광역시(전체)	76,972

2. 결과 해석 따라하기

1) 광주광역시 자영업자 현황분석 결과

2016년 기준 초기시점에 해당되는 광주광역시 자영업자 76,972개를 분석한 결과이다. 기준 초기시점으로부터 광주광역시 자영업자의 누적 생존율은 다음과 같다. 6개월 후에는 0.7636, 12개월 후에는 0.5888, 24개월 후에는 0.5487, 30개월 후에는 0.5420, 36개월 후에는 0.5342이다.

공공데이터포털에 제공되는 소상공인시장진흥공단 상권업소정보 자료를 통하여 광주광역시 자영업자를 생존분석을 했다. 광주광역시 자영업자의 생존함수 그래프는 우하향하는 모습을 나타낸다. 본 저서에서는 광주광역시 전체 자영업자만 나타나 있지만 학위논문에서는 8개 업종을 분석하였다. 8개 업종마다 우하향하는 기울기는 다르나 대부분은 초기 기준시점으로부터 12개월인 시점에서 감소한다.

생활서비스업의 경우에는 기울기가 가파르게 감소한다. 소매업의 경우에는 기준시점으로부터 18개월까지 일정하게 감소한다. 타업종들과 달리 음식업의 경우에는 그래프의 특이점이 있다. 기준 초기시점으로 12개월까지는 타업종들과 비슷하게 감소한다. 하지만 12개월부터 18개월까지는 기울기가 완만하다가 감소한다. 그리고 18개월부터 24개월까지는 기울기가 가장 가파르게 감소하게 된다.

분석결과를 종합하여 볼 때 기준 초기시점에서부터 12개월~18개월 사이에 자영업자들이 많이 폐업했다는 것을 알 수 있다. 그 중에서도 생활서비스업은 타업종들과 달리 많은 자영업자들이 폐업을 했다. 그리고 음식점업의 경우에는 18개월~24개월 사이에 많은 자영업자들이 폐업을 했다.

표 6-4-2. 광주광역시 자영업자 생존분석 결과

구분		초기집합	폐업	생존	누적생존율
시점	구간				
0	2016/6(시작점)	76,972	0	76,972	1.0000000
1	2016/6~2016/12	76,972	18,195	58,777	0.7636153
2	2016/12~2017/6	58,777	13,449	45,328	0.5888895
3	2017/6~2017/12	45,328	3,090	42,238	0.5487450
4	2017/12~2018/6	42,238	512	41,726	0.5420932
5	2018/6~2018/12	41,726	607	41,119	0.5342072

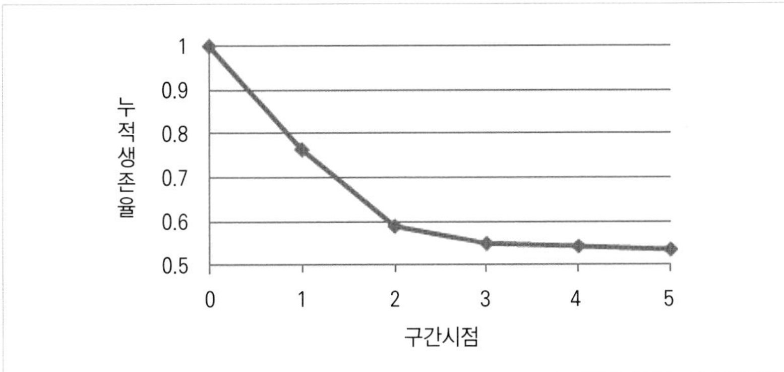

그림 6-4-1. 광주광역시 자영업자 생존함수 그래프

2) 광주광역시 업종별 생존율에 관한 공간적 비교연구

학위논문에서는 업종별에 대한 생존분석을 진행하여 기초통계 현황자료로 활용하였다. 그리고 상권과 비상권, 역세권과 비역세권, 복합상권과 비복합상권이라는 공간적 개념을 투입하여 업종별로 비교하는 연구를 하였다. 학위논문에서는 총 24개의 가설을 수립하여 공간별/업종별로 생존함수 그래프면적을 통하여 가설 검증을 하였다. 그리고 위치(점)데이터를 QGIS로 공간비교분석을 하였다. 학위논문에서는 상권과 비상권, 역세권과 비역세권, 복합상권과 비복합상권을 비교하였다. 하지만 본 저서에서는 복합상권과 비복합상권은 추가적인 개념과 내용상 다루기 어려운 부분이 존재하기에 대표적으로 상권과 비상권, 역세권과 비역세권에 대한 부분만 다루도록 한다.

가. 상권과 비상권의 공간적 비교

본 연구에서 활용한 상권은 공공데이터포털에서 제공되는 전국주요상권현황 중 광주광역시 상권 자료이다. 대표적으로 금남로인근, 수완동인근, 첨단지구 등과 같이 총 32개의 상권현황이 있다. 총 32개의 상권과 상권이 아닌 곳을 비상권으로 정의하여 상권과 비상권의 자영업자 업종별 생존율과 공간적인 비교를 연구하였다.

8개 업종 중에 생활서비스업과 소매업의 경우를 본 저서에서 예시를 들고자 한다. 상권과 비상권에서 생활서비스업과 소매업의 생존율 그래프를 통해서 상권과 비상권간의 공간적인 비교를 하였다. 〈그림 6-4-2〉와 〈그림 6-4-3〉같이 상권 권역에 있는 생활서비스업과 소매업은 비상권과 비교하여 생존율이 더 높은 것을 알 수가 있다.

상권과 비상권의 생존율을 통한 공간적 비교분석으로 2016년부터 2018년까지 생존한 점포의 공간적 특성을 살펴보았다. 2018년까지 생존한 상권 내 점포들은 상권 주변에 위치한 도로(대로, 소로)에 있는 도로변에 대부분 분포하고 있다. 비상권 주변의 도로변에도 점포들이 분포하고 있으나 상권과 비교하여 상권쪽 도로주변에 점포들이 위치하고 있다는 것을 알 수 있다. 또한 아파트 단지, 대학교등과 같이 생활시설들이 위치하고 있다는 특징도 있다. 이에 비하여 2018년까지 생존한 비상권의 점포 주변에는 아파트, 대학교 등과 같은 생활시설이 존재는 하고 있으나 상권에 비교하면 낮은 것으로 나타났다.

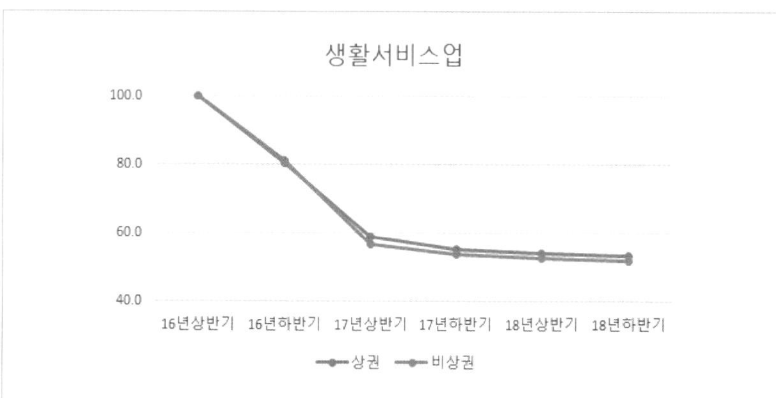

그림 6-4-2. 상권과 비상권의 생활서비스업 생존율 그래프

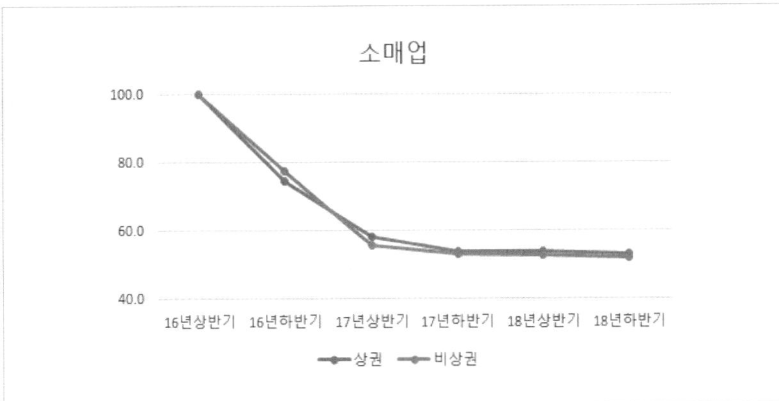

그림 6-4-3. 상권과 비상권의 소매업 생존율 그래프

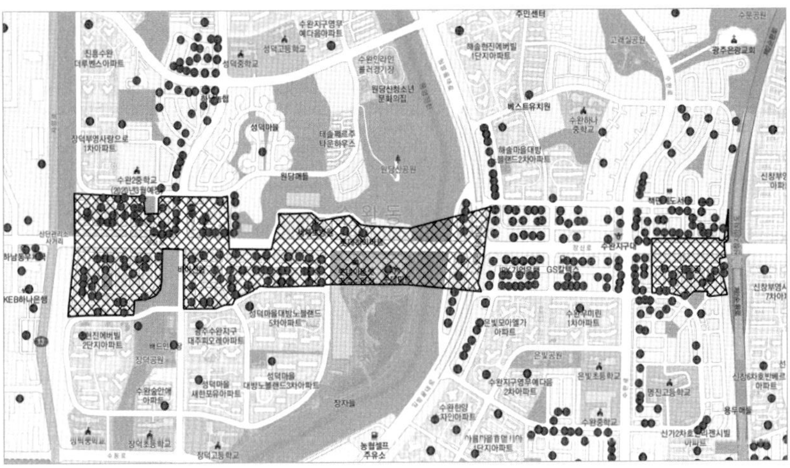

그림 6-4-4. 공간적 비교분석 주요 결과(수완동 인근)

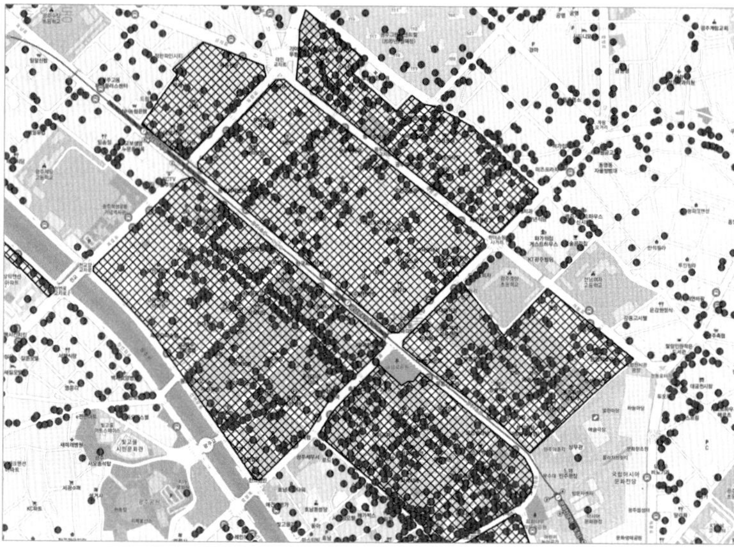

그림 6-4-5. 공간적 비교분석 주요 결과(금남로/충장로 인근)

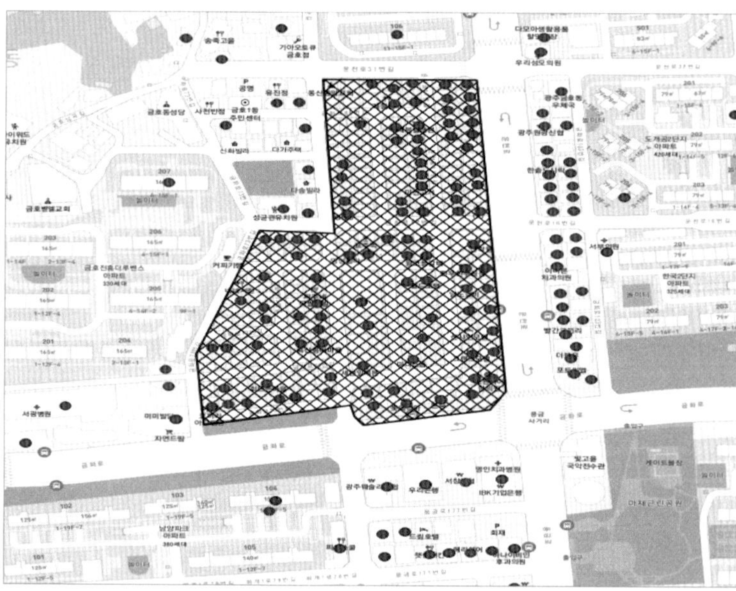

그림 6-4-6. 공간적 비교분석 주요 결과(금호동 인근)

나. 역세권과 비역세권의 공간적 비교

본 연구에서 역세권은 도시철도 역세권을 말하며 기존 선행연구들을 근거로 지하철역에서 직선거리 500m 반경이라고 정의하였다. 광주광역시에는 지하철 1호선만 존재하고 있으며, 녹동역부터 평동역까지 20개의 지하철역이 있다. 각 지하철역에서 직선거리 500m 반경까지가 역세권이며 그 반경에 해당되지 않은 곳은 비역세권이라 하였다.

8개 업종 중에 음식업과 학문교육업의 경우를 본 저서에서 예시를 들고자 한다. 역세권과 비역세권에서 음식업과 학문교육업의 생존율 그래프를 통해서 역세권과 비역세권간의 공간적인 비교를 하였다. 음식업의 경우에는 〈그림 6-4-7〉과 같이 비역세권보다 역세권의 점포들이 더 많이 생존한다는 것을 알 수 있다. 학문교육업의 경우에는 〈그림 6-4-8〉과 같이 비역세권이 역세권보다 더 많이 생존한다는 것을 알 수 있다.

역세권과 비역세권의 생존율을 통한 공간적 비교분석으로 2016년부터 2018년까지 생존한 점포의 공간적 특성을 살펴보았다. 2018년까지 생존한 역세권내 점포들은 대부분 지하철역 출입구 쪽으로 점포들이 대부분 위치하고 있다. 또한, 지하철역 출입구 주변의 도로주변(대로변과 소로변)에도 점포들이 많이 위치하고 있다. 그리고 전통시장, 아파트 단지, 공공기관과 같이 생활시설, 주거시설 주변에 주로 위치하고 있다. 이에 비하여 2018년까지 생존한 비역세권 점포들은 주로 주거시설(아파트 단지와 아파트 단지 주변의 도로변)에 위치하고 있다.

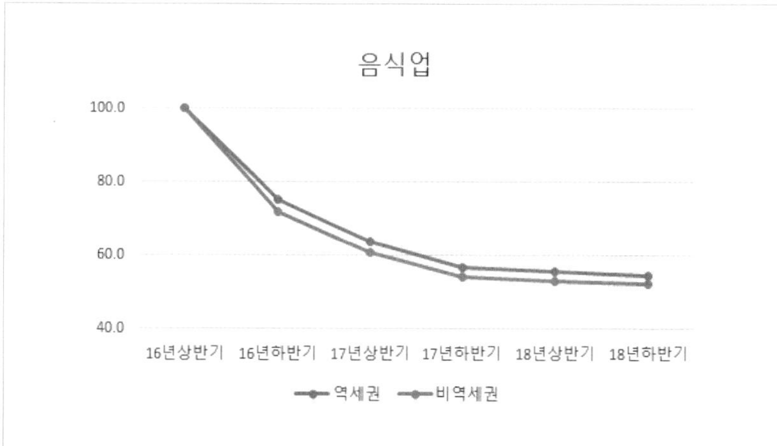

그림 6-4-7. 역세권과 비역세권의 음식업 생존율 그래프

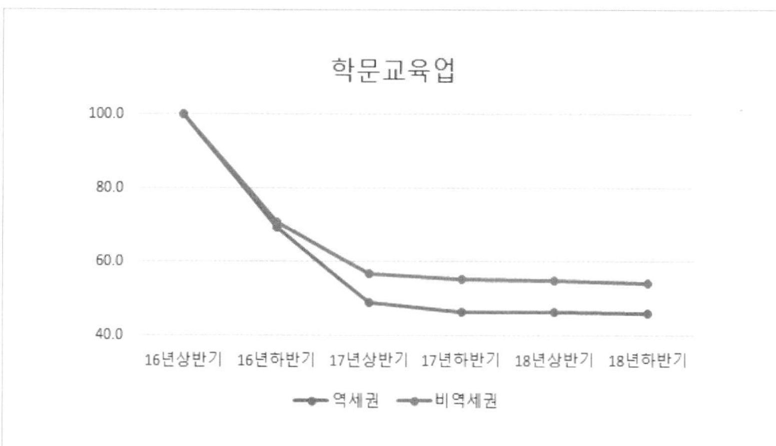

그림 6-4-8. 역세권과 비역세권의 학문/교육업 생존율 그래프

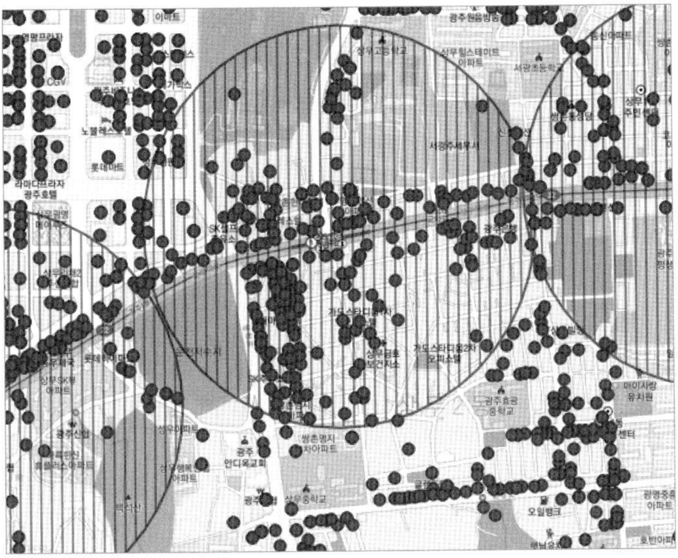

그림 6-4-9. 공간적 비교분석 주요 결과(운천역 인근)

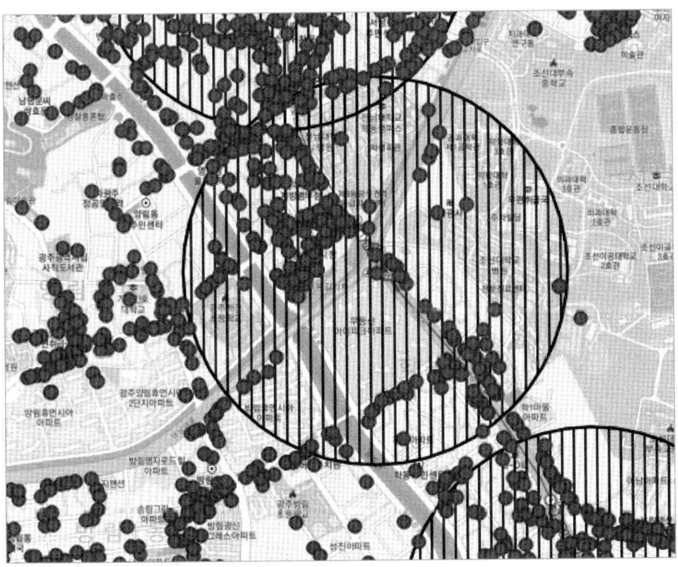

그림 6-4-10. 공간적 비교분석 주요 결과(남광주역 인근)

6-5 마치며

1. 연구의 시사점 및 후속연구 방향

본 연구로 분석된 생존함수의 그래프가 전체적으로 우하향하고 있다. 업력이 높을수록 생존하고 있는 자영업자들이 많지 않는 것을 알 수 있다. 이에 자영업자 생애주기(창업기 - 성숙기 - 폐업기)에 맞는 정책지원이 필요하다.

개인정보 상의 사유로 자영업자들에 대한 정보를 구득하는 것에 있어 많은 한계점이 있다. 이에 공공데이터포털에 제공된 소상공인시장진흥공단의 전국 상가업소 정보를 반기별로 추출하여 활용하였다. 공단에서 제공된 자료를 통하여 분석을 진행하였기에 실무에서 바로 적용이 가능한 정책제언을 하였다는 점이 중요하다. 창업자 등에게 큰 틀의 정보보다는 공간적 비교연구를 통한 결과를 제시하고 공유함으로써 실증적인 정보를 제공한다는 것도 의미가 있다.

본 연구의 자료 차별성은 6개월 단위로 분석을 진행했다는 것이다. 보통 기업의 생존분석은 1년 단위로 진행하지만 본 연구는 6개월 단위로 분석을 하여 세부적인 연구를 진행하였다. 그리고 대부분 재무자료를 활용하여 비교를 하지만 역세권, 상권과 같은 공간적 자료(비재무적자료)를 활용하여 연구를 진행한 것이 가장 큰 차별성이다.

현재 중소기업의 자료는 많이 개방이 되어있지만 자영업자들에 대한 연구는 최근 이슈가 되면서 활발하게 진행되고 있다. 본 연구는 광주광역시를 대상으로 8개 업종에 대한 연구를 진행하였지만 자료의 구득의 어려움으로 인해 다양한 업종을 분석하지 못한 점이 한계이다. 또한 광주광역시로만 국한되어 전국적으로 일반화하기에도 다소 한계점이 존재한다.

다양한 업종의 연구를 진행해야 할 부분이 향후 과제로 남아있으며 광주광역시 지하철 2호선과 아파트 신축, 도시재생지역 선정 등으로 인하여 추가로 생겨날 새로운 상권에 대한 연구도 수반되어야 한다.

2. 학위논문 심사시 고려사항

1) 서론

현재 소상공인이나 자영업자에 대한 많은 관심이 있지만 관심으로만 끝나는 것이 아니라 정책적인 제언의 목적이 되어야 한다는 의견을 주셨다. 아무리 좋은 주제, 좋은 연구라도 실질적으로 정책적 제언과 시사점이 없다면 잘 만들어진 연구로만 끝난다는 의견이셨다. 지도해주신 교수님들의 의견에 공감하는 바이며, 이에 어떻게 하면 실무에 적용할 수 있는지도 고민을 많이 하였다.

그리고 초창기 연구에서는 단순히 광주광역시에 대한 자영업자 생존율을 제시하여 연구의 독창성을 주장하였으나 독창성이 약하다는 의견을 주셨다. 이에 광주광역시 자영업자 업종별(8업종) 생존율을 역세권, 상권과 같은 공간적인 개념을 투입시켜 공간적인 비교를 통해 선행연구들과의 차별성을 제시하였다.

2) 이론적 배경

자영업자와 공간적인 부분에 대한 이론적배경의 보충이 필요하다는 의견을 주셔서 상권의 주요 입지이론을 추가하였다. 논문을 쓰는 입장에서는 이론적 배경을 당연히 알고 있지만 논문을 처음 보는 입장에서는 주제와 논문내용 자체가 생소하다. 제3자가 논문을 읽었을 때도 충분하게 논문을 이해할 수 있도록 이론적 배경도 탄탄하게 작성을 요한다.

3) 가설 검증

해당연구에서는 생존율과 공간적인 비교를 통하여 총 24개의 가설을 수립하고 비교를 통한 가설검증 연구를 진행하였다. 비교대상을 통한 상대적인 비교를 진행하였기에 큰 무리는 없었다. 하지만 정확한 통계적 기준점을 활용하여 가설 검증과 비교를 진행하였다면 조금 더 신뢰성이 있는 주장이 되지 않았을까하는 의견을 주셨다.

4) 연구의 한계

논문 작성시에 한계점을 기술하는 것이 가장 어려울 수 있다. 저자가 자신의 논문의 가장 취약한 점을 스스로 기술하는 것이기 때문이라고 생각한다. 논문의 취약점은 기술한 자신이 제일 잘 알고 있기에 한계점을 솔직하고 담백하게 써주고 그에 대한 이유까지 나열을 해주어야 후속 연구가 충분히 나올 것이라고 생각한다. 본 논문의 경우에는 광주광역시 자영업자로 한정지어 연구를 진행하였다는 점과 자료의 한계로 인한 8개 업종만 연구를 진행하였다는 점이다. 이러한 부분을 논문에 기재를 하였으며 후속연구를 진행을 하게 된다면 어떠한 부분들이 보완이 되어야하는지도 기재를 하였다.

표 6-5-1. 심사의견 및 개선내용: 공간분석 측면

심사의견	개선내용(추후 보완/필요점)
• 자영업자 생존율만 제시	• 상권, 역세권과 같은 공간적 개념 투입
• 자영업자 개념 및 이론적 배경 부족	• 이론적 배경 추가
• 비교를 통한 가설검증 연구	• 통계적 기준점을 활용한 가설검증 필요
• 8개 업종만 진행	• 전국 단위 및 전체 업종 연구 필요

참고문헌

강민수(2020), "자영업자 업종별 생존율에 관한 공간적 비교연구: 광주광역시 주요상권과 지하철 역세권을 중심으로", 전남대학교 대학원 석사학위 논문.

김재희(2016), 「R을 이용한 생존분석 기초」, 자유아카데미.

박재빈(2006), 「생존분석 이론과 실제」, 신광출판사.

신용보증기금 산업분석부(2006), 「보증기업 생존분석 실증연구」.

장용식·강희구(2018), 「빅데이터 분석의 첫걸음 R로 배우는 코딩」, 생능출판.

국가지표체계, https://www.index.go.kr.

국가통계포털, https://kosis.kr.

소상공인시장진흥공단, https://www.semas.or.kr.

공공데이터포털, https://www.data.go.kr.

제7장

사회연결망 분석

곽민재
전남대학교 도시·지역개발학 석사
의성군도시재생지원센터 사무팀장

7장에서는 사회연결망분석을 활용하여 청년 정책 거버넌스의 네트워크 구조를 분석하는 방법을 소개한다. 저자의 석사학위 논문을 바탕으로 연구 수행 과정을 제시하고, 자료 수집 방법, 연구 방법 소개 및 분석 도구 사용법, 연구 결과 해석을 순차적으로 설명한다. 이후에는 분석도구(넷마이너) 무료 사용법과 논문 심사 관련 주요 의견 및 답변을 서술하며 장을 마무리한다.

7-1 학위논문 소개

사회연결망분석은 저자의 석사학위 논문 “도시 청년정책 거버넌스 활성화를 위한 청년정책 네트워크 구조 분석(2018)”을 토대로 설명한다.

[UCI]I804:24010-000000058925

도시·지역개발학 석사학위논문

도시 청년정책 거버넌스 활성화를 위한 청년정책 네트워크 구조 분석

-광주광역시를 중심으로-

전남대학교 대학원
지 역 개 발 학 과

곽 민 재

2018년 2월

그림 7-1-1. 학위논문 표지(전남대학교 대학원)

1. 연구배경

청년이 지역의 지속가능성에 영향을 미치면서, 지자체들은 청년들의 유출을 막고, 청년들의 유입과 정착을 촉진하기 위한 방안을 모색하기 시작했다.

청년정책의 특징은 민관의 협력적 거버넌스(Governance)이다. 각 시도는 「청년기본조례」를 제정하여 청년정책을 시행하기 위한 법적 토대를 마련했다. 조례에 따라 청년정책을 추진하기 위한 거버넌스 체계가 구축되었으며 행정전담부서, 중간지원조직, 청년참여기구가 설립되었다.

그러나, 행정 주도의 거버넌스 운영과 참여주체의 소통 문제, 청년참여기구의 유명무실화와 같은 논란이 발생하면서 거버넌스의 실효성에 대해 의문이 제기되었다. 청년정책의 실효성은 거버넌스에 달려 있다.

거버넌스가 활성화될수록 다양하고 종합적인 청년정책을 도입할 수 있다. 나아가 청년이 당면한 현실과 사회 문제들을 해결하여 지역의 성장과 발전을 견인한다. 이러한 배경에서 청년정책 거버넌스가 목적에 따라 운영되고 있는지 살펴보고, 거버넌스의 참여주체들이 유기적으로 연결되어 있는지 검토해야 한다.

2. 연구목적

거버넌스의 실태는 네트워크의 구조를 통해 파악할 수 있다. 네트워크는 거버넌스가 운영되는 기제이며, 네트워크의 상태는 거버넌스의 형태를 결정한다. 이 연구의 목적은 청년정책 거버넌스의 네트워크 구조를 분석하여, 청년정책 거버넌스 활성화 방향을 제안하는 것이다.

3. 연구과정 및 방법

연구의 공간적 범위는 광주광역시이다. 광주광역시는 전국 최초로 청년정책 전담 부서를 설치했으며, 2015년부터 청년정책 거버넌스가 유지되고 있는 지역이다. 연구에 필요한 자료 수집과 분석이 용이하고, 가시적인 성과가 있을 곳으로 판단되어 공간적 범위로 설정하였다.

연구의 내용은 세 가지이다. 첫째, 청년정책 거버넌스의 네트워크 구조를 분석한다. 둘째, 청년정책 거버넌스의 문제점을 도출한다. 셋째, 청년정책 거버넌스의 개선방향을 모색한다.

연구 방법은 사회연결망분석이다. 사회연결망분석은 네트워크에서 행위자들의 상호작용, 연계성, 역할 등의 유형을 찾아내어 네트워크에서 보이지 않는 흐름을 가시화(김용학, 2011)한다. 네트워크의 상태를 분석하는 주요 수단으로 활용되고 있기 때문에 연구 방법으로 선택하였다.

4. 연구결과 및 시사점

연구결과에서 발견된 광주광역시 청년정책 거버넌스의 문제점은 네 가지이다. 첫째, 의제별로 논의하는 수준에 머물러 있다. 둘째, 거버넌스가 소수의 참여자 중심으로 운영된다. 셋째, 청년위원회의 내부, 외부 교류가 모두 부족하다. 넷째, 청년위원회의 중심성 값이 전체적으로 낮다.

청년정책 거버넌스의 개선방향은 다음과 같다. 첫째, 정책결정권자들이 정기모임에 참여해야 한다. 둘째, 거버넌스 관련 정보와 자원들이 투명히 공개되어야 한다. 셋째, 청년위원회는 내부 모임과 교류를 활성화해야 한다. 넷째, 참여주체들이 공동으로 추진하는 사업이 필요하다. 다섯째, 청년위원회를 위한 온라인 소통 플랫폼이 마련되어야 한다.

이 연구는 광주광역시를 대상으로 연구를 진행했기 때문에 개선방향을 타 지자체에 적용할 때 한계점이 존재한다. 그러나, 이 연구는 청년정책 거버넌스의 네트워크 구조를 분석한 첫 논문이라는 점에서 의미가 있다. 향후 청년정책 거버넌스의 지속성과 실효성을 제고하기 위한 기초자료로 쓰이기를 기대한다.

7-2 자료 찾기 따라하기

1. 분석지표 선정

사회연결망분석에서 대표적인 분석지표는 밀도(Density)와 중심성(Centrality)이다. 밀도는 네트워크의 결속을 나타낸다. 밀도를 통해 네트워크의 응집성을 볼 수 있으며, 네트워크의 범위와 행위자들의 연결 정도를 확인할 수 있다.

$$밀도 = \frac{k}{n(\mathrm{n}-1)/2}$$

※ k = 전체 링크 수, n = 전체 노드 수,
$\mathrm{n}(n-1)/2$ = 네트워크에서 최대 가능한 링크 수

그림 7-2-1. 밀도 수식

중심성을 측정하는 지표는 연결정도 중심성(Degree Centrality), 인접 중심성(Closeness Centrality), 매개 중심성(Betweenness Centrality) 등 세 가지가 있다.

연결정도 중심성은 다른 행위자와 직접적으로 연결된 정도를 보여준다. 정보와 자원을 많이 소유하고 있는 행위자를 확인할 수 있고, 네트워크에서 중심의 역할을 하는 행위자를 파악할 수 있다.

$$연결정도\ 중심성 = \frac{d(n_i)}{(g-1)}$$

※ g = 전체 노드 수,
$d(n_i)$ = 노드 n의 이웃 점들의 합

그림 7-2-2. 연결정도 중심성 수식

인접 중심성은 다른 노드(점)들과의 인접성 혹은 두 노드(점)들을 연결하는 최단 경로거리로 측정된다. 경로거리의 합이 가장 작은 노드(점)가 중심성이 높게 나타나며, 접근성 차원에서 다른 행위자와 신속히 연결되는 행위자를 볼 수 있다.

$$인접\ 중심성 = [\sum_{j=1}^{n} d_{ij}]^{-1}$$

※ g = 전체 노드 수

그림 7-2-3. 인접 중심성 수식

$$매개\ 중심성 = \sum_{j<k}^{n} g_{ik}(i)/g_{ik}$$

※ g_{ik} = 네트워크에서 가장 짧은 경로의 경우의 수,

$g_{ik}(i)$ = 두 노드 ik와 $k(i \neq k)$ 사이에 존재하는 노드 i를 경유하는 횟수

그림 7-2-4. 매개 중심성 수식

표 7-2-1. 분석 기준 및 측정 방법

분석 기준		측정 방법
밀도		연결 가능한 링크 수에서 직접 연결된 링크 수의 비율로 측정
중심성	연결정도 중심성 (Degree Centrality)	직접적으로 연결된 행위자의 수로 측정
	인접 중심성 (Closeness Centrality)	직·간접적으로 연결된 행위자의 수로 측정
	매개 중심성 (Betweenness Centrality)	중개 역할을 하는 정도를 측정

매개 중심성은 하나의 노드(점)가 다른 점들 사이에 위치하는 정도를 측정한다. 연결된 점이 적더라도 매개하는 정도가 클수록 값이 크

다. 매개 중심성을 통해 네트워크에서 중개자 역할을 하는 노드(점)를 찾을 수 있다.

2. 상호작용 선정

네트워크의 상호작용은 선행연구를 근거로 선정하였다. 사회연결망분석을 활용한 기존 논문들은 주로 정보교환, 의견교환, 자원교환 현황을 분석하였다.

이 연구는 광주광역시 「청년기본조례」와 「2017 광주청년정책시행계획」에 명시된 거버넌스 참여주체들의 활동을 참고하여 상호작용을 선별하였다. 의견교환, 정보교환, 정기모임, 자원공유, 공동사업추진 등 다섯 가지의 상호작용이 도출되었으며, 광주광역시 청년정책전담부서 담당자와 상호작용 항목 및 내용을 최종적으로 검토하여 연구의 객관성을 확보하고자 하였다.

표 7-2-2. 네트워크 상호작용

<table>
<tr><th colspan="2">구분</th><th>측정항목</th><th>선정 근거</th></tr>
<tr><td colspan="2">일반현황</td><td>성별, 연령, 참여형태, 참여기간</td><td rowspan="6">「2017년 광주청년정책 시행계획」 참고 후 광주광역시 청년정책과 실무자와 면담 진행</td></tr>
<tr><td rowspan="5">상호
작용</td><td>정보교환</td><td>대면, 유선상담, e-mail 등으로
관련 정보를 주고받는 행위</td></tr>
<tr><td>의견교환</td><td>비정기적으로 논의 또는
자문을 주고받는 행위</td></tr>
<tr><td>정기모임</td><td>공식 회의, 세미나, 간담회 등에서
정기적으로 만나 협의·협조하는 행위</td></tr>
<tr><td>물적
자원교류</td><td>시설 및 공간대여, 물품대여, 기자재 지원 등
물적자원을 교류하는 행위</td></tr>
<tr><td>공동
사업추진</td><td>협업으로 관련 사업을 계획하거나
수행한 행위</td></tr>
</table>

3. 데이터 수집

광주광역시 청년정책 전담부서로부터 거버넌스 참여자 명단을 제공받았다. 이를 중심으로 참여자 목록을 만들고, 최종 명단은 참여주제별로 거버넌스 운영을 담당하는 실무자들의 검증을 거쳐 작성하였다.

표 7-2-3. 청년정책 기본 거버넌스 정책행위자 명단

<table>
<tr><th>거버넌스 참여 주체</th><th>역할</th><th colspan="2">행위자 수</th></tr>
<tr><td rowspan="4">청년정책과
(행정전담부서)</td><td>과장</td><td>1</td><td rowspan="4">13</td></tr>
<tr><td>주무관</td><td>2</td></tr>
<tr><td>청년지원 담당</td><td>5</td></tr>
<tr><td>교육지원 담당</td><td>5</td></tr>
<tr><td rowspan="6">청년센터the숲
(중간지원조직)</td><td>센터장</td><td>1</td><td rowspan="6">10</td></tr>
<tr><td>실장</td><td>1</td></tr>
<tr><td>청년과 사회를 잇는 플랫폼팀</td><td>2</td></tr>
<tr><td>청년과 커뮤니티 확대 및 혁신사례 발굴팀</td><td>2</td></tr>
<tr><td>청년정책 발굴팀</td><td>2</td></tr>
<tr><td>청년 일 경험 및 일자리 팀</td><td>2</td></tr>
<tr><td rowspan="5">청년위원회 3기
(청년참여기구)</td><td>의장단</td><td>3</td><td rowspan="5">49</td></tr>
<tr><td>경제·일자리분과</td><td>11</td></tr>
<tr><td>교육·진로분과</td><td>12</td></tr>
<tr><td>문화·삶의 질 분과</td><td>12</td></tr>
<tr><td>참여·소통 분과</td><td>11</td></tr>
<tr><td colspan="3">총합</td><td>72</td></tr>
</table>

거버넌스 실태를 분석하기 위해 설문조사를 실시하였다. 문항은 크게 상호작용 현황과 인적 사항으로 구성하였다. 응답자의 편의를 제고하기 위해 상호작용에 대한 설명과 참여자 명단을 제시하였다. 설문지는 〈그림 7-2-5〉, 〈그림 7-2-6〉과 같다.

Ⅰ. 광주광역시 청년정책 네트워크 활동에 관한 내용입니다. 부록 [참여자 목록표]를 참고하여 작성해주십시오.

◆ 본 연구에서 네트워크(Network)는 청년정책을 추진하기 위해 참여자들이 상호협력하며 관계를 형성하는 것을 의미합니다.

<표> 네트워크 활동 개념정의

구분	네트워크 활동 세부내용
정보교환	대면, 유선상담, e-mail 등으로 관련 정보를 주고 받는 행위
의견교환	비정기적으로 논의 또는 자문을 주고 받는 행위
정기 모임	공식 회의, 세미나, 간담회 등에서 정기적으로 만나 협의하는 행위
물적 자원교류	시설 및 공간대여, 물품대여, 기자재 지원 등 물적자원을 교류하는 행위
공동사업 추진	협업으로 관련 사업을 계획하거나 수행한 행위

1-1. 귀하가 지난 6개월 간 **정보를 교환**한 참여자의 번호를 10순위까지 기재해주십시오. (☞ 교환이 가장 활발하게 이루어진 참여자를 1순위로 적어주십시오.)

순위	참여자 번호	순위	참여자 번호
1 순위		6 순위	
2 순위		7 순위	
3 순위		8 순위	
4 순위		9 순위	
5 순위		10 순위	

1-2. 귀하가 지난 6개월 간 **의견을 교환**한 참여자의 번호를 10순위까지 기재해주십시오. (☞ 교환이 가장 활발하게 이루어진 참여자를 1순위로 적어주십시오.)

그림 7-2-5. 설문지 양식(1)

순위	참여자 번호	순위	참여자 번호
1 순위		6 순위	
2 순위		7 순위	
3 순위		8 순위	
4 순위		9 순위	
5 순위		10 순위	

Ⅲ. 귀하의 일반사항에 관한 질문입니다.

성 별	① 남 ② 여
연 령	① 20-29세 ② 30-39세 ③ 40-49세 ④ 50-59세 ⑤ 60세 이상
참 여 형 태	① 청년위원회 ② 청년정책과 ③ 청년센터
참 여 기 간	① 1년 미만 ② 1년 이상 2년 미만 ③ 2년 이상 3년 미만 ④ 3년 이상 ※ 해당항목은 2017년 9월 기준으로 작성해주십시오.

*** 끝까지 설문에 응해주셔서 대단히 감사드립니다 ***

<부 록> 참여자 목록표

참여자 목록표				
참여 형태	부서명	번호	참여자	비고
시 행정	청년정책과	1	이○○	과장
		2	이○○	계장
		3	곽○○	주무관
		4	윤○○	계장
		5	김○○	주무관
		6	배○○	주무관
		7	김○○	계장
		8	이○○	주무관
		9	고○○	주무관
		10	황○○	주무관

그림 7-2-6. 설문지 양식(2)

7-3 방법론 따라하기

1. 사회연결망분석

사회연결망분석(Social Network Analsis, SNA)은 최근 다원화된 사회에서 중요성이 커지면서 주목받는 연구방법이다. 사회연결망분석은 네트워크 하위 구조들의 분석뿐 아니라, 네트워크의 구조적 특성을 여러 변수들을 이용해 통계적 검증까지 수행(김용학, 2011)할 수 있다는 특징이 있다.

사회연결망은 위치적 접근과 관계적 접근으로 분석할 수 있다. 위치적 접근은 개인이 타인과 맺는 관계의 형태로, 네트워크에서 개인의 위치와 역할을 살펴볼 수 있다. 관계적 접근은 개인들 간의 상호작용에 초점을 둔다. 개인이 속해 있는 집단이 다른 집단과 어떠한 관계를 맺고 있는지 확인(김용학, 2011)할 수 있다.

2. 분석 도구

이 논문은 NetMiner 4.0 프로그램을 사용하여 거버넌스의 네트워크 구조를 분석하였다. Netminer는 연결망의 전체 구조를 시각적으로 나타낼 수 있다. 연결망의 지표 값과 통계 분석 값이 자동으로 계산되고, 한글 파일이 호환되기 때문에 국내 사용자들이 사용하기에 용이하다(손동원, 2008). 청년정책 거버넌스의 네트워크 구조는 밀도와 세 가지 중심성(연결정도, 인접, 매개)을 기준으로 분석하였다.

그림 7-3-1. NetMiner(넷마이너)4.0 프로그램

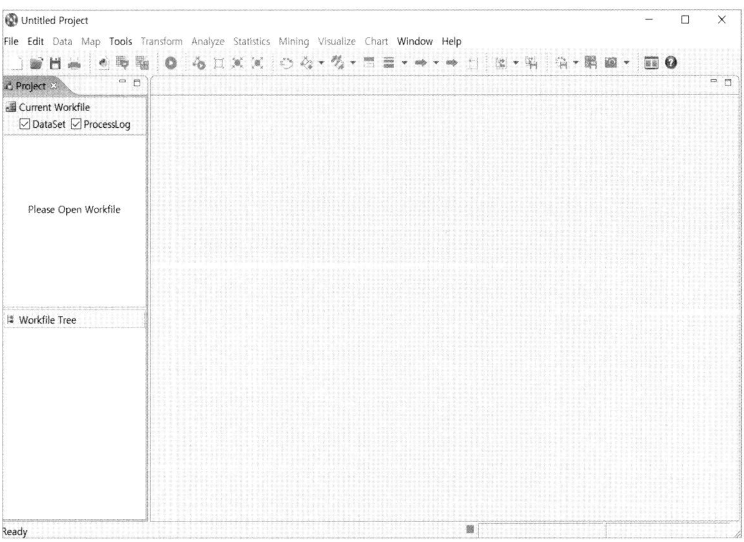

그림 7-3-2. NetMiner(넷마이너)4.0 프로그램 첫 화면

3. 넷마이너 활용 및 실행

■ **노드셋 만들기**: 데이터 기입(엑셀 활용)

- A열(번호, 첫 번째 칸은 공란), B열(응답자), C열(응답결과) 각 상호작용별로 노드셋 제작

	A	B	C	D	E	F	G
1		Source	Target	Weight			
2	1	YD10	YSC5	2			
3	2	YD10	YC12	2			
4	3	YD11	YD2	1			
5	4	YD11	YD10	1			
6	5	YD11	YD6	2			
7	6	YD11	YD8	2			
8	7	YD11	YD4	1			
9	8	YD11	YC12	2			
10	9	YD11	YSC5	1			
11	10	YD3	YD9	1			
12	11	YD3	YD7	1			
13	12	YD3	YD11	1			
14	13	YD3	YD2	1			
15	14	YD3	YD4	1			
16	15	YD3	YD6	1			

그림 7-3-3. 노드셋 만들기

■ **노드셋 가져오기**(엑셀 파일)

- File ⇒ Import ⇒ Excel File ⇒ 해당 파일 선택

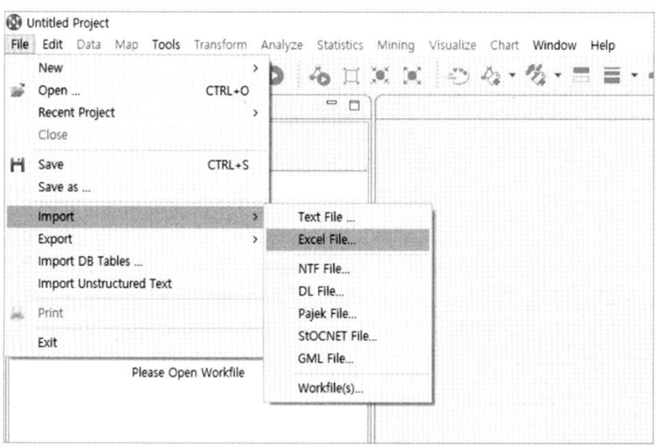

그림 7-3-4. 노드셋 가져오기

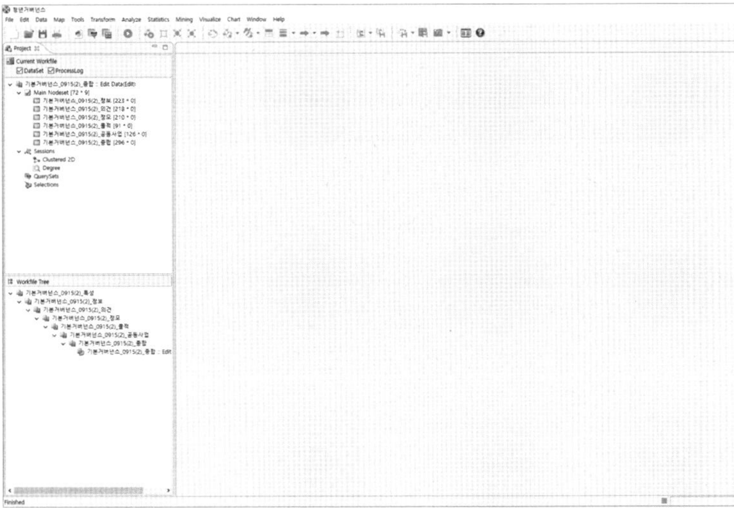

그림 7-3-5. 상호작용별 노드셋 결과(1)

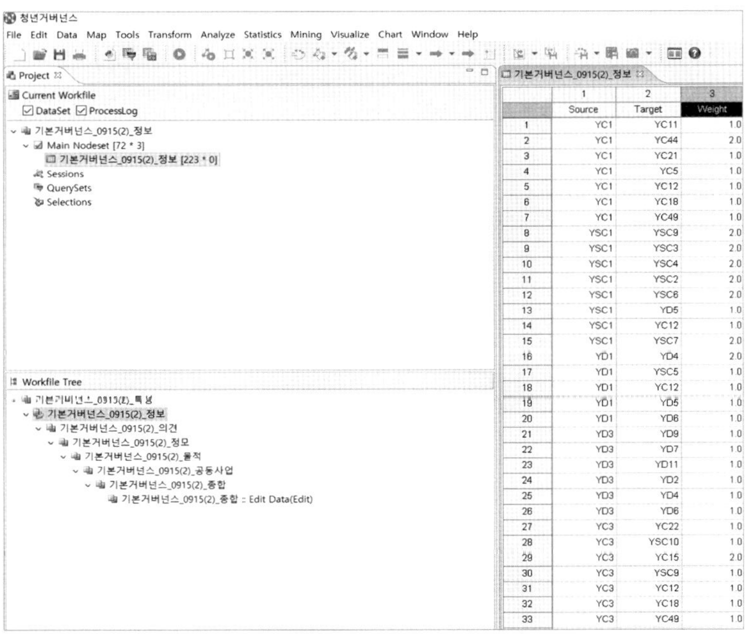

그림 7-3-6. 상호작용별 노드셋 결과(2)

■ 중심성(연결정도, 인접, 매개) 측정하기

〈연결정도 중심성〉

① Menu 선택: Analyze ⇒ Centrality ⇒ Degree

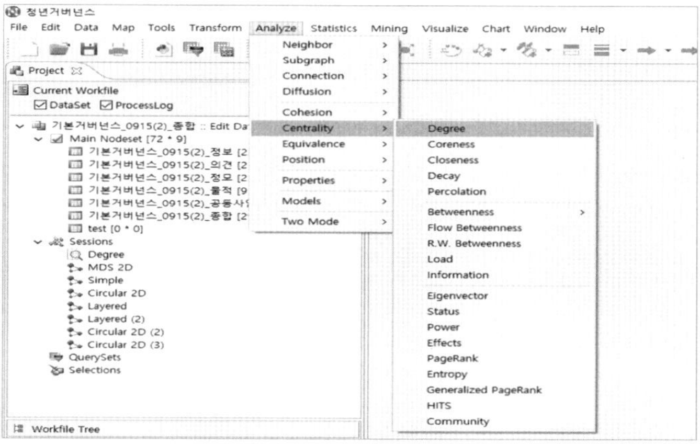

그림 7-3-7. 연결정도 중심성 메뉴

② 측정: Input(노드셋 선택) ⇒ Measure(Sum of weight) 선택 ⇒ Run Process

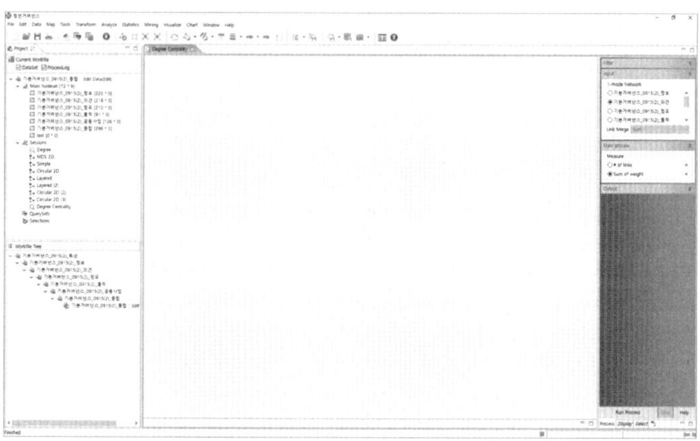

그림 7-3-8. 연결정도 중심성 측정

③ 결과 확인(하단의 탭 확인)

- Main: 중심성 관련 기본 정보 제공(내향적 중심성/외향적 중심성)
- Degree Centrality Vector: 중심성 값(수치) 확인
- Spring: 용수철 모양으로 중심성 확인
- Concentric: 동심원으로 중심성 확인

Report : Degree Centrality

- **Information**

PROCESS			
	Menu	Analyze >> Centrality >> Degree	
	Options	- Measure : Sum of weight	
	Time	December 3, 2021 4:14:14 PM KST~ December 3, 2021 4:14:14 PM KST 16 ms	
DATA			
	Project	청년거버넌스	
	Workfile	기본거버넌스_0915(2)_종합 :: Edit Data(Edit)	
	Input	**1-mode Network**	기본거버넌스_0915(2)_의견

- **Output Summary**

DISTRIBUTION OF DEGREE CENTRALITY SCORES

MEASURES	VALUE	
	In-Degree Centrality	Out-Degree Centrality
MEAN	0.103	0.103
STD.DEV.	0.098	0.098
MIN.	0	0
MAX.	0.479	0.479

NETWORK DEGREE CENTRALIZATION INDEX
38.632% (IN), 38.632% (OUT)

Generated by NetMiner 4 (Student-Coursework), Copyright (c) 2001- 2021 Cyram Inc.

그림 7-3-9. 연결정도 중심성 결과 확인(1)

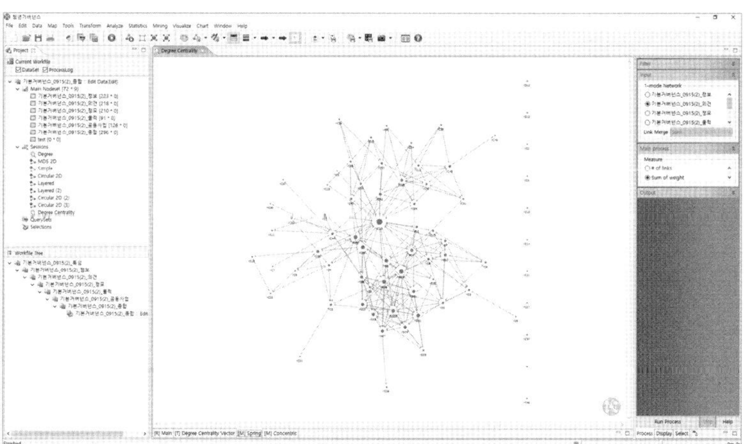

그림 7-3-10. 연결정도 중심성 결과 확인(2)

〈인접 중심성〉

① Menu 선택: Analyze ⇒ Centrality ⇒ Closeness

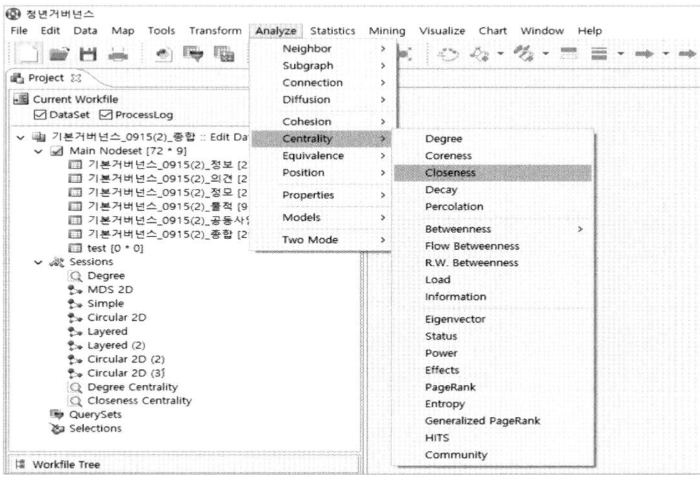

그림 7-3-11. 인접중심성 메뉴

② 측정: Input(노드셋 선택) ⇒ Main Process(Ignore Unreachable 선택)

⇒ Run Process

그림 7-3-12. 인접 중심성 측정

③ **결과 확인**(하단의 탭 확인)

- Main: 중심성 관련 기본 정보 제공(내향적 중심성/외향적 중심성)
- Degree Centrality Vector: 중심성 값(수치) 확인
- Spring: 용수철 모양으로 중심성 확인
- Concentric: 동심원으로 중심성 확인

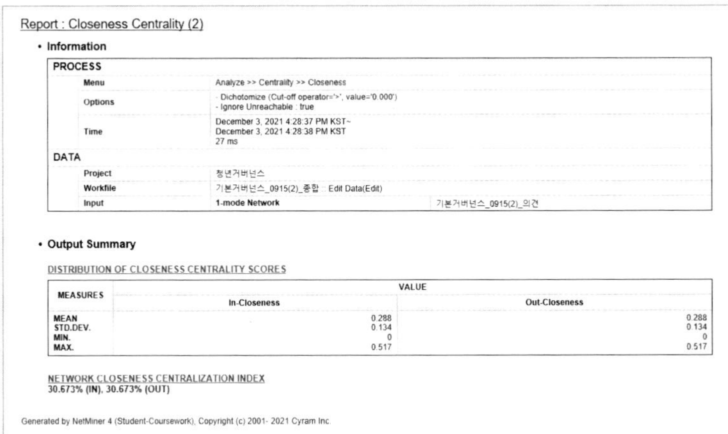

Report : Closeness Centrality (2)

- **Information**

PROCESS		
	Menu	Analyze >> Centrality >> Closeness
	Options	- Dichotomize (Cut-off operator='>', value='0.000') - Ignore Unreachable : true
	Time	December 3, 2021 4:28:37 PM KST~ December 3, 2021 4:28:38 PM KST 27 ms
DATA		
	Project	청년거버넌스
	Workfile	기본거버넌스_0915(2)_종합 : Edit Data(Edit)
	Input	1-mode Network 기본거버넌스_0915(2)_의견

- **Output Summary**

DISTRIBUTION OF CLOSENESS CENTRALITY SCORES

MEASURES	VALUE	
	In-Closeness	Out-Closeness
MEAN	0.288	0.288
STD.DEV.	0.134	0.134
MIN.	0	0
MAX.	0.517	0.517

NETWORK CLOSENESS CENTRALIZATION INDEX
30.673% (IN), 30.673% (OUT)

Generated by NetMiner 4 (Student-Coursework), Copyright (c) 2001- 2021 Cyram Inc.

그림 7-3-13. 인접 중심성 결과 확인(1)

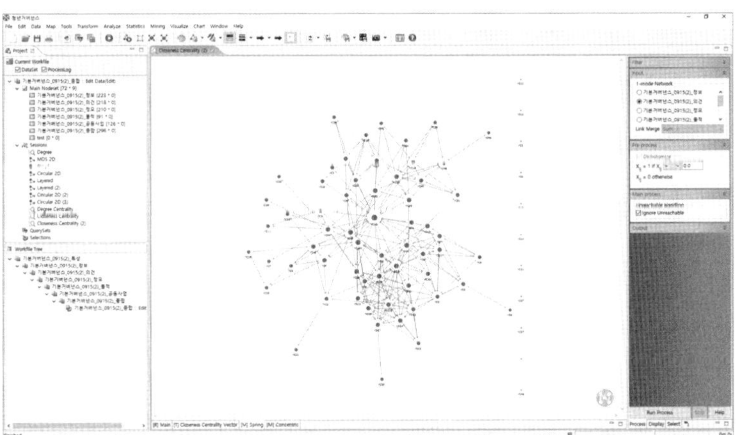

그림 7-3-14. 인접 중심성 결과 확인(2)

〈매개 중심성〉

① Menu 선택: Analyze ⇒ Centrality ⇒ Betweenness ⇒ Node

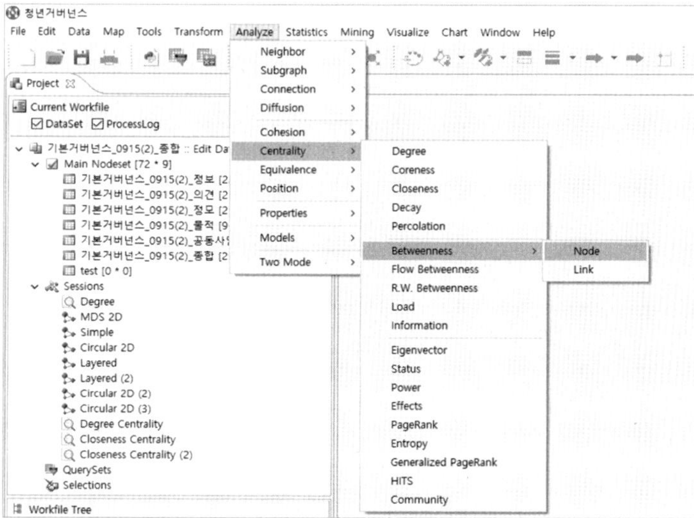

그림 7-3-15. 매개 중심성 메뉴

② 측정: Input(노드셋 선택) ⇒ Run Process

그림 7-3-16. 매개 중심성 측정

③ 결과 확인(하단의 탭 확인)

- Main: 중심성 관련 기본 정보 제공(내향적 중심성/외향적 중심성)
- Degree Centrality Vector: 중심성 값(수치) 확인
- Spring: 용수철 모양으로 중심성 확인
- Concentric: 동심원으로 중심성 확인

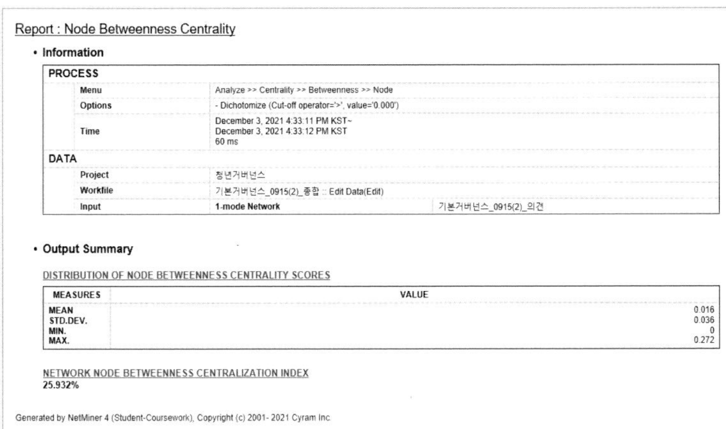

Report : Node Betweenness Centrality

- Information

PROCESS		
	Menu	Analyze >> Centrality >> Betweenness >> Node
	Options	- Dichotomize (Cut-off operator='>', value='0.000')
	Time	December 3, 2021 4:33:11 PM KST~ December 3, 2021 4:33:12 PM KST 60 ms
DATA		
	Project	청년거버넌스
	Workfile	기본거버넌스_0915(2)_종합 :: Edit Data(Edit)
	Input	1-mode Network 기본거버넌스_0915(2)_의견

- Output Summary

DISTRIBUTION OF NODE BETWEENNESS CENTRALITY SCORES

MEASURES	VALUE
MEAN	0.016
STD.DEV.	0.036
MIN.	0
MAX.	0.272

NETWORK NODE BETWEENNESS CENTRALIZATION INDEX
25.932%

Generated by NetMiner 4 (Student-Coursework), Copyright (c) 2001- 2021 Cyram Inc.

그림 7-3-17. 매개 중심성 결과 확인(1)

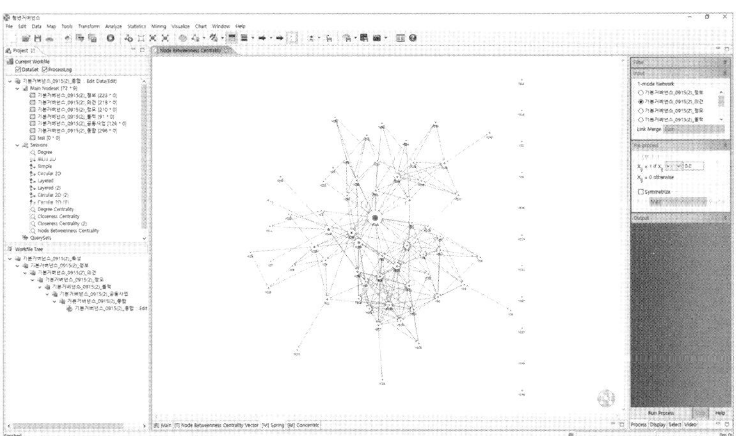

그림 7-3-18. 매개 중심성 결과 확인(2)

■ 밀도 측정하기

① Menu 선택: Analyze ⇒ Neighbor ⇒ Degree

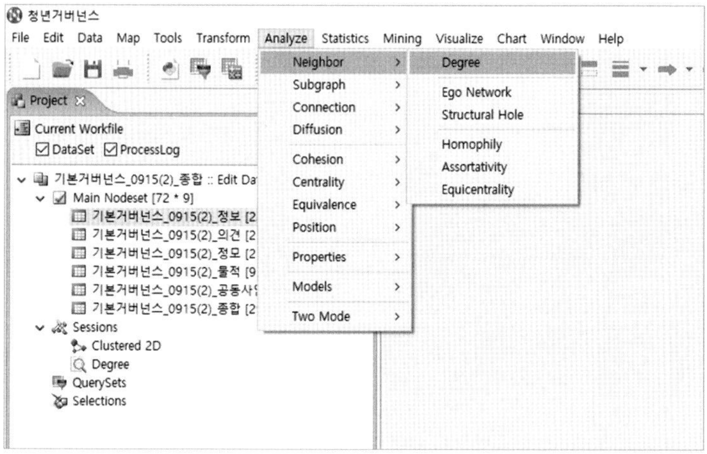

그림 7-3-19. 밀도 메뉴

② 측정: Input(노드셋 선택) ⇒ Main Process(Sum of weight) 선택 ⇒ Run Process

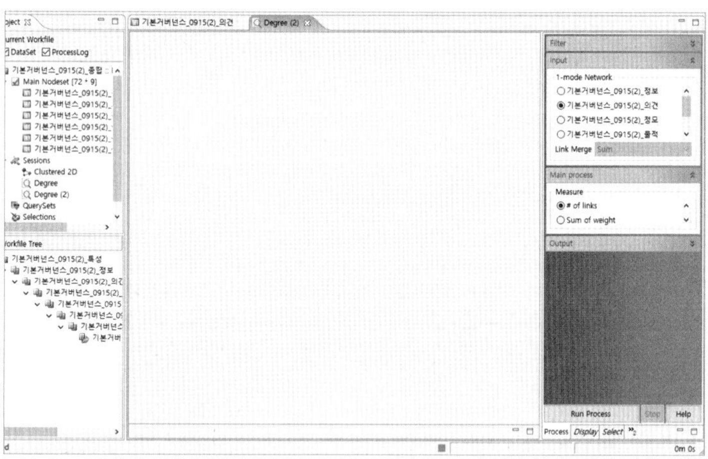

그림 7-3-20. 밀도 측정

■ 시각화 하기(동심원 모양)

① Menu 선택: Visualize ⇒ Circular ⇒ 2D

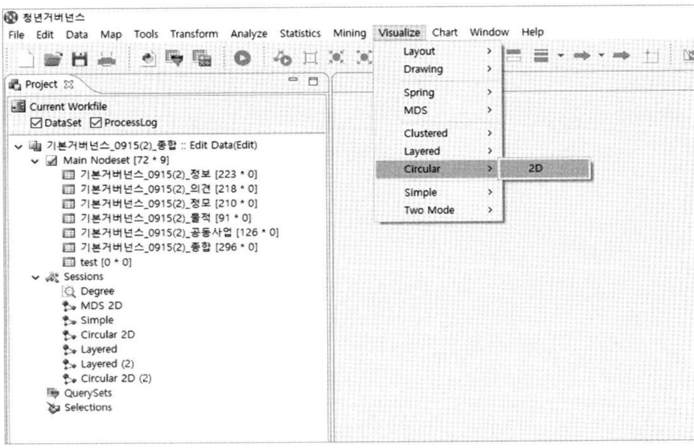

그림 7-3-21. 시각화하기 메뉴

② 동심원 모양: Network(노드셋 선택) ⇒ Node layout(Circular ⇒ Concentric ⇒ Main Nodeset(노드셋 선택) ⇒ Centrality Type(Central 선택) ⇒ Concentric May Style(Gird, Threshold 선택) ⇒ Run Process

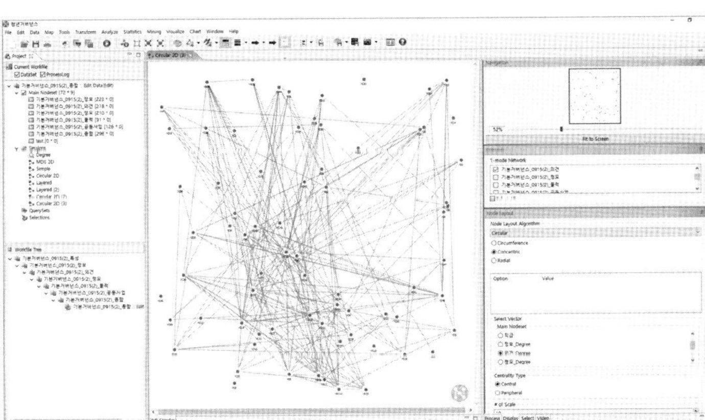

그림 7-3-22. 시각화하기(동심원 모양) 선택

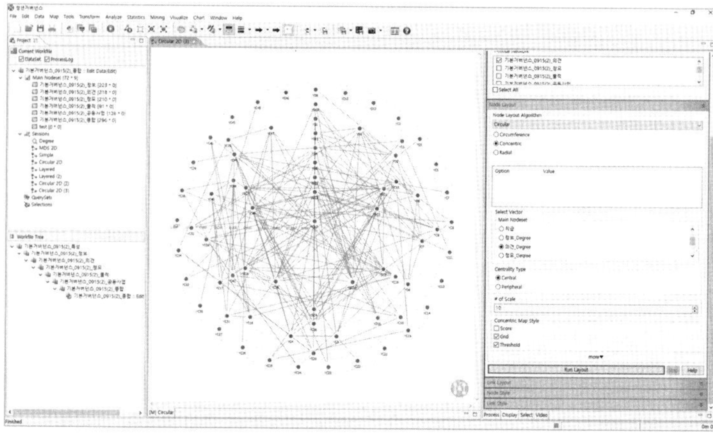

그림 7-3-23. 시각화하기(동심원 모양) 결과

③ 노드 및 링크 스타일 변경

- Node Style ⇒ Node Attribute Styling ⇒ 각 탭에서 스타일 변경 (색깔, 크기, 모양 등) ⇒ Apply
- Node Style ⇒ Link Attribute Styling ⇒ 각 탭에서 스타일 변경 (색깔, 굵기, 모양 등) ⇒ Apply

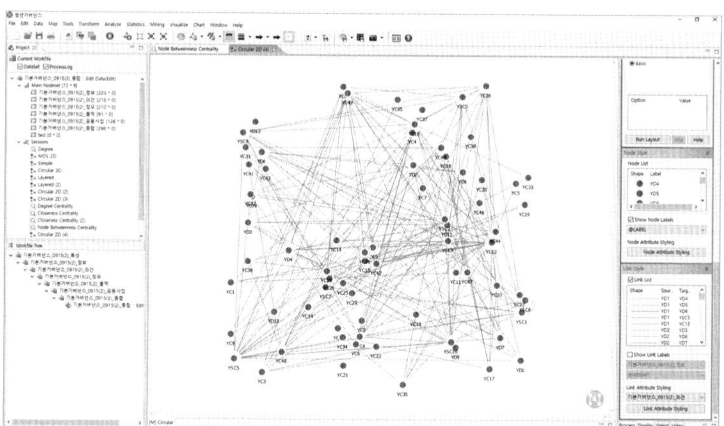

그림 7-3-24. 노드 및 링크 스타일 변경(노드선택)

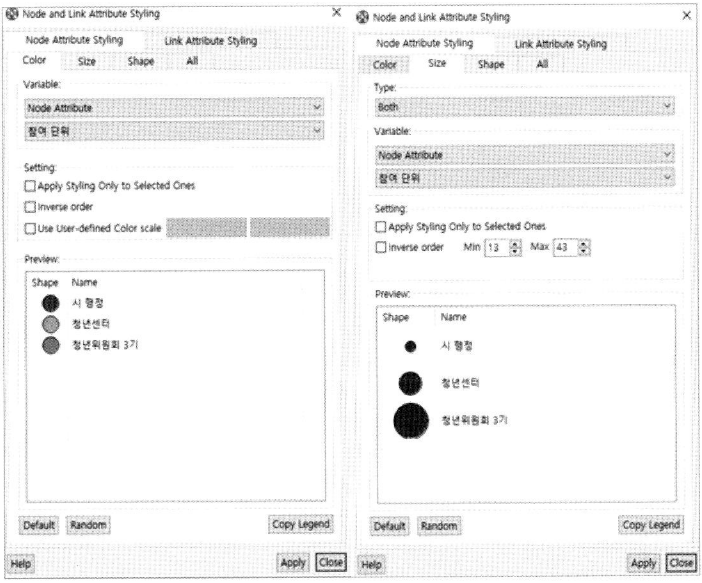

그림 7-3-25. 노드 스타일 변경

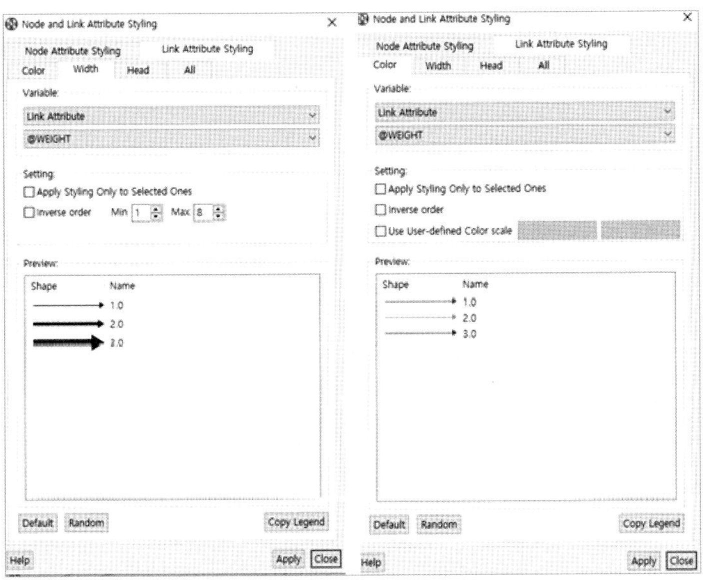

그림 7-3-26. 링크 스타일 변경

7-4 결과 해석 따라하기

1. 사회연결망분석 결과

광주광역시 청년정책 거버넌스의 네트워크를 밀도와 중심성(연결정도, 인접, 매개)을 기준으로 분석하였다. 연구결과의 분석 기준은 〈표 7-4-1〉과 같다.

표 7-4-1. 사회연결망 분석 기준

분석기준		해석	
		높다	낮다
밀도		응집력 높음	응집력 낮음
중앙성	연결정도 중심성	관계 요청이 많고 영향력이 높음	관계 요청이 적고 영향력이 낮음
	인접 중심성	정보와 영향력 확보 편리	정보와 영향력 확보 편리
	매개 중심성	중개 역할 수행 정도가 큼	중개 역할 수행 정도가 적음

상호작용별 네트워크의 밀도는 의견교환(0.066), 정보교환(0.061), 정기모임(0.062), 공동사업 추진(0.041), 물적자원 교류(0.017) 순으로 값이 높았다. 광주광역시 청년정책 거버넌스는 의견교환(1순위), 정보교환(2순위), 정기모임(3순위), 공동사업추진(4순위), 물적자원 교류(5순위)대로 네트워크가 활성화되어 있다고 해석할 수 있다.

표 7-4-2. 각 상호작용의 밀도 값

1순위	2순위	3순위	4순위	5순위
의견교환	정보교환	정기모임	공동사업추진	물적자원 교류
0.066	0.064	0.062	0.041	0.017

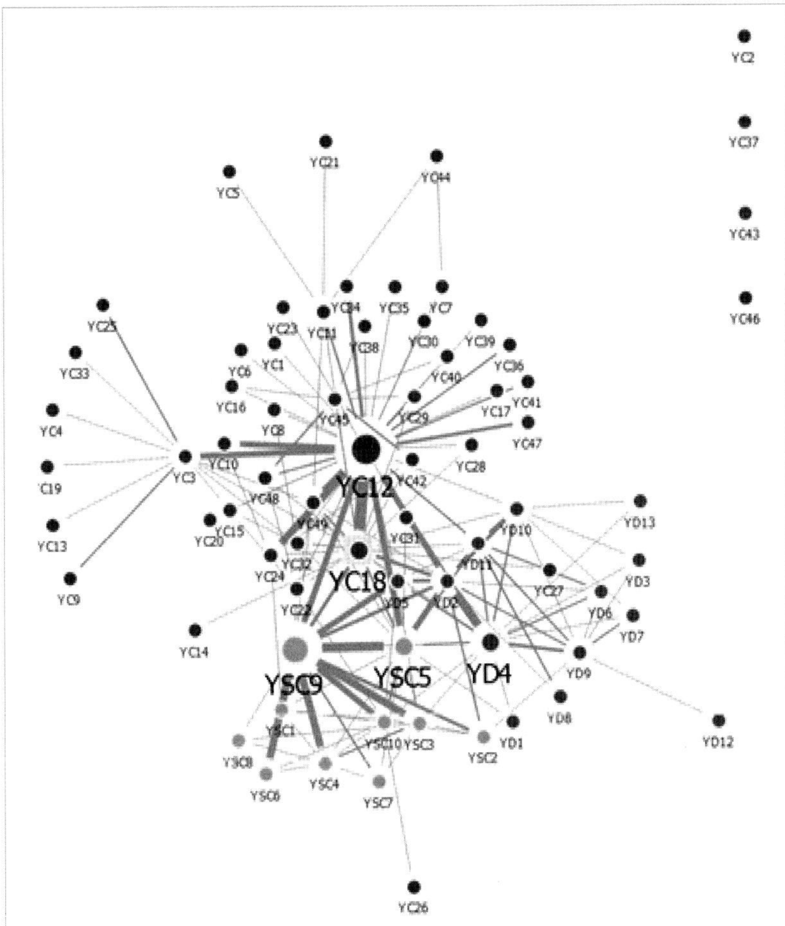

그림 7-4-1. 의견교환 네트워크의 밀도

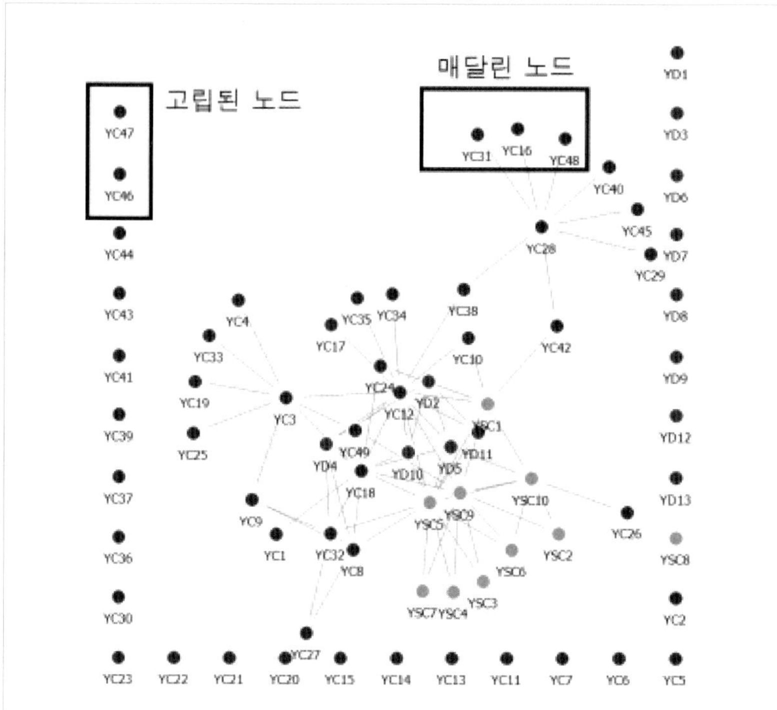

※ 범례: ● 청년정책과(YD숫자) ● 청년센터the숲(YSC숫자) ● 청년위원회(YC숫자)

그림 7-4-2. 물적자원 교류의 네트워크 밀도

네트워크 구조를 보면, 매달린 노드와 고립된 노드가 존재한다. 매달린 노드는 한 명의 행위자와 연결된 노드(점)이며, 고립된 노드는 어느 행위자와도 연결되지 않은 노드(점)이다.

매달린 노드와 고립된 노드가 많을수록 네트워크는 불안정해진다. 매달린 노드는 한 명의 행위자만 연결되어 있기 때문에 향후 고립된 노드가 될 가능성이 매우 높다.

표 7-4-3. 각 상호작용의 노드 수와 링크 수

정보교류			의견교류			정기모임			물적자원 교류			공동사업 추진		
링크 수	노드 수	비율 (%)	링크 수	노드 수	비율 (%)	링크 수	노드 수	비율 (%)	링크 수	노드 수	비율 (%)	링크 수	노드 수	비율 (%)
38	1	1.4	35	1	1.4	36	1	1.4	16	1	1.4	22	1	1.4
…	…	…	…	…	…	…	…	…	…	…	…	…	…	…
									1	15	20.8	1	14	19.4
									0	30	41.7	0	21	29.2
1	24	33.3	1	18	25.0	1	19	26.4						
0	4	2.6	0	7	9.7	0	4	2.6						
합계	72	100.0	합계	72	100.0	합계	72	100.0	합계	72	100.0	합계	72	100.0

고립된 노드와 매달린 노드의 합산 비율을 상호작용별로 보면, 정보교류 35.9%, 의견교류 34.7%, 정기모임 29.0%, 물적자원 교류 62.5%, 공동사업 추진 48.8%로 나타났다. 특히, 물적자원 교류(62.5%)의 값이 높았는데. 이는 물적자원이 소수의 행위자들을 중심으로 교류되고 있다는 것으로 이해할 수 있다.

행위자들의 중심성 값을 종합하여 살펴본 결과 YC12(0.128), YSC9(0.094), YSC5(0.060), YC18(0.048), YD2(0.042), YD4(0.040)가 네트워크의 중심에 있었다. 이들은 각각 청년참여기구 위원장, 중간지원조직 기획실장, 중간지원조직의 장, 청년참여기구 남성 부위원장, 행정전담부서 주무관, 행정전담부서 계장이었다.

이들은 다른 행위자들과 유기적인 관계를 맺고, 청년정책 추진과 관련하여 핵심적인 역할을 맡고 있는 것으로 드러났다. 특히 청년참여기구 위원장의 중심성은 다른 행위자와 견주었을 때, 중심성의 값이 압도적으로 높았다.

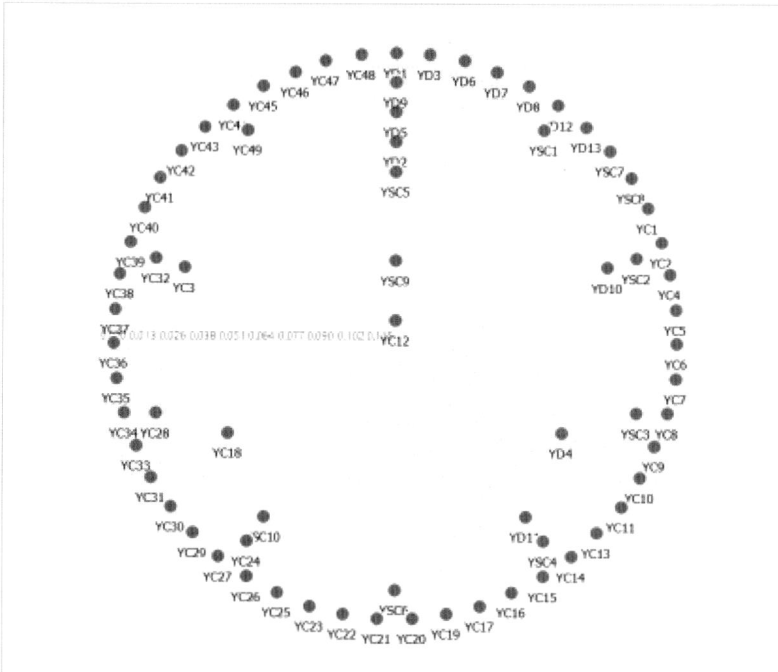

※ 범례: 동심원 안에 위치할수록 중심성 값이 큼(● 네트워크 내 정책 행위자)

그림 7-4-3. 청년정책 행위자들의 중심성 분포도

네트워크 구조를 심도 깊게 이해하기 위해 인구 통계학적 특성을 기준으로 중심성을 분석하였다. 인구 통계학적 특성은 참여주체별, 성별, 연령별, 참여기간별 등으로 나누었으며, 영역별로 중심성 값의 평균과 표준편차를 측정하였다.

참여주체별로 살펴본 결과, 청년참여기구의 중심성 평균값은 전체 평균에 비해 낮고, 표준편차는 전체 표준편차 보다 높았다. 이는 청년참여기구가 네트워크 중심부에서 멀다는 것을 의미하며, 중심성 값은 고르게 분포하나, 격차가 존재한다는 것을 뜻한다. 참여주체별 중심성 값의 평균과 편차는 〈표 7-4-4〉와 같다.

표 7-4-4. 참여주체별 중심성 값의 평균과 편차

구분			연결정도 중심성					인접 중심성					매개 중심성				
			정보	의견	정모	자원	공동사업	정보	의견	정모	자원	공동사업	정보	의견	정모	자원	공동사업
전체	평균		.06	.064	.062	.032	.022	.361	.331	.353	.121	.051	.020	.018	.020	.009	.002
	표준편차		.085	.081	.075	.049	.023	.110	.124	.106	.107	.041	.069	.058	.069	.025	.007
참여주체	청년정책과	평균	.090	.086	.067	.025	.039	.380	.367	.333	.090	.068	.016	.017	.016	.001	.004
		표준편차	.066	.058	.048	.033	.019	.074	.069	.115	.114	.011	.028	.026	.028	.002	.007
	청년위원회	평균	.049	.045	.050	.025	.016	.352	.312	.351	.112	.043	.020	.017	.020	.010	.001
		표준편차	.088	.080	.078	.045	.023	.124	.139	.108	.103	.046	.080	.068	.080	.028	.006
	청년센터	평균	.115	.130	.114	.072	.031	.377	.381	.401	.200	.070	.027	.024	.027	.016	.004
		표준편차	.066	.066	.067	.063	.015	.059	.059	.091	.075	.011	.038	.033	.038	.022	.007

성별로 중심성의 평균과 표준편차를 분석했다. 여성의 평균값은 전체 평균에 비해 낮아, 네트워크 중심부에서 떨어져 있다는 것을 확인할 수 있었다. 남성의 경우, 표준편차 값이 전체 표준편차에 비해 높았다. 이는 남성 행위자의 중심성 값은 격차가 있다는 것으로 해석할 수 있다. 성별 중심성 값의 평균과 편차는 〈표 7-4-5〉와 같다.

표 7-4-5. 성별 중심성 값의 평균과 편차

구분			연결정도 중심성					인접 중심성					매개 중심성				
			정보	의견	정모	자원	공동사업	정보	의견	정모	자원	공동사업	정보	의견	정모	자원	공동사업
전체	평균		.066	.064	.062	.032	.022	.361	.331	.353	.121	.051	.020	.018	.020	.009	.002
	표준편차		.085	.081	.075	.049	.023	.110	.124	.106	.107	.041	.069	.058	.069	.025	.007
성별	남성	평균	.073	.073	.069	.039	.021	.371	.341	.361	.131	.047	.030	.028	.030	.012	.003
		표준편차	.106	.100	.094	.059	.025	.115	.133	.116	.110	.043	.091	.077	.091	.030	.008
	여성	평균	.057	.053	.053	.022	.024	.348	.320	.346	.109	.056	.009	.006	.009	.005	.001
		표준편차	.049	.047	.043	.031	.021	.102	.110	.100	.102	.037	.017	.011	.017	.017	.004

연령의 경우, 20세 이상 29세 이하의 평균값이 전체 평균에 비해 낮았다. 즉, 20세 이상 29세 이하는 네트워크 중심부에서 멀리 떨어져 있다. 30세 이상 39세 이하의 표준편차는 전체 표준편차에 비해 상대적으로 높아, 중심성 값의 격차가 존재한다고 판단할 수 있다. 40세 이상 59세 이하는 중심성 값이 전체 평균에 비해 높고 표준편차는 낮았다. 거버넌스에서 40세 이상 59세 이하가 전반적으로 중심부에 위치한다고 추론할 수 있다. 연령별 중심성 값의 평균과 편차는 〈표 7-4-6〉과 같다.

표 7-4-6. 연령별 중심성 값의 평균과 편차

구분			연결정도 중심성					인접 중심성					매개 중심성				
			정보	의견	정모	자원	공동사업	정보	의견	정모	자원	공동사업	정보	의견	정모	자원	공동사업
전체	평균		.066	.064	.062	.032	.022	.361	.331	.353	.121	.051	.020	.018	.020	.009	.002
	표준편차		.085	.081	.075	.049	.023	.110	.124	.106	.107	.041	.069	.058	.069	.025	.007
연령	20~29세	평균	.050	.052	.045	.027	.018	.74	.334	.363	.118	.054	.010	.013	.010	.009	.000
		표준편차	.065	.064	.051	.044	.024	.096	.115	.091	.100	.047	.023	.039	.023	.024	.000
	30~39세	평균	.076	.074	.081	.044	.022	.327	.359	.342	.130	.130	.036	.026	.036	.021	.003
		표준편차	.108	.101	.101	.056	.022	.133	.122	.108	.038	.108	.107	.086	.107	.031	.010
	40~49세	평균	.114	.111	.093	.053	.042	.399	.411	.123	.074	.123	.029	.027	.029	.009	.004
		표준편차	.081	.075	.069	.065	.017	.071	.102	.124	.011	.124	.042	.035	.042	.018	.005
	50~59세	평균	.102	.099	.078	.025	.039	.363	.339	.117	.063	.117	.017	.021	.017	.000	.009
		표준편차	.051	.053	.038	.025	.025	.077	.064	.117	.014	.117	.011	.017	.011	.000	.008

표 7-4-7. 참여기간별 중심성 값의 평균과 편차

구분		연결정도 중심성					인접 중심성					매개 중심성				
		정보	의견	정모	자원	공동사업	정보	의견	정모	자원	공동사업	정보	의견	정모	자원	공동사업
전체	평균	.066	.064	.062	.032	.022	.361	.331	.353	.121	.051	.020	.018	.020	.009	.002
	표준편차	.085	.081	.075	.049	.023	.110	.124	.106	.107	.041	.069	.058	.069	.025	.007
참여기간 1년 미만	평균	.060	.057	.057	.027	.020	.352	.321	.346	.115	.049	.018	.016	.018	.008	.002
	표준편차	.084	.078	.074	.043	.022	.112	.126	.107	.104	.040	.072	.061	.072	.026	.006
참여기간 1년~2년	평균	.083	.093	.086	.049	.030	.421	.403	.400	.159	.062	.034	.027	.034	.015	.004
	표준편차	.073	.073	.071	.055	.022	.048	.053	.069	.114	.047	.039	.033	.039	.015	.008
참여기간 2년~3년	평균	.120	.127	.120	.099	.035	.375	.375	.438	.140	.067	.047	.039	.047	.029	.007
	표준편차	.106	.113	.106	.099	.021	.120	.123	.194	.140	.021	.047	.039	.047	.029	.007
참여기간 3년~	평균	.183	.155	.070	.070	.070	.479	.465	.436	.225	.083	.014	.039	.014	.001	.008
	표준편차	0	0	0	0	0	0	0	0	0	0	0	0	0	0	0

참여기간별 중심성 값에 따르면, 참여기간이 1년 미만인 행위자의 평균값은 전체 평균에 비해 낮았다. 평균값이 낮다는 것은 네트워크 중심부와 거리가 있다고 이해할 수 있다. 참여기간이 2년 이상 3년 미

만인 행위자의 표준편차는 전체 표준편차에 비해 높게 나타났다. 행위자들의 중심성은 고르게 분포하지만 행위자 간 격차의 수준은 크다고 볼 수 있다. 참여기간별 중심성 값의 평균과 편차는 〈표 7-4-7〉과 같다.

2. 시사점

광주광역시 청년정책 거버넌스는 정보교환, 의견교환, 정기모임의 밀도 값은 높고, 물적자원 교류와 공동사업 추진의 밀도 값은 낮았다. 이는 청년정책이 성과를 만들어내기에 거버넌스의 운영이 미흡하다는 것을 의미한다.

둘째, 네트워크 구조에 매달린 노드와 고립된 노드가 존재한다. 매달린 노드와 고립된 노드의 수는 물적자원 교류에서 두드러졌으며, 소수의 행위자에게 자원이 집중되어 있다는 것을 뜻한다.

마지막으로, 청년참여기구의 중심성 값이 전반적으로 낮았다. 행정전담부서, 중간지원조직과 비교했을 때, 청년위원회는 네트워크의 중심부에서 떨어져 있었다. 인구 통계학적 특성으로는 20대 행위자, 참여기간이 1년 미만인 행위자들의 중심성 값이 가장 낮았다. 대다수 청년위원들의 특성이라는 것을 고려했을 때, 청년참여기구가 거버넌스에서 위상이 낮다는 것을 재확인할 수 있다.

7-5 마치며

1. NetMiner(넷마이너) 무료 라이선스 등록

NetMiner(넷마이너) 프로그램을 개발한 ㈜사이람은 사회연결망분석을 학습하는 학생들을 대상으로 무료 라이센스를 배포한다. 이용기간은 6개월이며, 노드(점) 100개 이하까지의 데이터를 다룰 수 있다. 라이센스를 이용하려면 학생 신분을 입증해야 한다. 자세한 사항은 ㈜사이람 홈페이지에 접속하여 참고하기를 바란다.

- 라이센스 이용 기간: 6개월
- 데이터 크기: 노드 100개 이하
- 설치: 2대 이하의 개인용 컴퓨터에 동시 설치 가능
- 학생 인증: 학생 입증이 가능한 URL 혹은 학생증 스캔 파일로 첨부
- ㈜사이람 홈페이지: http://www.netminer.com

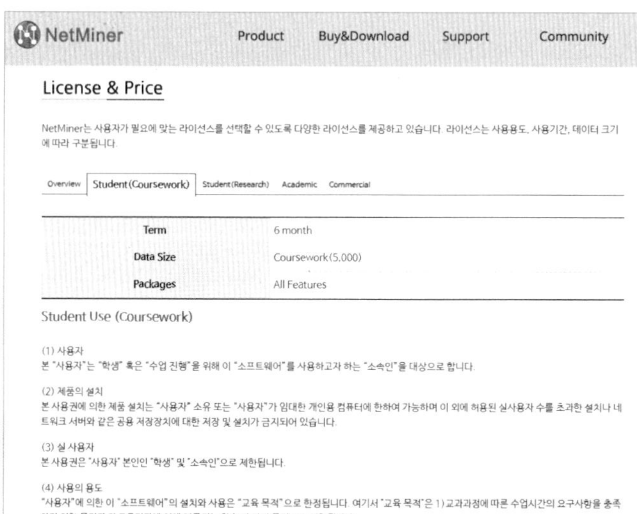

그림 7-5-1. 넷마이너 무료 라이센스 관련 내용

2. 학위논문 심사 관련 주요 의견

학위논문을 수정·보완하여 도시정책학회(제9권 1호, 2018, pp.27-48)에 게재하였다. 학위논문 심사 과정에서 취합된 의견은 크게 세 가지였다.

첫 번째는 시사점의 차별화이다. 정책적 시사점이 일반적인 내용이라는 것이었다. 연구결과, 청년정책 거버넌스는 기존의 거버넌스와 비교했을 때, 특이점이 없었다. 차별화된 내용을 제시하기보다는 거버넌스 운영에 필요한 기본 요소들을 제안하는 것이 바람직하다고 판단하여 심사 의견을 반영하지 않았다.

두 번째는 용어의 통일이다. 논문에서 '상호작용'과 '상호영역'과 같이 유사한 용어가 등장하여 혼란스럽다는 것이었다. 분명한 단어 사용을 위해 두 개념을 재검토하고, '상호작용'으로 용어를 모두 통일하였다. 마지막으로 결론의 가독성이 부족하다는 의견이 있었다. 심사 의견을 반영하여 결론을 '정책적 함의'와 '결론'으로 구분하여 작성하였다.

심사 과정에서 제안된 의견들은 반드시 수렴해야 하는 것은 아니다. 연구자가 주장에 대한 근거를 충분한 제시할 수 있다면, 작성한 논문의 방향성과 내용을 변경하지 않아도 된다. 심사 의견과 답변 내용을 정리하면 〈표 7-5-1〉과 같다.

표 7-5-1. 학위논문 심사 의견 및 답변

심사 의견	답변 내용
• 정책적 시사점 일반적	• 반영 × • 기존의 거버넌스와 비교했을 때, 청년정책 거버넌스가 실질적으로 진전되지 않았다는 것을 의미
• 개념의 모호성 (상호작용과 상호영역)	• 반영 ○ • 상호작용과 상호영역은 동일한 의미 • 혼란을 방지하기 위해 상호작용으로 통일
• 결론의 가독성 부족	• 반영 ○ • 결론을 '정책적 함의'와 '결론'으로 나누어 작성

참고문헌

곽민재(2018), "도시 청년정책 거버넌스 활성화를 위한 청년정책 네트워크 구조 분석: 광주광역시를 중심으로", 전남대학교 대학원 석사학위 논문.

광주광역시(2016), 「2017 광주청년정책 시행계획」.

김용학(2011), 「사회 연결망 분석」, 서울: 박영사.

손동원(2008), 「사회 네트워크 분석」, 서울: 경문사.

넷마이너, https://www.netminer.com.